玄空手册

손 안의 玄空風水 辭典

玄空手册에는 玄空風水의 現場에서
必要한 것만 모아놓은 玄空辭典이다.

언제, 어디에서나 반드시 있어야 할
三元九運의 下卦, 替卦飛星盤과
現場에서 구체적인 吉凶의 作用을
알 수 있는 81星耀 組合의 解釋
陰陽宅의 造成이나
移葬時에 必要한 擇日曆까지

羅經과 玄空手册만 있으면
地理의 理法에 대해서 確實하게
活用할 수 있는 必須 鍊匠이다.

그 위에 必要한 것이 있다면
幸福의 씨앗을 심어 주겠다는
따뜻한 마음씨 한 줌일 것이다.

慈明 編著
朗月 整理
和印 作畵

삼 명

제 1 부

下卦替卦 飛星盤 보는 法 /4

羅經原版圖 /6

羅經의 各 宮別 角度 範圍 /8

三元九運 下卦 飛星盤 /12

三元九運 替卦 飛星盤 /48

제 2 부

81星耀組合 /85

제 3 부

玄空擇日曆 /129

제 1 부

三元九運
下卦 飛星盤
替卦 飛星盤

下卦 · 替卦 飛星盤 보는 法

1. 앞쪽은 下卦 飛星盤이고 뒤쪽은 替卦 飛星盤이다.
2. 順序는 坎宮의 壬子癸, 艮宮의 丑艮寅, 震宮의 甲卯乙, 巽宮의 辰巽巳, 離宮의 丙午丁, 坤宮의 未坤申, 兌宮의 庚酉辛, 그리고 乾宮의 戌乾亥의 順으로 배열했다.
3. 各 宮의 24山 別로 360°를 나눠서 위쪽에 表記했다. 이것은 羅經을 보면서 確認하는 課程에서 錯誤를 줄이기 위한 것이다.
4. 替卦는 基本的으로 1.5°가 된다. 다만 替卦 중에서 8개의 坐向 [巽과 巳·乾과 亥·艮과 寅·坤과 申]은 陽과 陽의 사이에 있어서 밀어내는 힘이 강하므로 2.5°로 좀 더 넓게 봐줘야 한다는 說이 있다. 그러나 萬分之一이라도 그것이 誤謬를 일으킨다면 걷잡을 수 없는 상황으로 凶한 일이 發生할 수도 있으므로 使用을 하는 것은 권하지 않고 다만 이미 있는 陰陽宅의 경우에만 確認用으로 알아 두기를 勸한다.
5. 三元九運이 돌고 돌아서 永遠히 끊이지 않으므로 該當運의 年度를 表記하는 것보다는 圖表로 參考하도록 하였으니 이미 조성되어 있는 陰陽宅을 確認할 경우에는 年度를 봐서 어느 運에 造成이 된 것인지를 살피면 된다.
6. 飛星盤에서 山星의 當運에 해당하는 숫자에는 붉은 四角形[■]으로 表示하고, 向星의 當運에 해당하는 숫자에는 푸른 圓形

[ ]으로 表示하여 숫자를 찾아보기 쉽도록 했다.
7. 各 宮에는 飛星盤의 名稱[壬坐丙向 等]을 表記하고 그 옆에는 해당되는 玄空4局을 명시하여 놓았으므로 合局의 與否를 살필 적에 참고가 될 것이다.
8. 보다 正確한 角度를 確認는데 도움이 되도록 각 宮마다 해당하는 위치를 크게 表示했다. 애매모호한 경우에는 자세히 살펴서 誤謬가 일어나지 않도록 注意하는 것이 좋다.
9. 替卦는 四局이 一定하지 않으므로 논하기 어렵다. 故로 替卦의 飛星盤을 볼 경우에는 向星과 山星의 위치를 잘 살펴서 適用해야 한다.

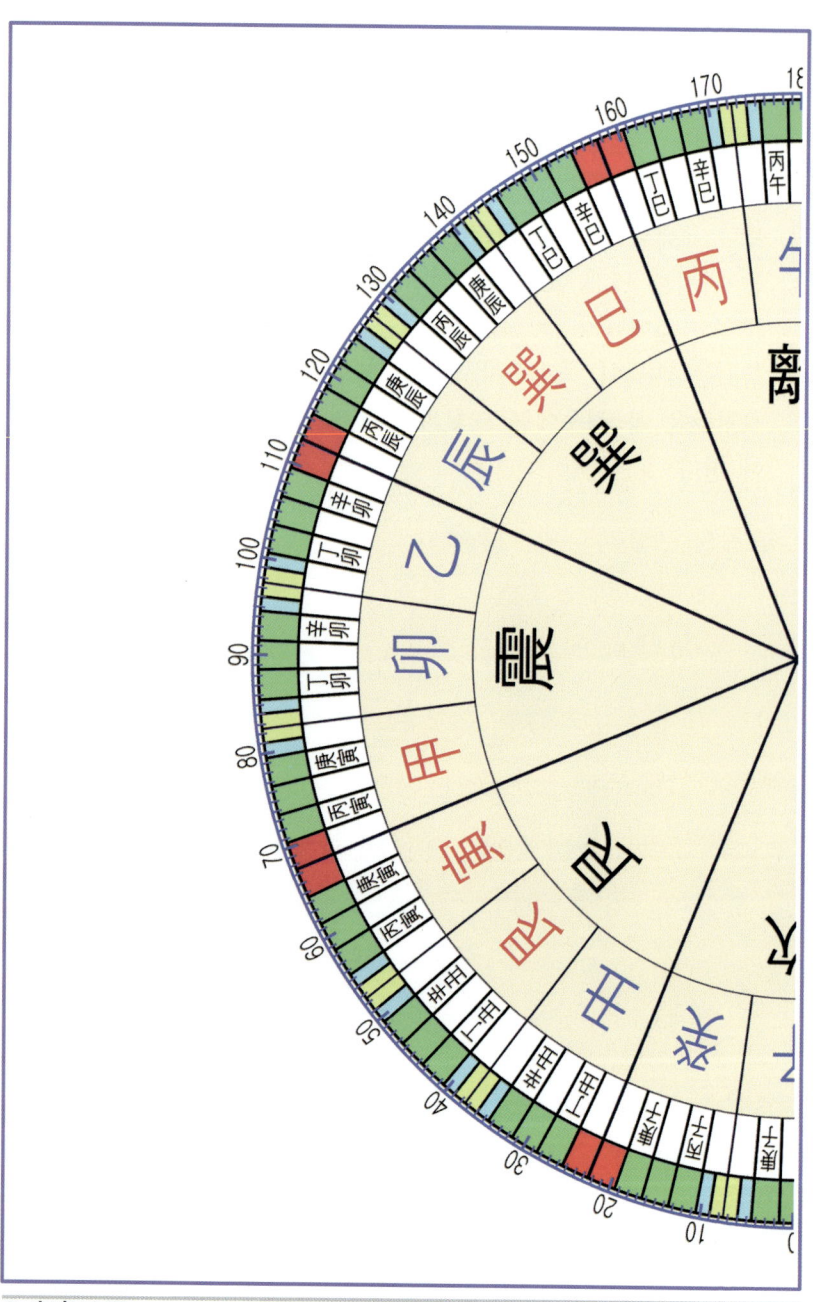

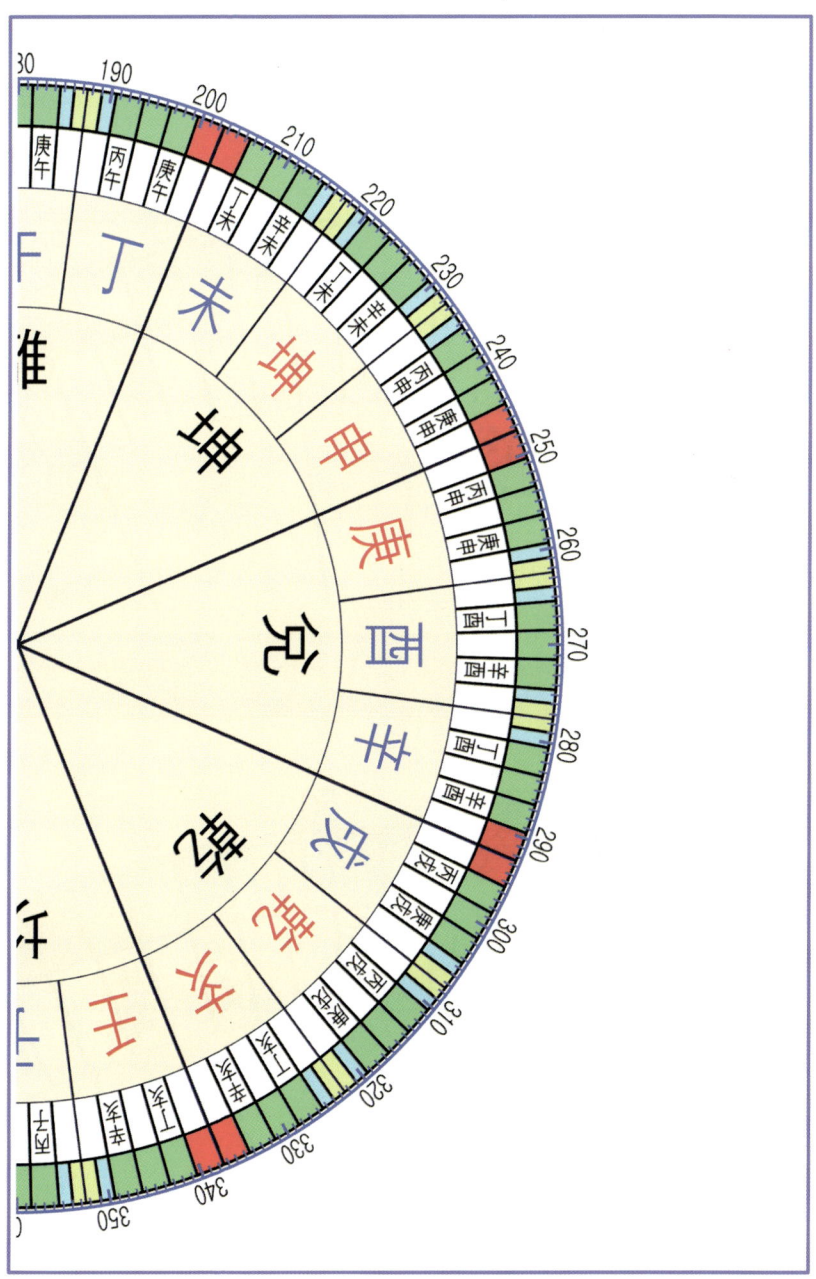

玄空手册 7

羅經[360°]의 八宮 區分表(1) 坎宮

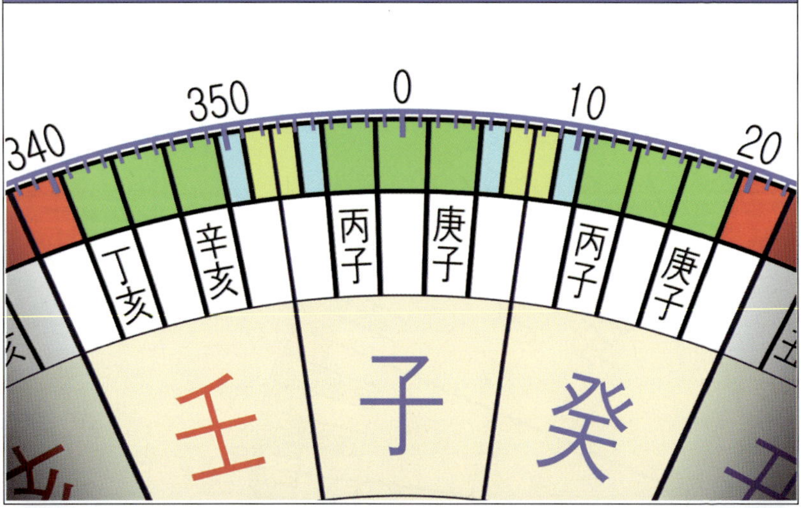

340 350 0 10 20

丁亥 辛亥 丙子 庚子 丙子 庚子

壬 子 癸

羅經[360°]의 八宮 區分表(2) 艮宮

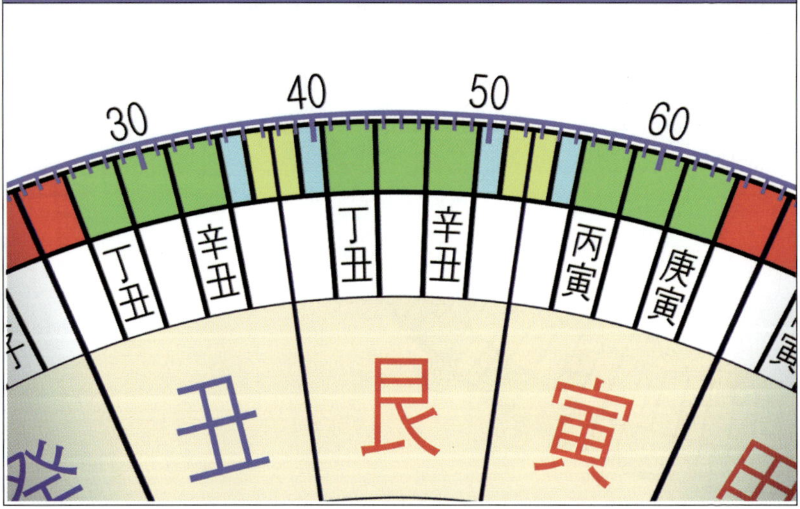

30 40 50 60

丁丑 辛丑 丁丑 辛丑 丙寅 庚寅

丑 艮 寅

羅經[360°]의 八宮 區分表(3) 震宮

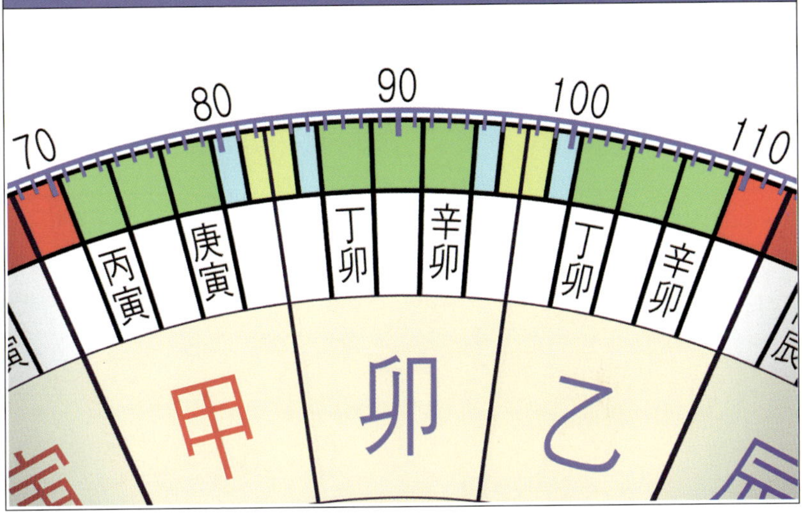

羅經[360°]의 八宮 區分表(4) 巽宮

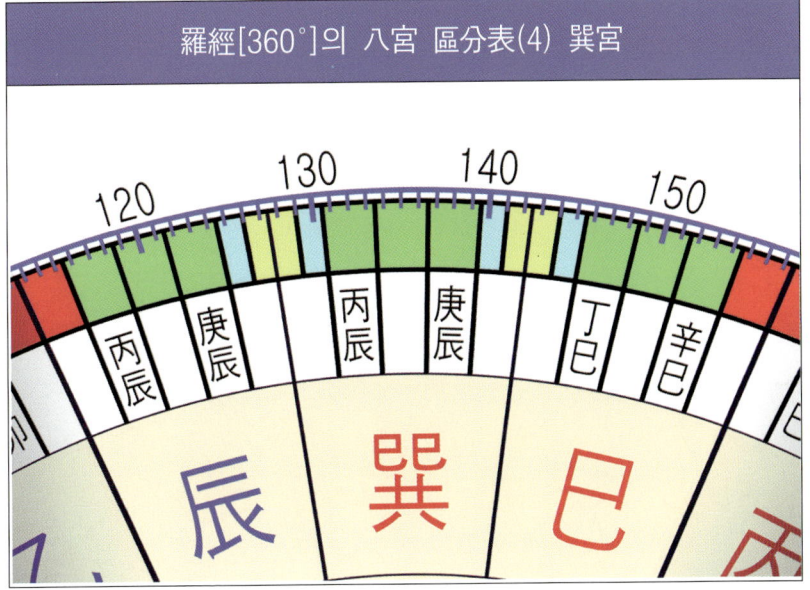

羅經[360°]의 八宮 區分表(5) 離宮

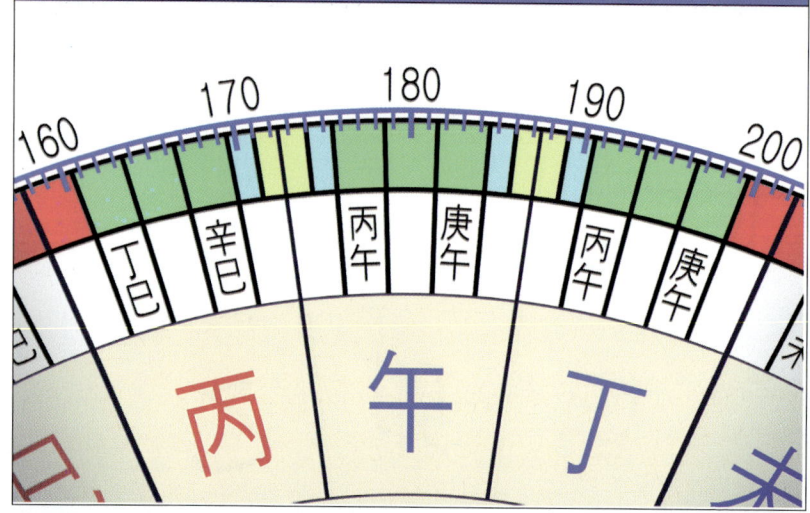

羅經[360°]의 八宮 區分表(6) 坤宮

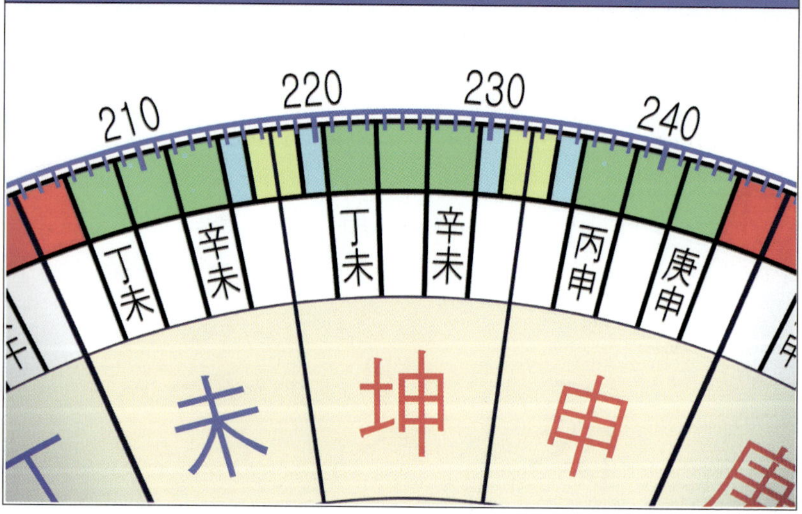

羅經[360°]의 八宮 區分表(7) 兌宮

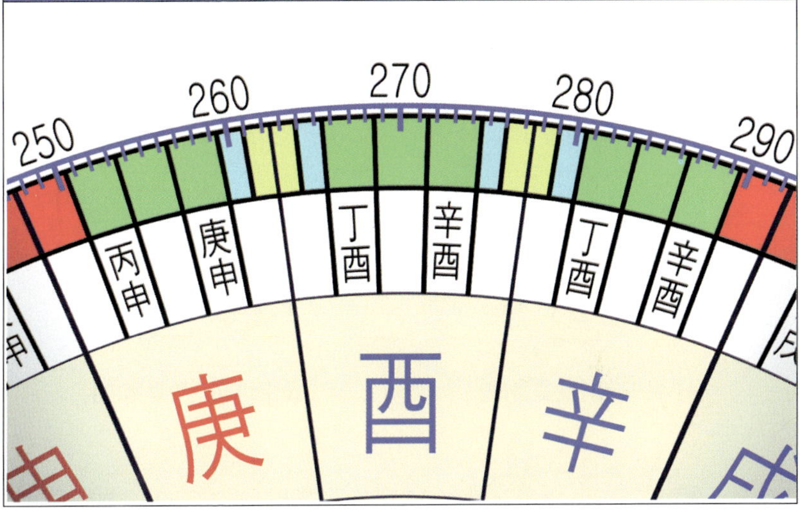

羅經[360°]의 八宮 區分表(8) 乾宮

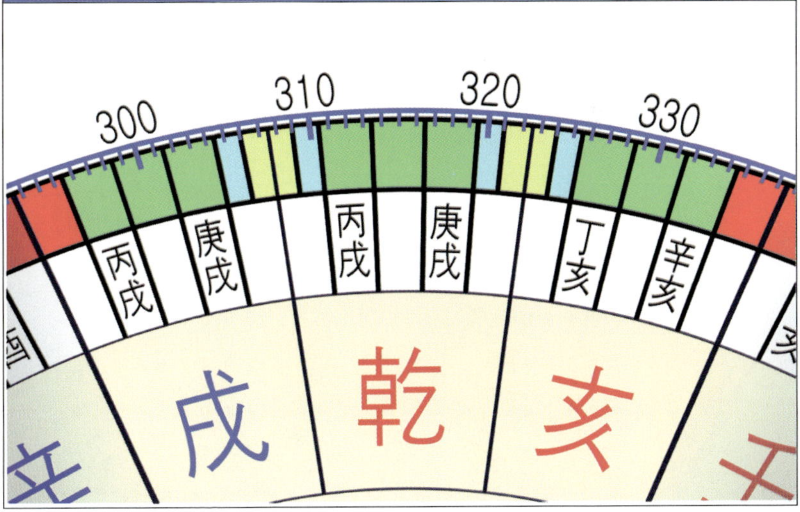

一運 下卦 飛星盤

坎宮 [337.5°~22.5°]

壬坐丙向 [雙星會坐]

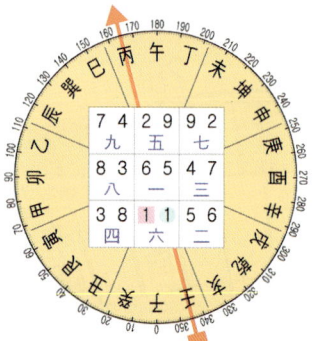

子坐午向 [雙星會向]

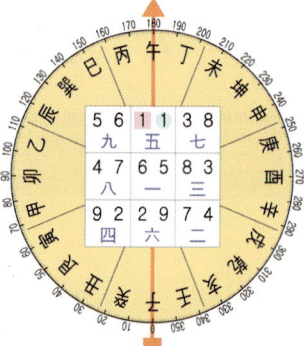

癸坐丁向 [雙星會向]

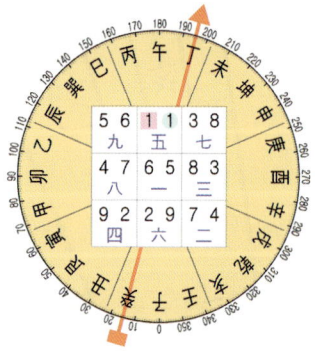

艮宮 [22.5°~67.5°]

丑坐未向 [雙星會坐]

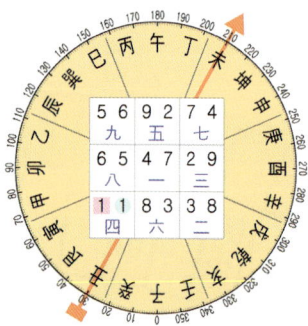

艮坐坤向 [雙星會向]

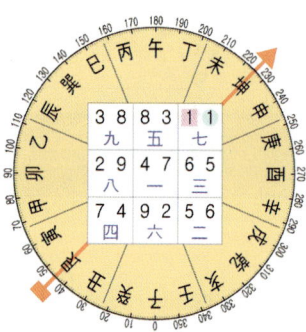

寅坐申向 [雙星會向]

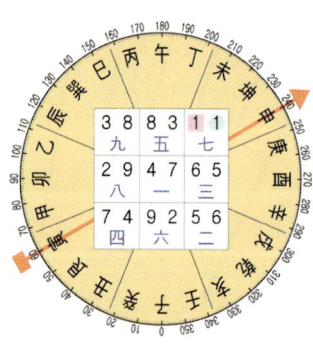

震宮 [67.5°~112.5°]

甲坐庚向 [雙星會坐]

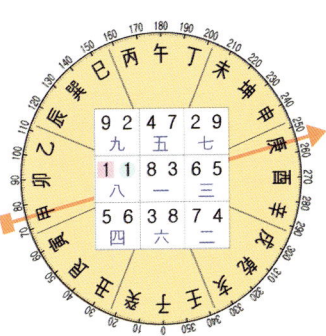

卯坐酉向 [雙星會向]

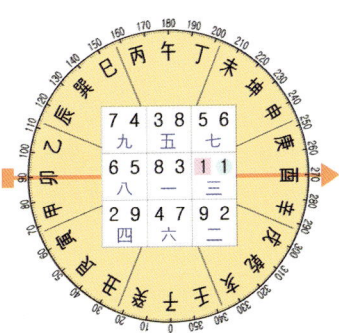

乙坐辛向 [雙星會向]

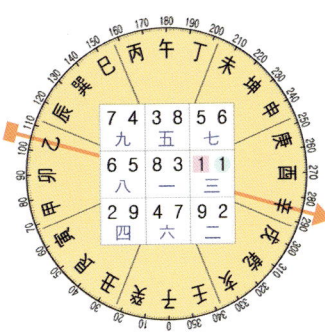

巽宮 [112.5°~157.5°]

辰坐戌向 [雙星會向]

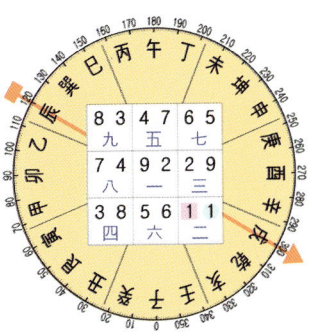

巽坐乾向 [雙星會坐]

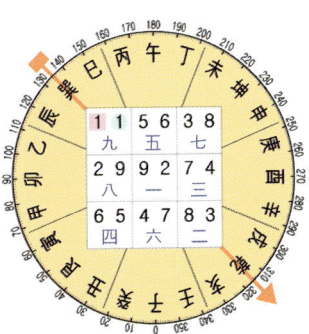

巳坐亥向 [雙星會坐]

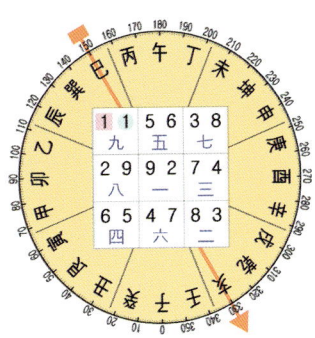

離宮［157.5°~202.5°］

丙坐壬向［雙星會向］

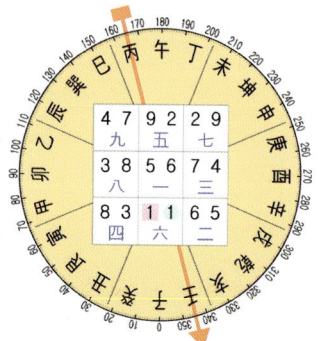

4 7 九	9 2 五	2 9 七
3 8 八	5 6 一	7 4 三
8 3 四	1 1 六	6 5 二

午坐子向［雙星會坐］

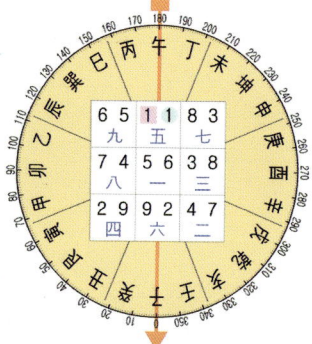

6 5 九	1 1 五	8 3 七
7 4 八	5 6 一	3 8 三
2 9 四	9 2 六	4 7 二

丁坐癸向［雙星會坐］

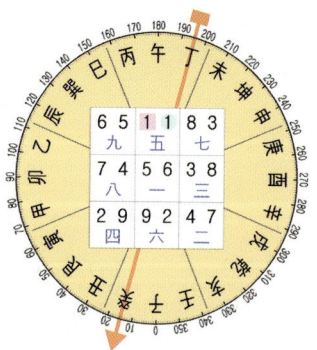

6 5 九	1 1 五	8 3 七
7 4 八	5 6 一	3 8 三
2 9 四	9 2 六	4 7 二

坤宮［202.5°~247.5°］

未坐丑向［雙星會向］

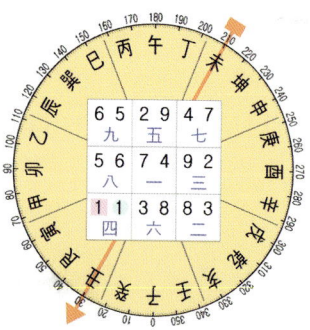

6 5 九	2 9 五	4 7 七
5 6 八	7 4 一	9 2 三
1 1 四	3 8 六	8 3 二

坤坐艮向［雙星會坐］

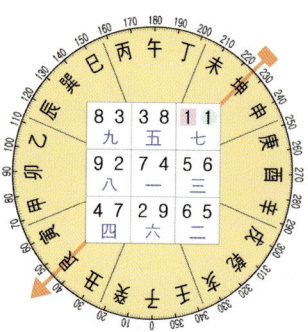

8 3 九	3 8 五	1 1 七
9 2 八	7 4 一	5 6 三
4 7 四	2 9 六	6 5 二

申坐寅向［雙星會坐］

8 3 九	3 8 五	1 1 七
9 2 八	7 4 一	5 6 三
4 7 四	2 9 六	6 5 二

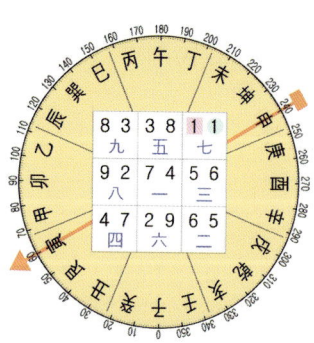

兌宮 [247.5°~292.5°]

庚坐甲向 [雙星會向]

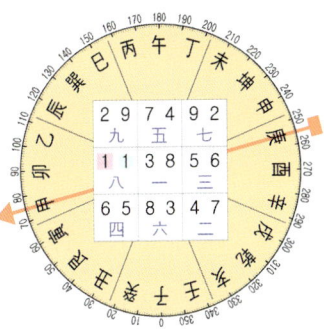

酉坐卯向 [雙星會坐]

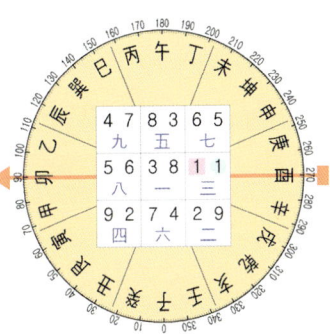

辛坐乙向 [雙星會坐]

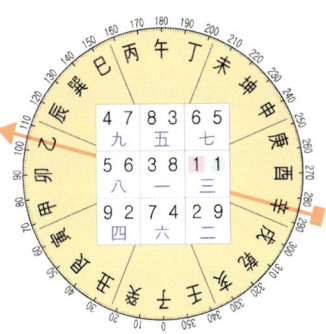

乾宮 [292.5°~337.5°]

戌坐辰向 [雙星會坐]

乾坐巽向 [雙星會向]

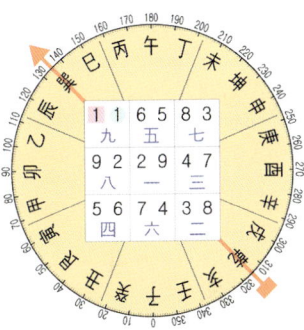

亥坐巳向 [雙星會向]

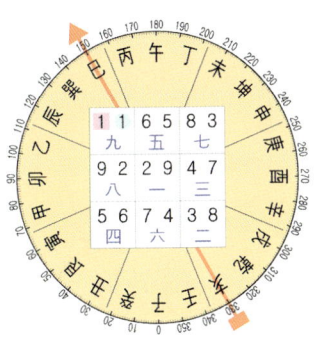

一運 下卦 飛星盤

二運　下卦　飛星盤

坎宮 [337.5°～22.5°]

壬坐丙向 [雙星會向]

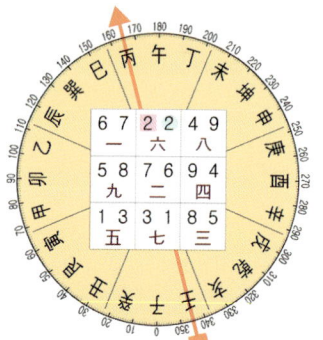

子坐午向 [雙星會坐]

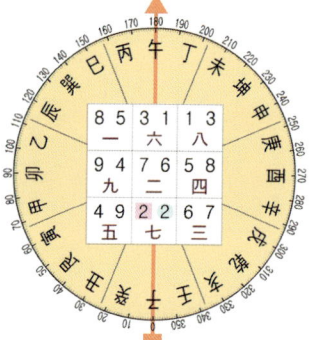

癸坐丁向 [雙星會坐]

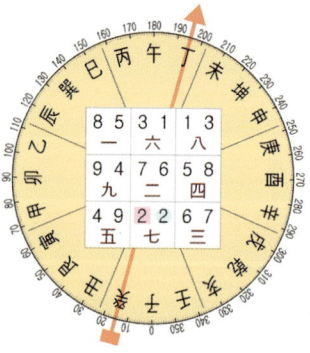

艮宮 [22.5°～67.5°]

丑坐未向 [旺山旺向]

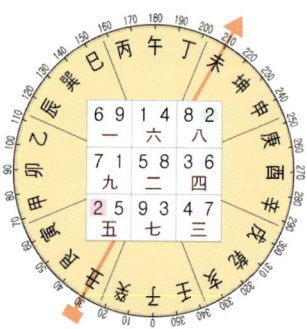

艮坐坤向 [上山下水]

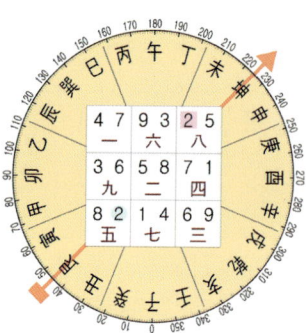

寅坐申向 [上山下水]

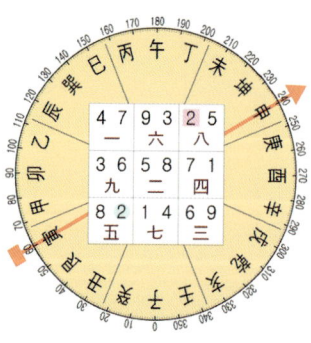

二運 下卦 飛星盤

震宮 [67.5°~112.5°]

甲坐庚向 [雙星會向]

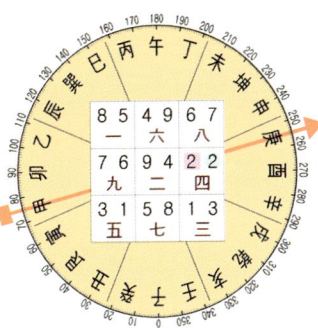

卯坐酉向 [雙星會坐]

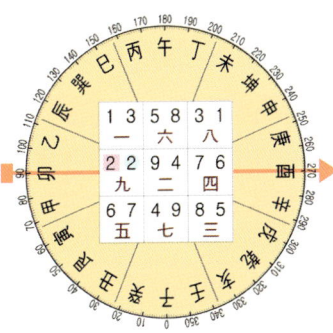

乙坐辛向 [雙星會坐]

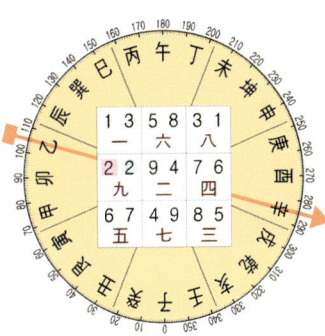

巽宮 [112.5°~157.5°]

辰坐戌向 [上山下水]

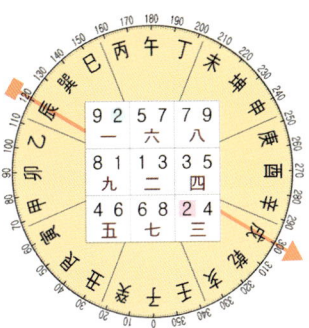

巽坐乾向 [旺山旺向]

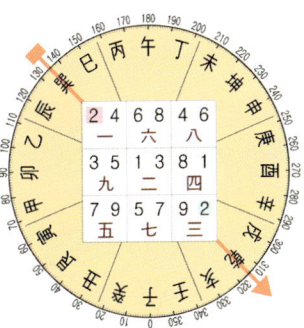

巳坐亥向 [旺山旺向]

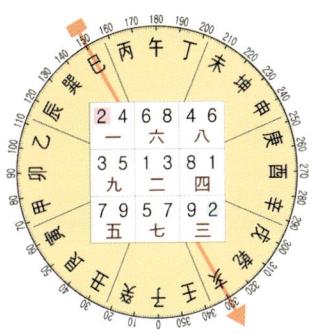

玄空手册 17

二運　下卦　飛星盤

離宮 [157.5°~202.5°]

丙坐壬向 [雙星會坐]
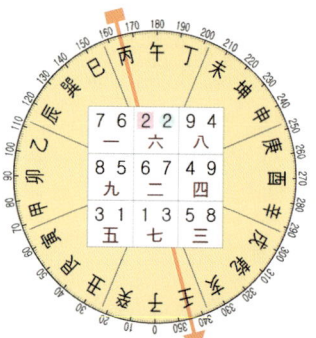

午坐子向 [雙星會向]

丁坐癸向 [雙星會向]
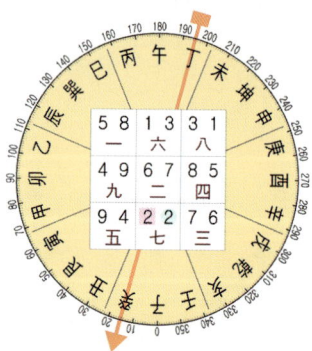

坤宮 [202.5°~247.5°]

未坐丑向 [旺山旺向]
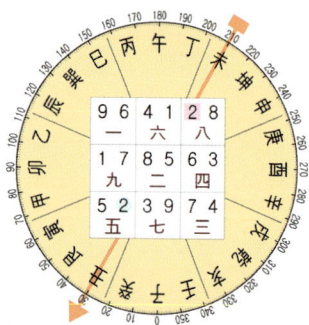

坤坐艮向 [上山下水]
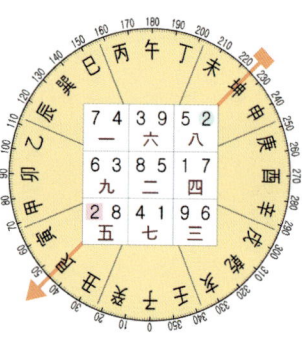

申坐寅向 [上山下水]
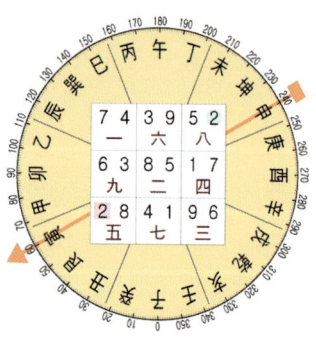

兌宮 [247.5°~292.5°]

庚坐甲向 [雙星會坐]

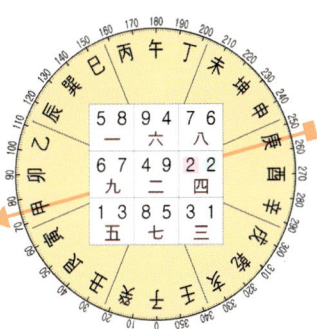

酉坐卯向 [雙星會向]

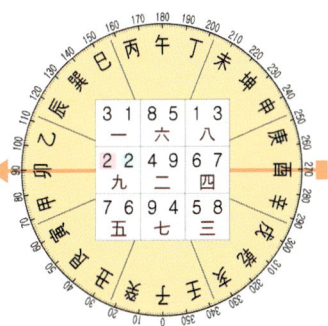

辛坐乙向 [雙星會向]

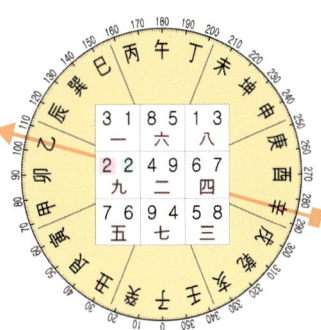

乾宮 [292.5°~337.5°]

戌坐辰向 [上山下水]

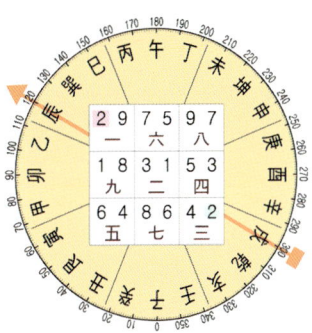

乾坐巽向 [旺山旺向]

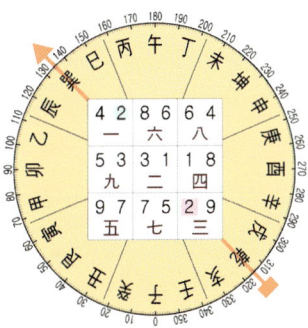

亥坐巳向 [旺山旺向]

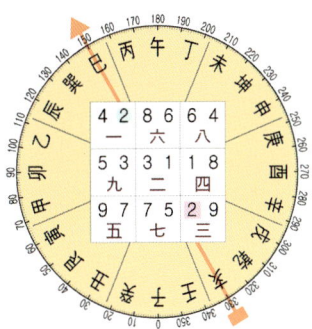

二運 下卦 飛星盤

三運　下卦　飛星盤

坎宮 [337.5°~22.5°]

壬坐丙向 [雙星會坐]

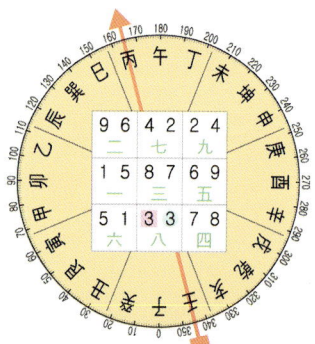

子坐午向 [雙星會向]

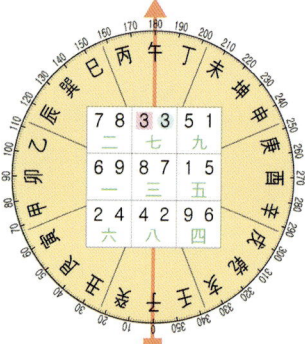

癸坐丁向 [雙星會向]

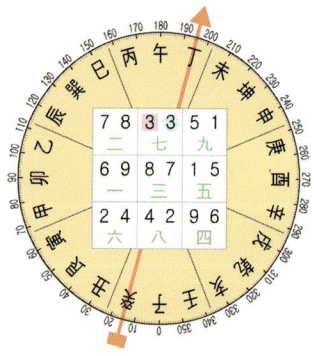

艮宮 [22.5°~67.5°]

丑坐未向 [雙星會坐]

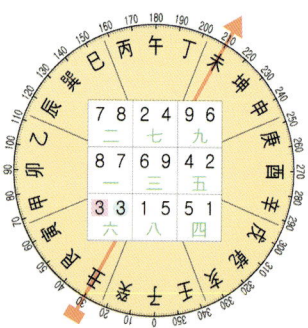

艮坐坤向 [雙星會向]

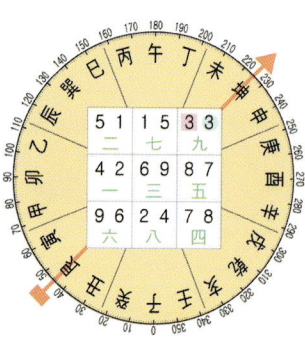

寅坐申向 [雙星會向]

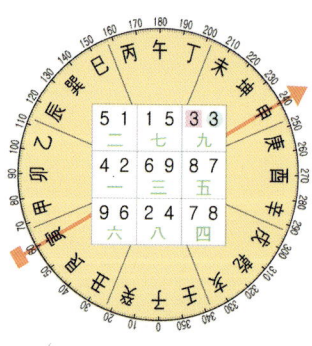

震宮 [67.5°~112.5°]

甲坐庚向 [上山下水]

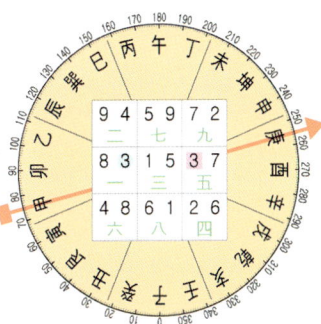

卯坐酉向 [旺山旺向]

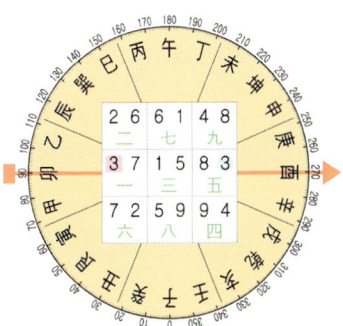

乙坐辛向 [旺山旺向]

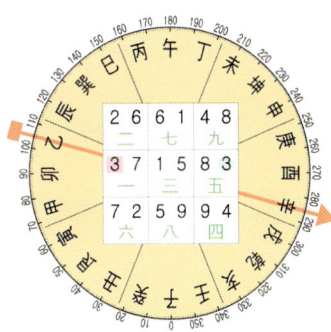

巽宮 [112.5°~157.5°]

辰坐戌向 [旺山旺向]

巽坐乾向 [上山下水]

巳坐亥向 [上山下水]

三運 下卦 飛星盤

三運 下卦 飛星盤

離宮 [157.5°~202.5°]

丙坐壬向 [雙星會向]

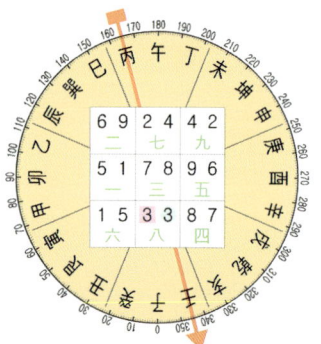

午坐子向 [雙星會坐]

丁坐癸向 [雙星會坐]

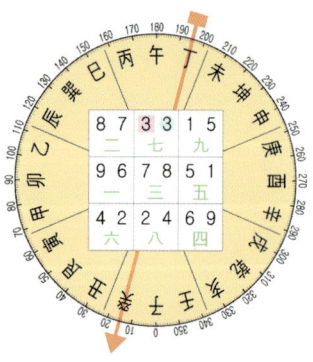

坤宮 [202.5°~247.5°]

未坐丑向 [雙星會向]

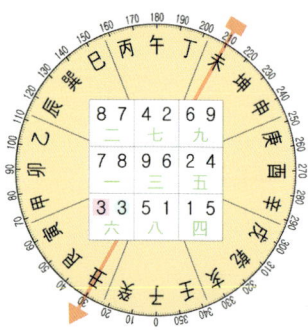

坤坐艮向 [雙星會坐]

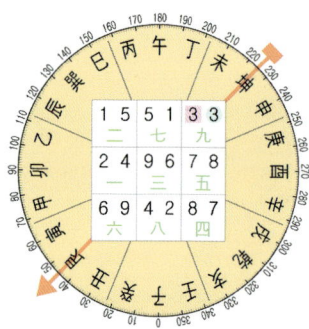

申坐寅向 [雙星會坐]

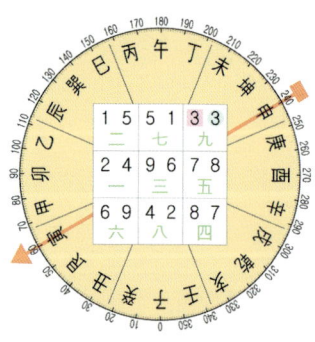

三運 下卦 飛星盤

兌宮 [247.5°~292.5°]

庚坐甲向 [上山下水]

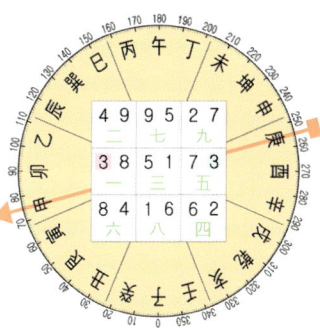

酉坐卯向 [旺山旺向]

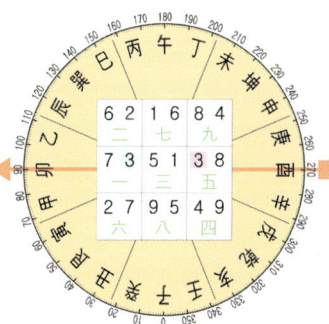

辛坐乙向 [旺山旺向]

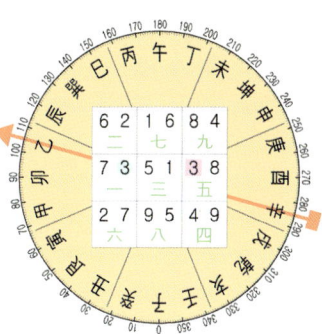

乾宮 [292.5°~337.5°]

戌坐辰向 [旺山旺向]

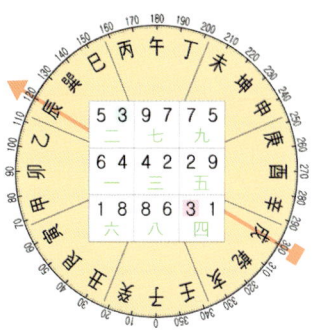

乾坐巽向 [上山下水]

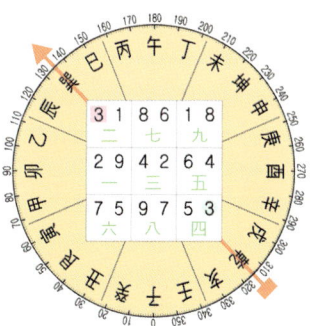

亥坐巳向 [上山下水]

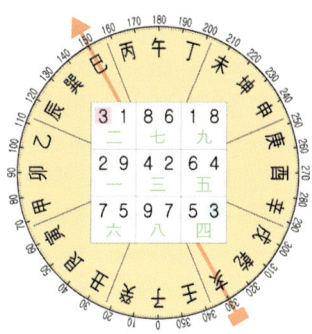

四運 下卦 飛星盤

坎宮 [337.5°~22.5°]

壬坐丙向 [雙星會向]

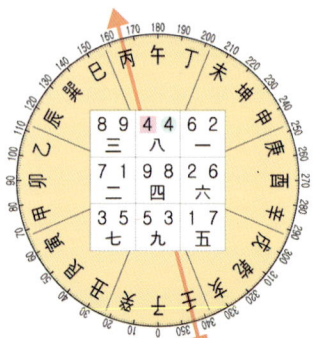

子坐午向 [雙星會坐]

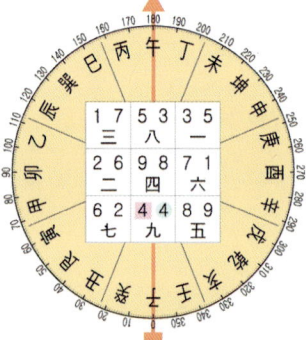

癸坐丁向 [雙星會坐]

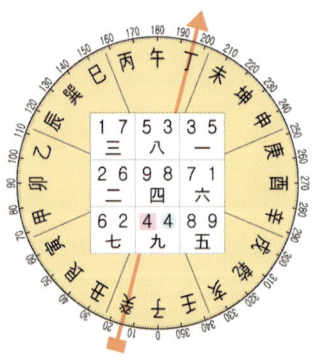

艮宮 [22.5°~67.5°]

丑坐未向 [上山下水]

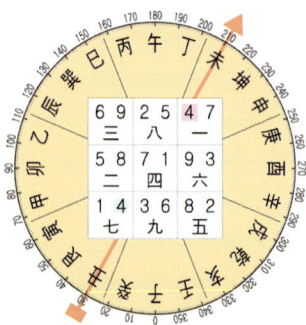

艮坐坤向 [旺山旺向]

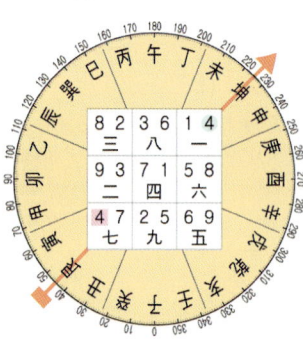

寅坐申向 [旺山旺向]

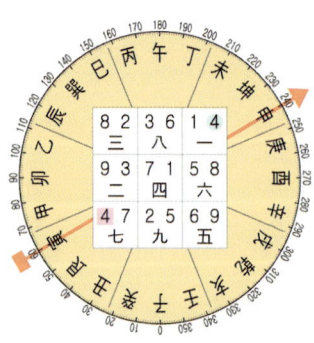

四運 下卦 飛星盤

震宮 [67.5°~112.5°]

甲坐庚向 [旺山旺向]

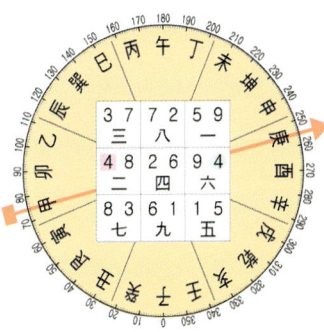

卯坐酉向 [上山下水]

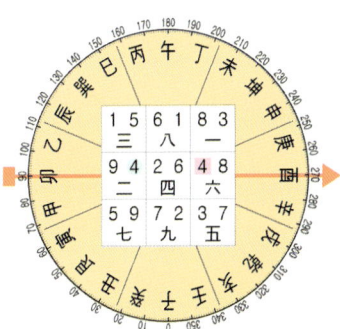

乙坐辛向 [上山下水]

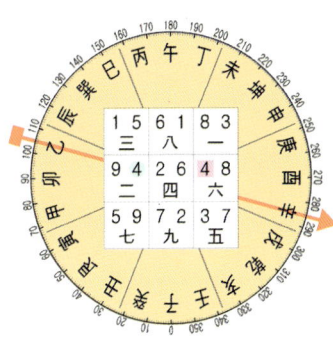

巽宮 [112.5°~157.5°]

辰坐戌向 [雙星會向]

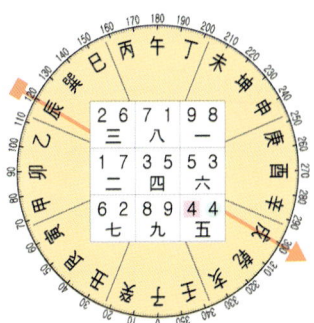

巽坐乾向 [雙星會坐]

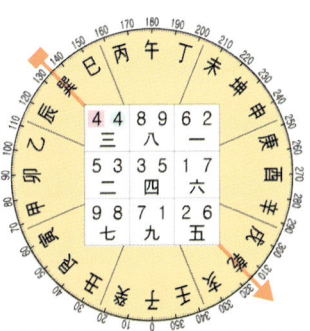

巳坐亥向 [雙星會坐]

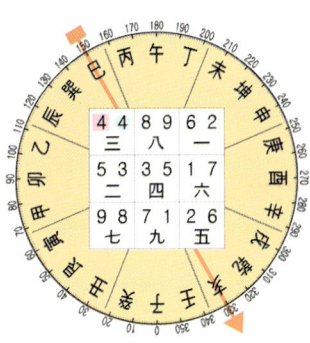

玄空手册 25

四運 下卦 飛星盤

離宮 [157.5°~202.5°]

丙坐壬向 [雙星會坐]

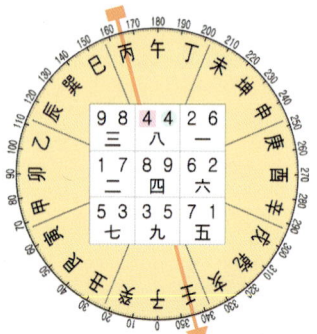

午坐子向 [雙星會向]

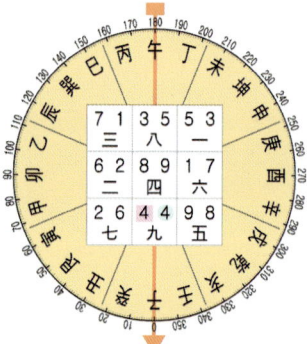

丁坐癸向 [雙星會向]

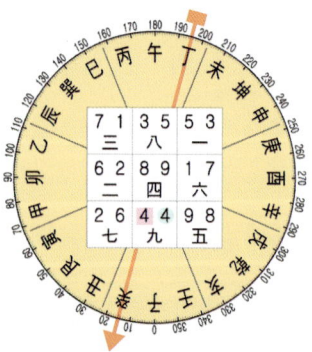

坤宮 [202.5°~247.5°]

未坐丑向 [上山下水]

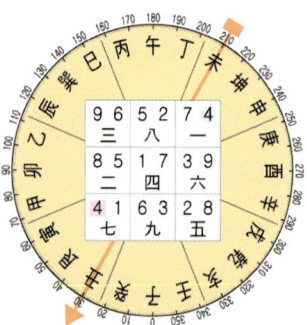

坤坐艮向 [旺山旺向]

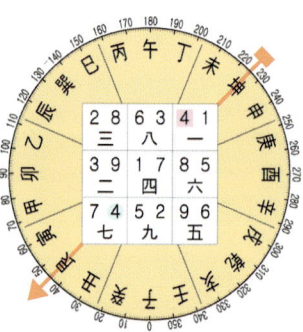

申坐寅向 [旺山旺向]

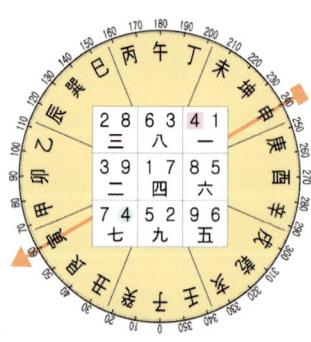

兌宮 [247.5°~292.5°]

庚坐甲向 [旺山旺向]

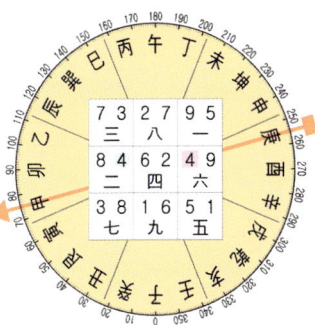

酉坐卯向 [上山下水]

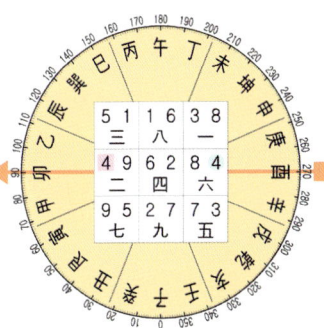

辛坐乙向 [上山下水]

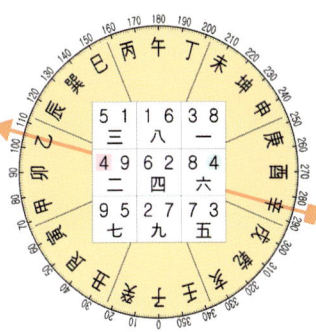

乾宮 [292.5°~337.5°]

戌坐辰向 [雙星會坐]

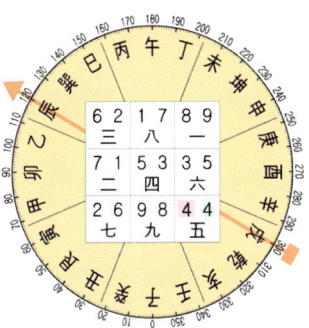

乾坐巽向 [雙星會向]

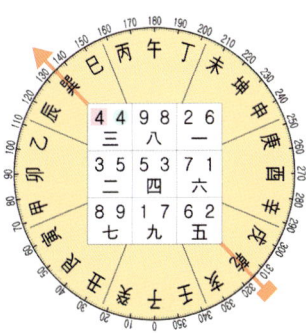

亥坐巳向 [雙星會向]

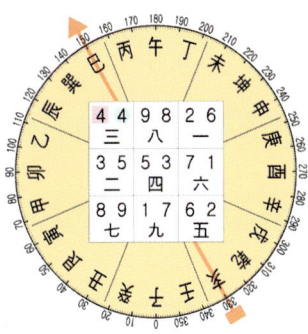

四運 下卦 飛星盤

五運 下卦 飛星盤

坎宮 [337.5°~22.5°]

壬坐丙向 [上山下水]

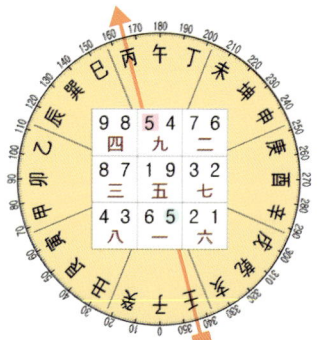

子坐午向 [旺山旺向]

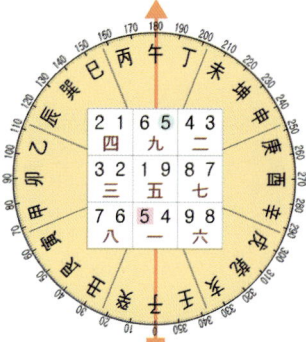

癸坐丁向 [旺山旺向]

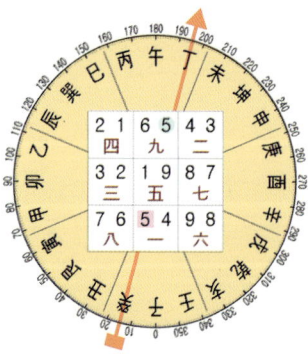

艮宮 [22.5°~67.5°]

丑坐未向 [旺山旺向]

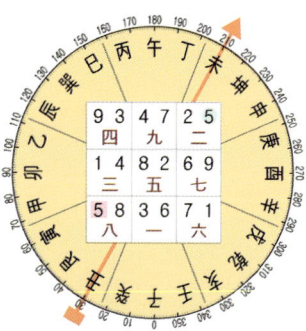

艮坐坤向 [上山下水]

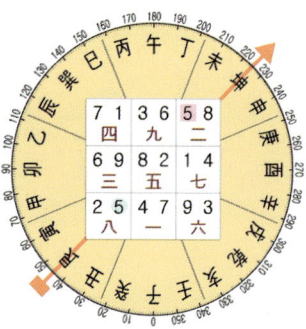

寅坐申向 [上山下水]

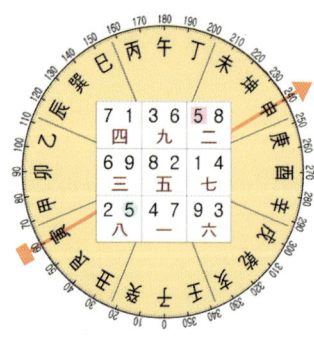

28 玄空手册

震宮 [67.5°~112.5°]

甲坐庚向 [上山下水]

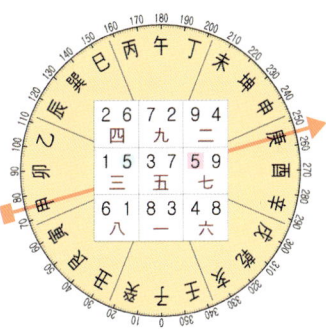

卯坐酉向 [旺山旺向]

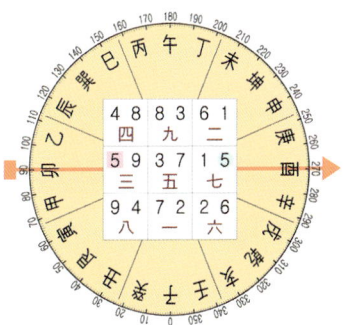

乙坐辛向 [旺山旺向]

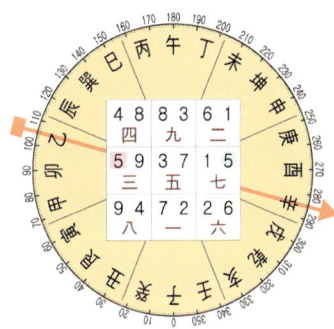

巽宮 [112.5°~157.5°]

辰坐戌向 [旺山旺向]

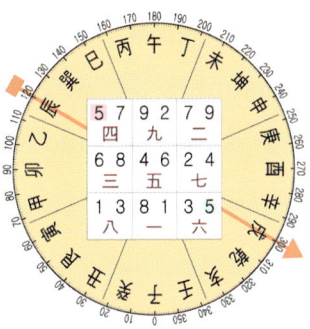

巽坐乾向 [上山下水]

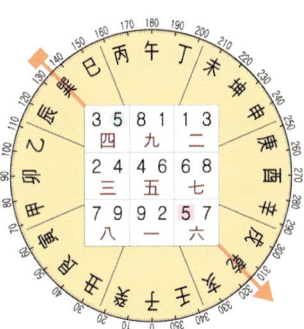

巳坐亥向 [上山下水]

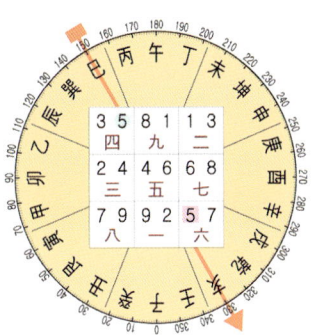

五運 下卦 飛星盤

離宮 [157.5°~202.5°]

丙坐壬向 [上山下水]

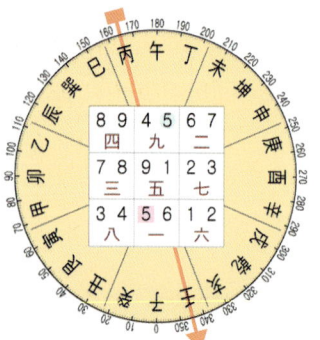

午坐子向 [旺山旺向]

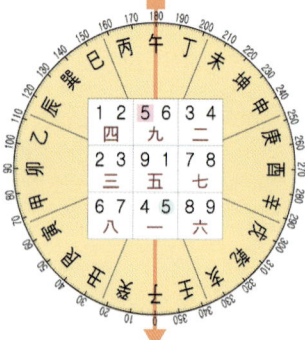

丁坐癸向 [旺山旺向]

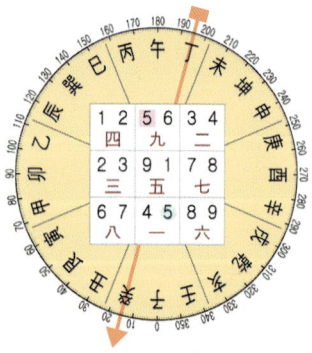

坤宮 [202.5°~247.5°]

未坐丑向 [旺山旺向]

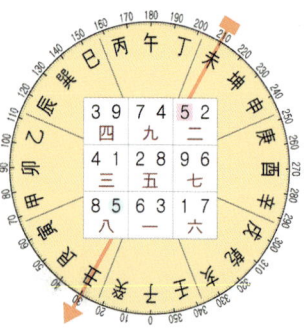

坤坐艮向 [上山下水]

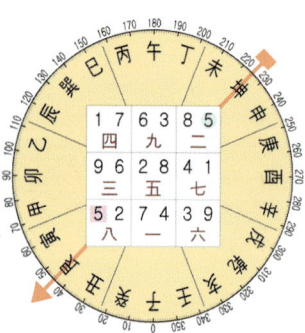

申坐寅向 [上山下水]

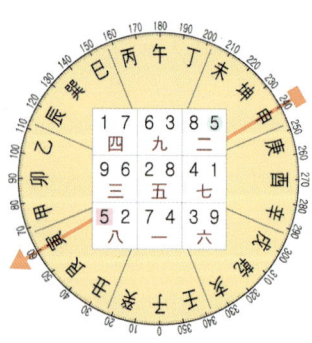

五運 下卦 飛星盤

兌宮 [247.5°~292.5°]

庚坐甲向 [上山下水]

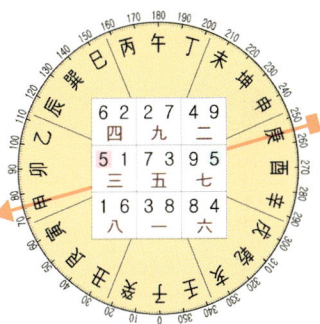

酉坐卯向 [旺山旺向]

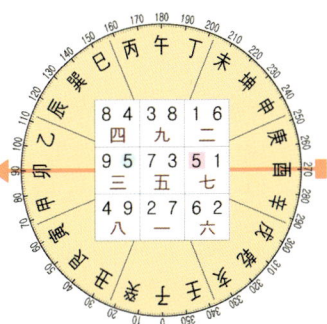

辛坐乙向 [旺山旺向]

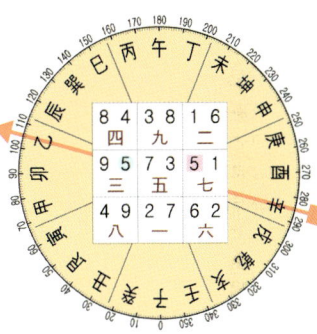

乾宮 [292.5°~337.5°]

戌坐辰向 [旺山旺向]

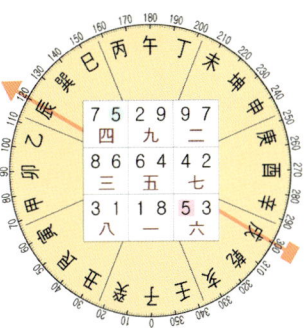

乾坐巽向 [上山下水]

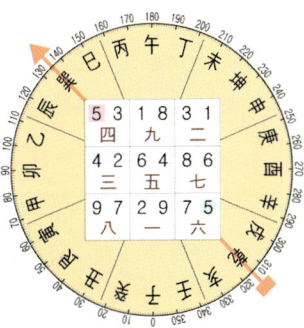

亥坐巳向 [上山下水]

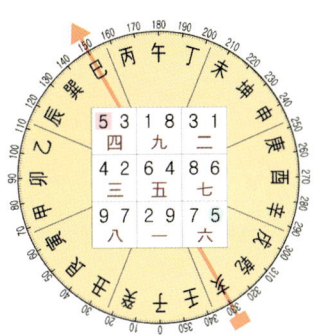

五運 下卦 飛星盤

六運 下卦 飛星盤

坎宮 [337.5°~22.5°]

壬坐丙向 [雙星會坐]

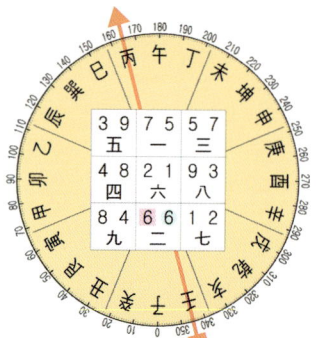

子坐午向 [雙星會向]

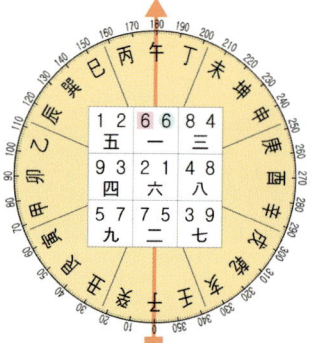

癸坐丁向 [雙星會向]

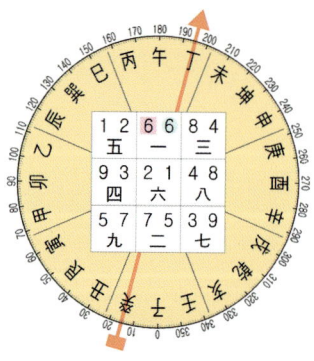

艮宮 [22.5°~67.5°]

丑坐未向 [上山下水]

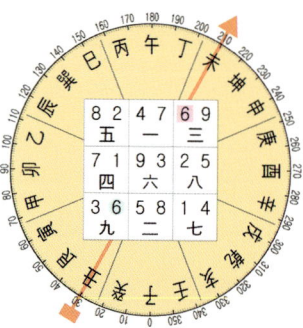

艮坐坤向 [旺山旺向]

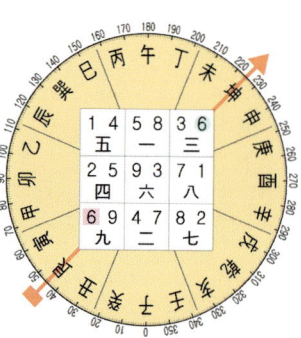

寅坐申向 [旺山旺向]

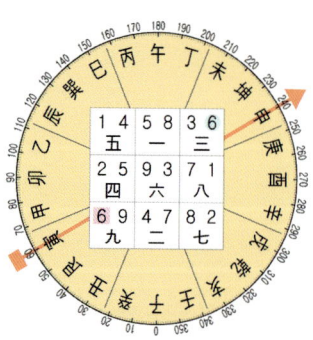

震宮 [67.5°~112.5°]

甲坐庚向 [旺山旺向]

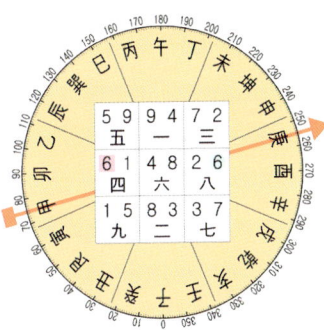

卯坐酉向 [上山下水]

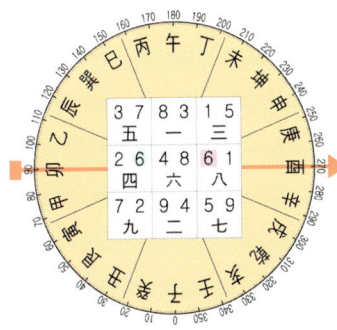

乙坐辛向 [上山下水]

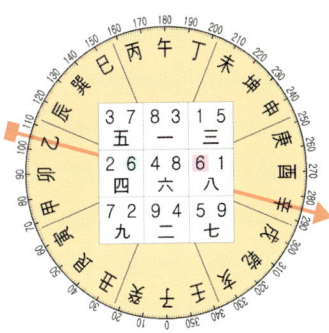

巽宮 [112.5°~157.5°]

辰坐戌向 [雙星會坐]

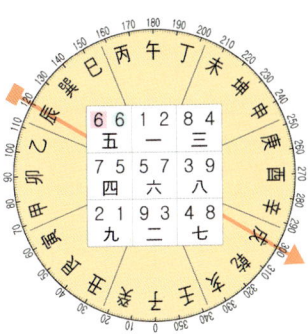

巽坐乾向 [雙星會向]

巳坐亥向 [雙星會向]

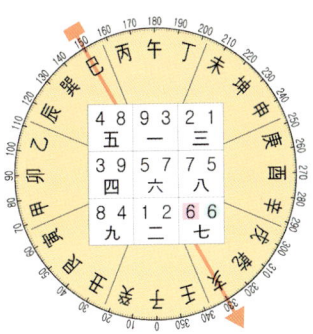

六運 下卦 飛星盤

離宮 [157.5°~202.5°]

丙坐壬向 [雙星會向]

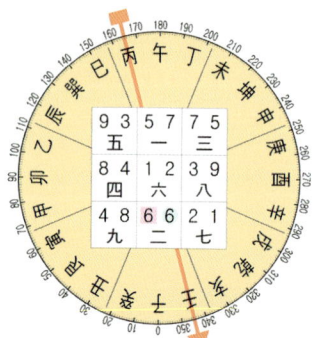

午坐子向 [雙星會坐]

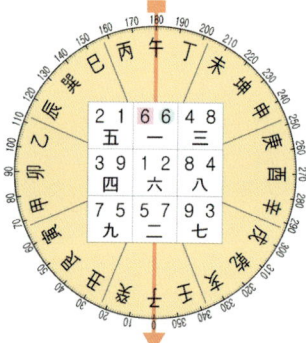

丁坐癸向 [雙星會坐]

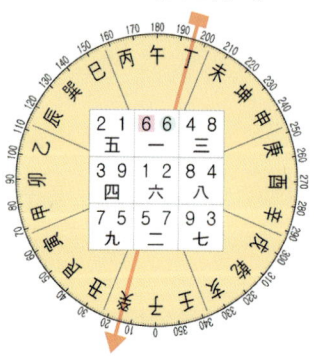

坤宮 [202.5°~247.5°]

未坐丑向 [上山下水]

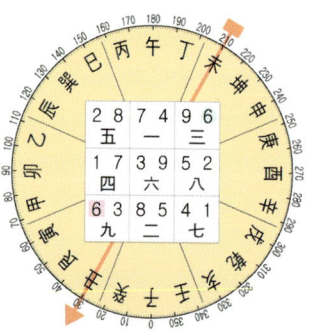

坤坐艮向 [旺山旺向]

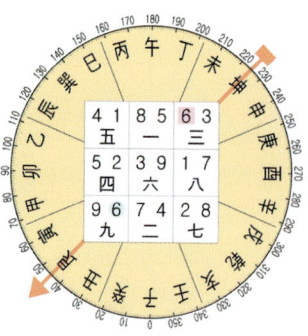

申坐寅向 [旺山旺向]

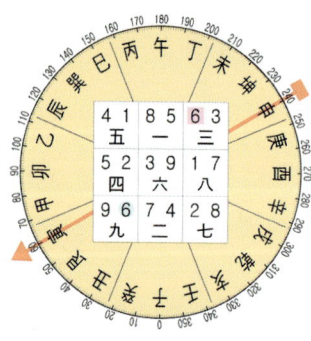

兌宮 [247.5°~292.5°]

庚坐甲向 [旺山旺向]

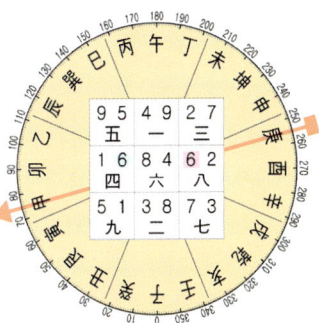

酉坐卯向 [上山下水]

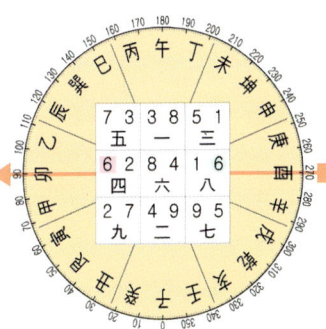

辛坐乙向 [上山下水]

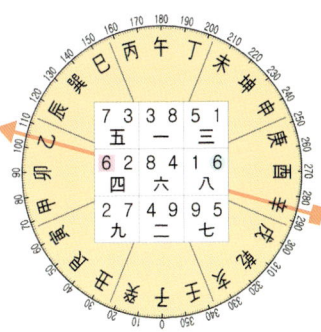

乾宮 [292.5°~337.5°]

戌坐辰向 [雙星會向]

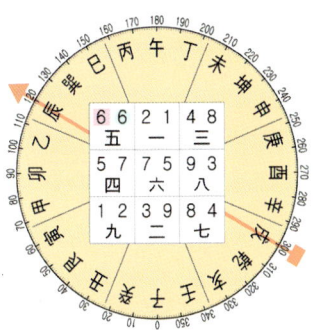

乾坐巽向 [雙星會坐]

亥坐巳向 [雙星會坐]

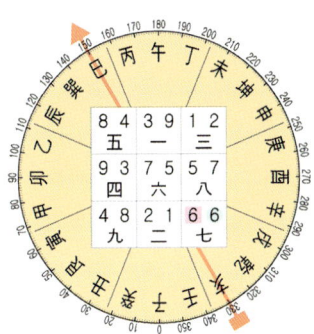

六運 下卦 飛星盤

七運　下卦　飛星盤

坎宮 [337.5°~22.5°]

壬坐丙向 [雙星會向]

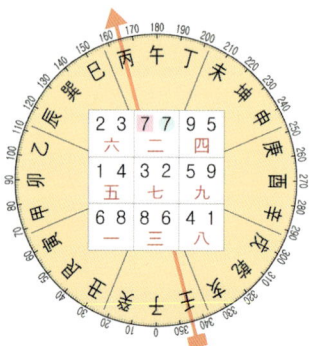

子坐午向 [雙星會坐]

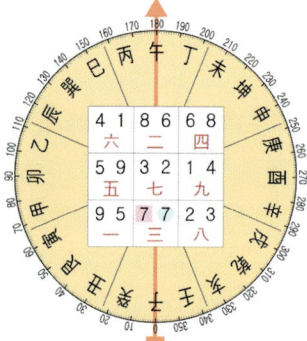

癸坐丁向 [雙星會坐]

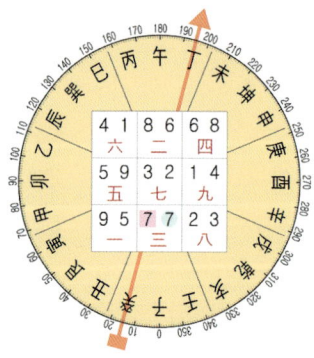

艮宮 [22.5°~67.5°]

丑坐未向 [雙星會向]

艮坐坤向 [雙星會坐]

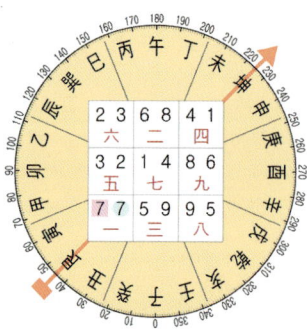

寅坐申向 [雙星會坐]

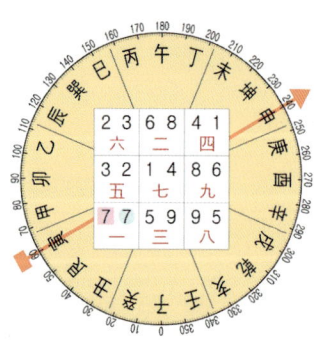

震宮 [67.5°~112.5°]

甲坐庚向 [上山下水]

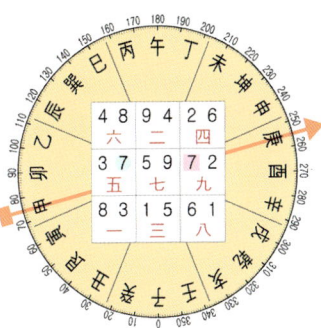

卯坐酉向 [旺山旺向]

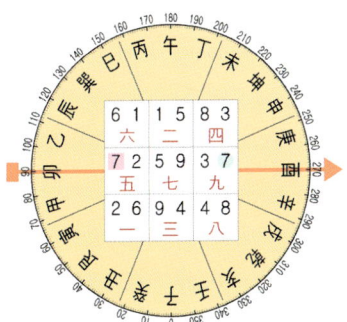

乙坐辛向 [旺山旺向]

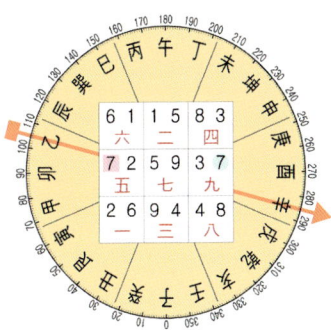

巽宮 [112.5°~157.5°]

辰坐戌向 [旺山旺向]

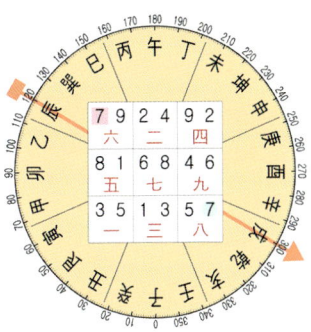

巽坐乾向 [上山下水]

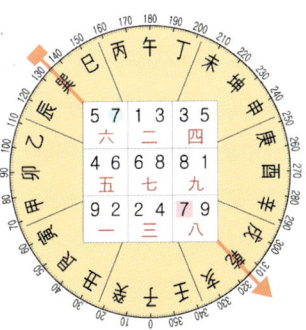

巳坐亥向 [上山下水]

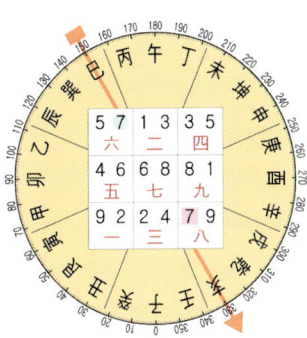

七運　下卦　飛星盤

七運　下卦　飛星盤

離宮 [157.5°～202.5°]

丙坐壬向 [雙星會坐]

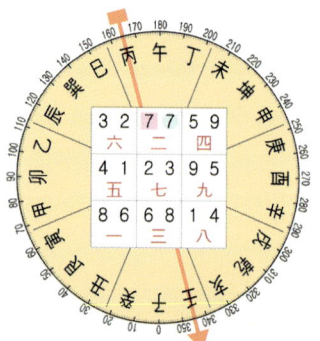

午坐子向 [雙星會向]

丁坐癸向 [雙星會向]

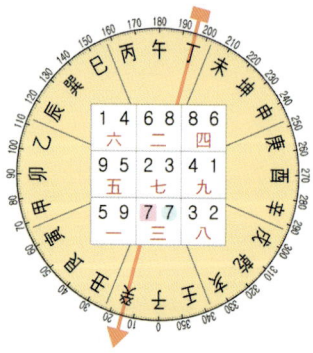

坤宮 [202.5°～247.5°]

未坐丑向 [雙星會坐]

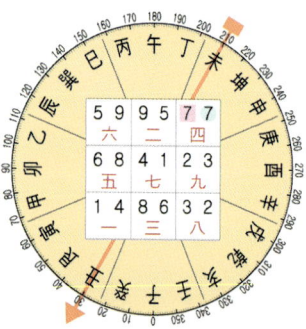

坤坐艮向 [雙星會向]

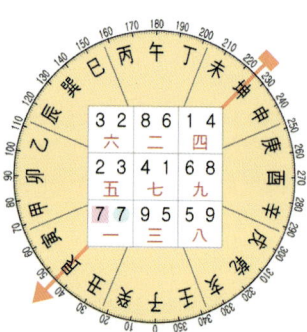

申坐寅向 [雙星會向]

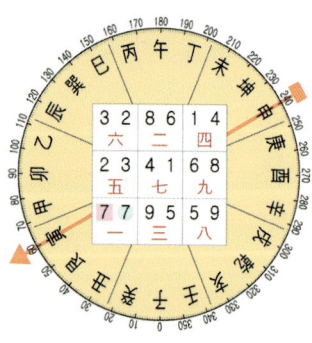

兌宮 [247.5°~292.5°]

庚坐甲向 [上山下水]

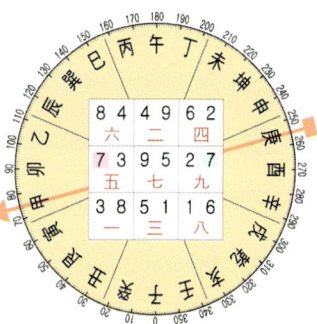

酉坐卯向 [旺山旺向]

辛坐乙向 [旺山旺向]

乾宮 [292.5°~337.5°]

戌坐辰向 [旺山旺向]

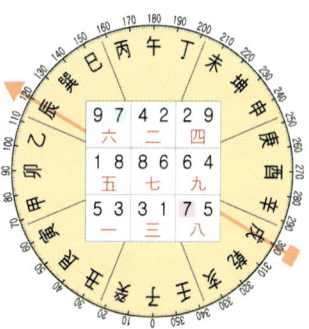

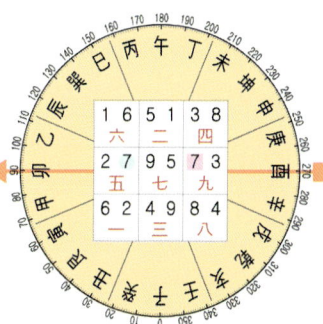

乾坐巽向 [上山下水]

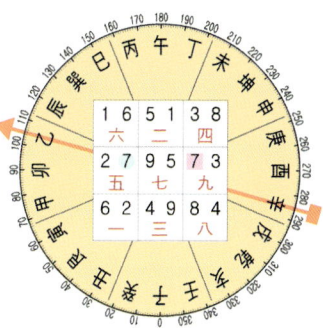

亥坐巳向 [上山下水]

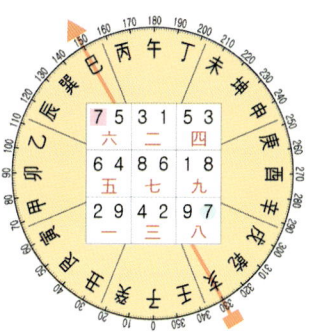

八運 下卦 飛星盤

坎宮 [337.5°~22.5°]

壬坐丙向 [雙星會坐]

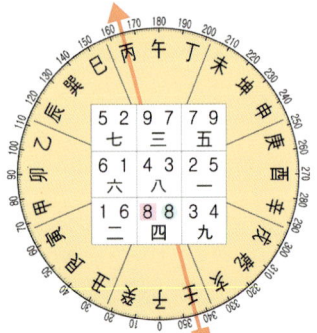

子坐午向 [雙星會向]

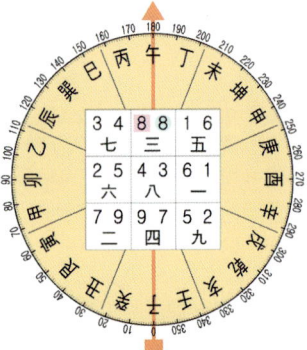

癸坐丁向 [雙星會向]

艮宮 [22.5°~67.5°]

丑坐未向 [旺山旺向]

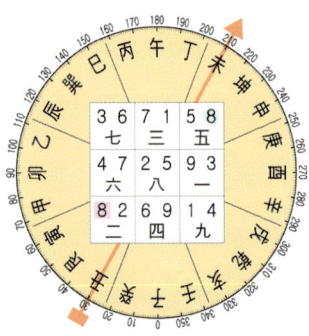

艮坐坤向 [上山下水]

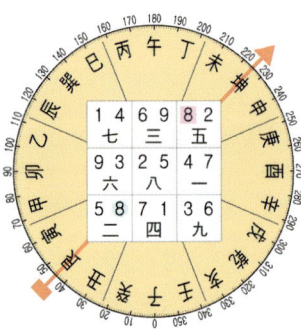

寅坐申向 [上山下水]

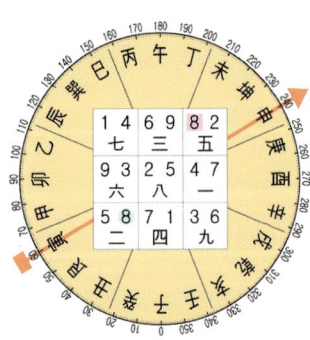

震宮 [67.5°～112.5°]

甲坐庚向 [雙星會坐]

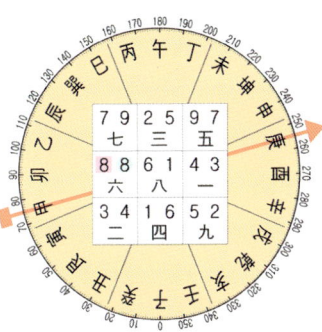

卯坐酉向 [雙星會向]

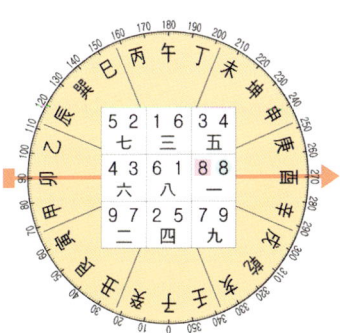

乙坐辛向 [雙星會向]

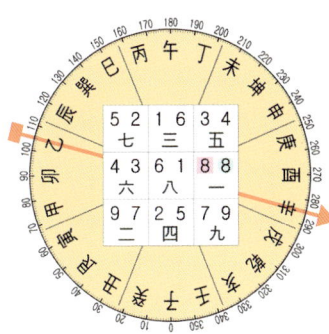

巽宮 [112.5°～157.5°]

辰坐戌向 [上山下水]

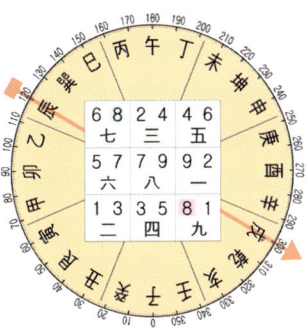

巽坐乾向 [旺山旺向]

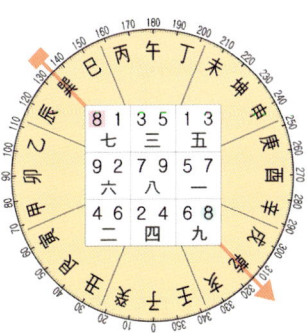

巳坐亥向 [旺山旺向]

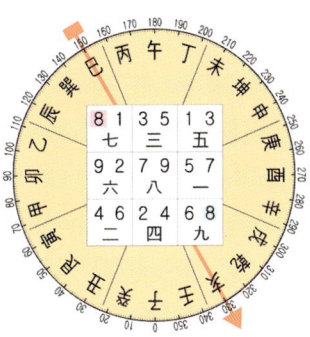

八運　下卦　飛星盤

離宮 [157.5°~202.5°]

丙坐壬向 [雙星會向]

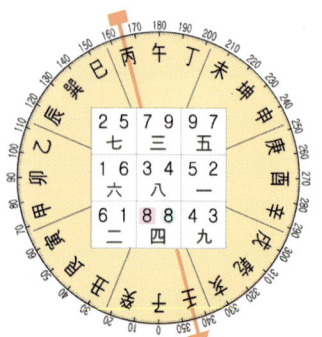

午坐子向 [雙星會坐]

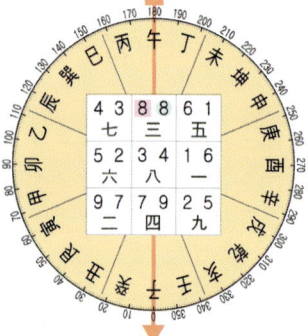

丁坐癸向 [雙星會坐]

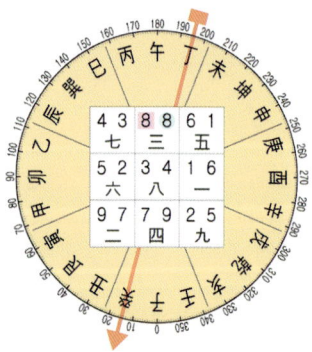

坤宮 [202.5°~247.5°]

未坐丑向 [旺山旺向]

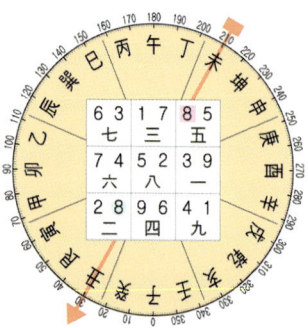

坤坐艮向 [上山下水]

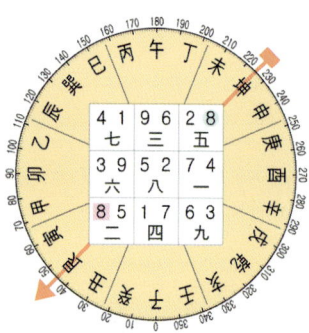

申坐寅向 [上山下水]

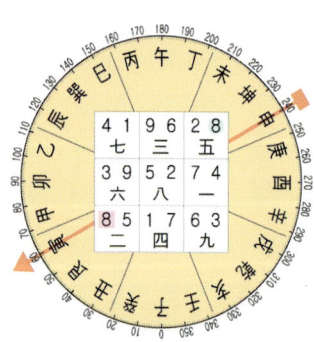

42 玄空手册

兌宮 [247.5°~292.5°]

庚坐甲向 [雙星會向]

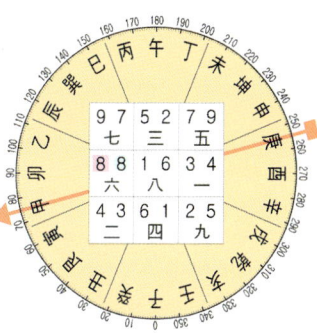

酉坐卯向 [雙星會坐]

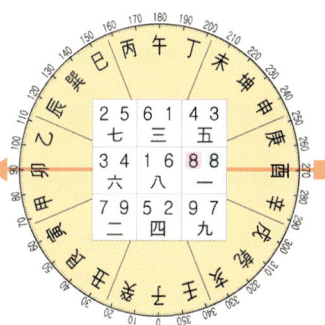

辛坐乙向 [雙星會坐]

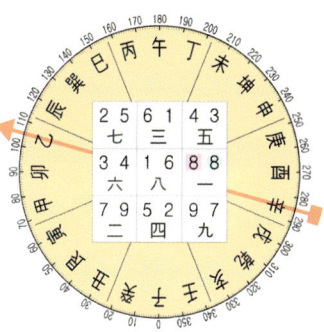

乾宮 [292.5°~337.5°]

戌坐辰向 [上山下水]

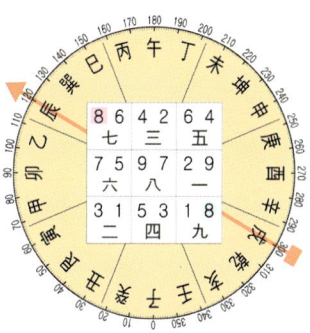

乾坐巽向 [旺山旺向]

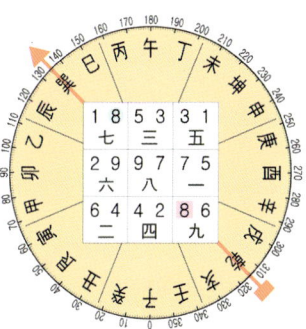

亥坐巳向 [旺山旺向]

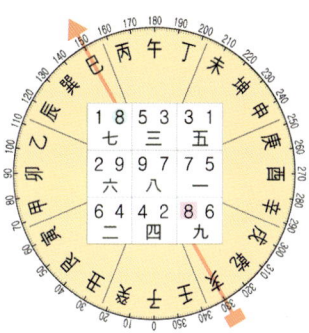

九運 下卦 飛星盤

坎宮 [337.5°~22.5°]

壬坐丙向 [雙星會向]

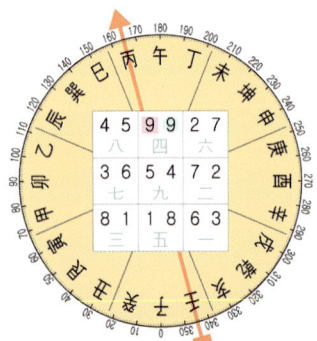

子坐午向 [雙星會坐]

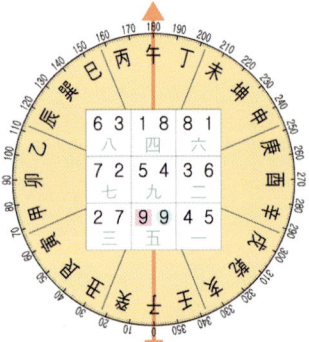

癸坐丁向 [雙星會坐]

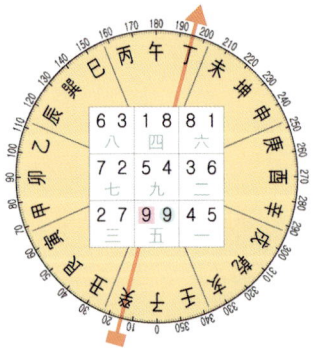

艮宮 [22.5°~67.5°]

丑坐未向 [雙星會向]

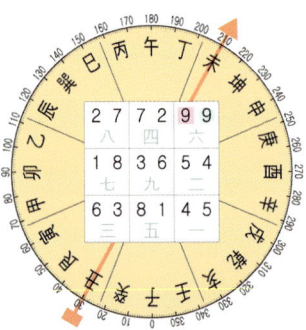

艮坐坤向 [雙星會坐]

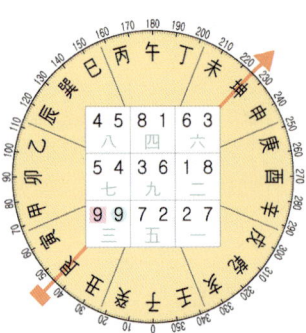

寅坐申向 [雙星會坐]

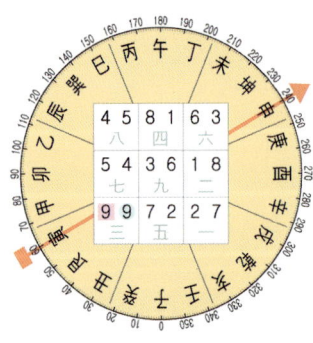

震宮 [67.5°~112.5°]

甲坐庚向 [雙星會向]

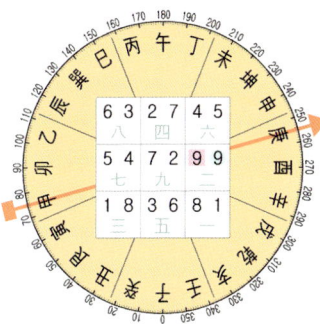

卯坐酉向 [雙星會坐]

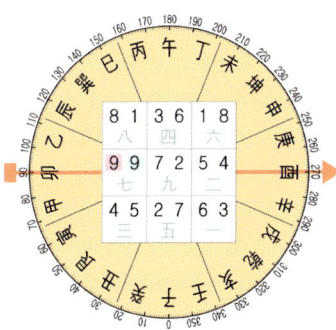

乙坐辛向 [雙星會坐]

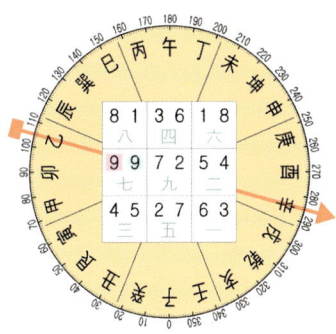

巽宮 [112.5°~157.5°]

辰坐戌向 [雙星會坐]

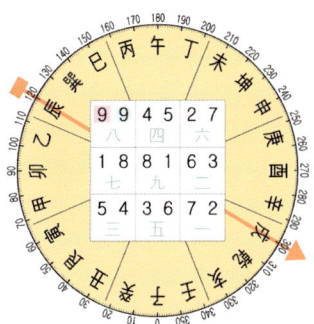

巽坐乾向 [雙星會向]

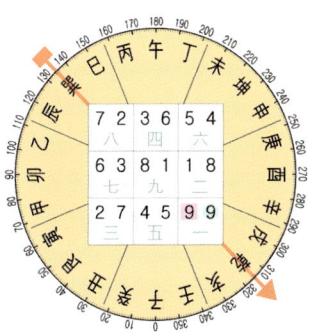

巳坐亥向 [雙星會向]

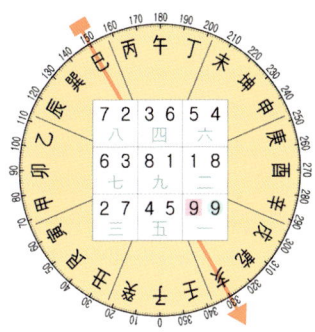

九運　下卦　飛星盤

離宮 [157.5°~202.5°]

丙坐壬向 [雙星會坐]

午坐子向 [雙星會向]

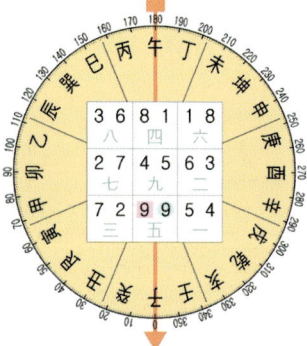

丁坐癸向 [雙星會向]

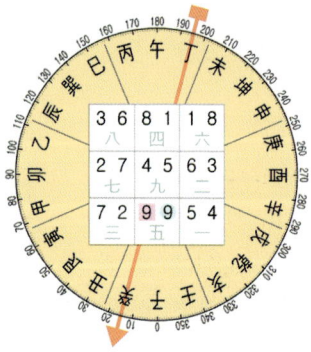

坤宮 [202.5°~247.5°]

未坐丑向 [雙星會坐]

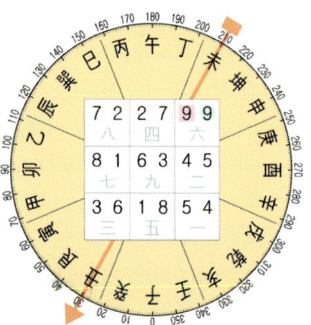

申坐寅向 [雙星會向]

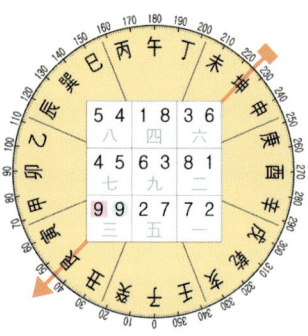

申坐寅向 [雙星會向]

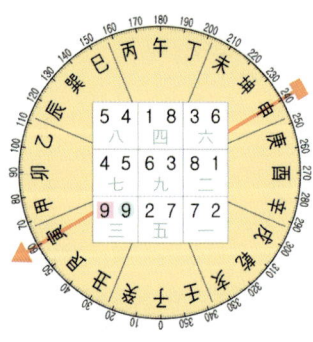

兌宮 [247.5°~292.5°]

庚坐甲向 [雙星會坐]

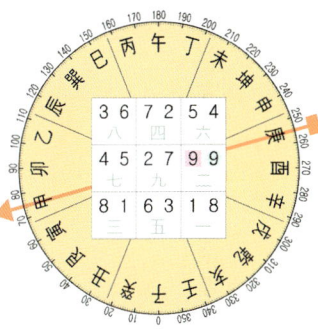

酉坐卯向 [雙星會向]

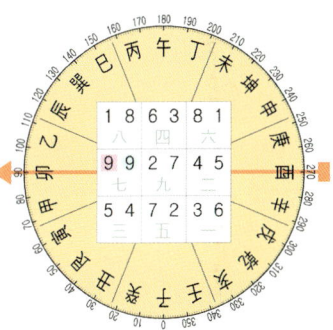

辛坐乙向 [雙星會向]

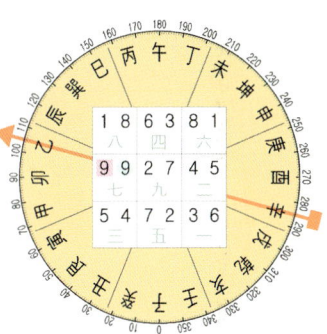

乾宮 [292.5°~337.5°]

戌坐辰向 [雙星會向]

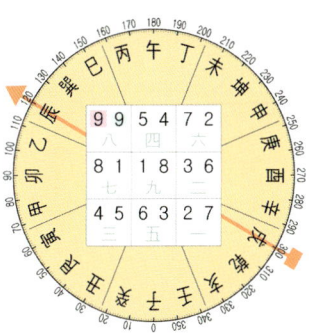

乾坐巽向 [雙星會坐]

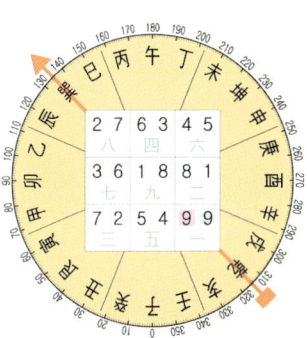

亥坐巳向 [雙星會坐]

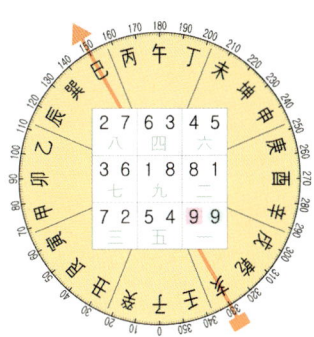

九運 下卦 飛星盤

坎宮 [337.5˚~22.5˚]

壬坐丙向

丙 午 丁 未 坤 申 庚 酉 辛 戌 乾 亥 壬 子 癸 丑 艮 寅 甲 卯 乙 辰 巽 巳
7 4 九 | 2 9 五 | 9 2 七
8 3 八 | 6 5 一 | 4 7 三
3 8 四 | 1 1 六 | 5 6 二

子坐午向

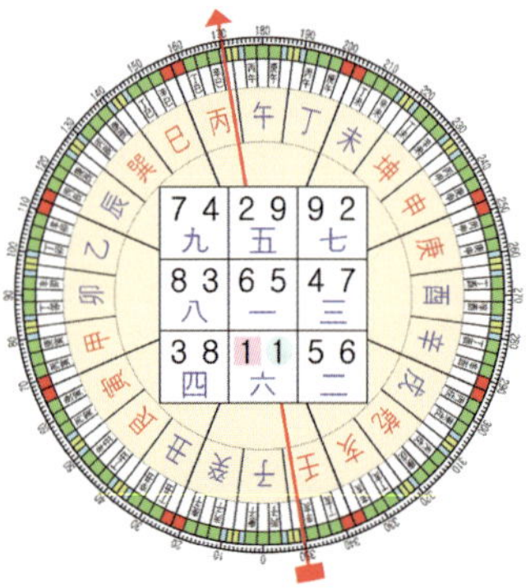

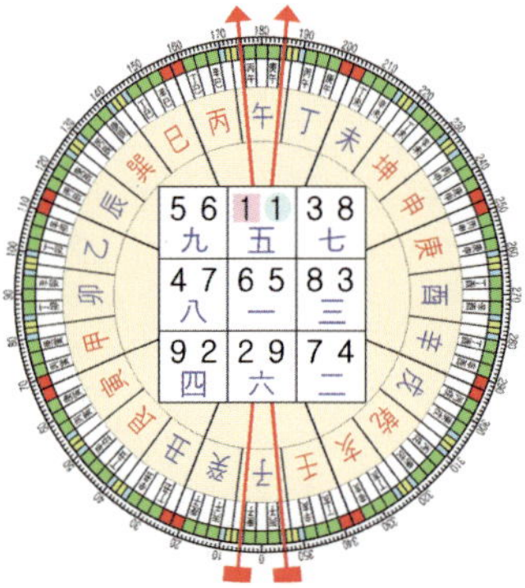

丙 午 丁 未 坤 申 庚 酉 辛 戌 乾 亥 壬 子 癸 丑 艮 寅 甲 卯 乙 辰 巽 巳
5 6 九 | 1 1 五 | 3 8 七
4 7 八 | 6 5 一 | 8 3 三
9 2 四 | 2 9 六 | 7 4 二

癸坐丁向

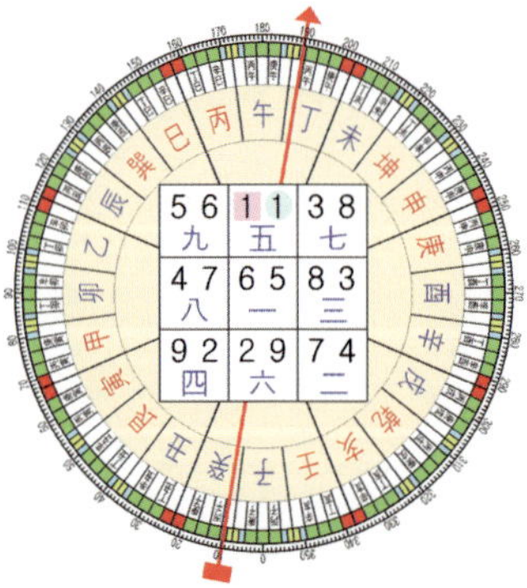

丙 午 丁 未 坤 申 庚 酉 辛 戌 乾 亥 壬 子 癸 丑 艮 寅 甲 卯 乙 辰 巽 巳
5 6 九 | 1 1 五 | 3 8 七
4 7 八 | 6 5 一 | 8 3 三
9 2 四 | 2 9 六 | 7 4 二

艮宮 [22.5˚~67.5˚]

丑坐未向

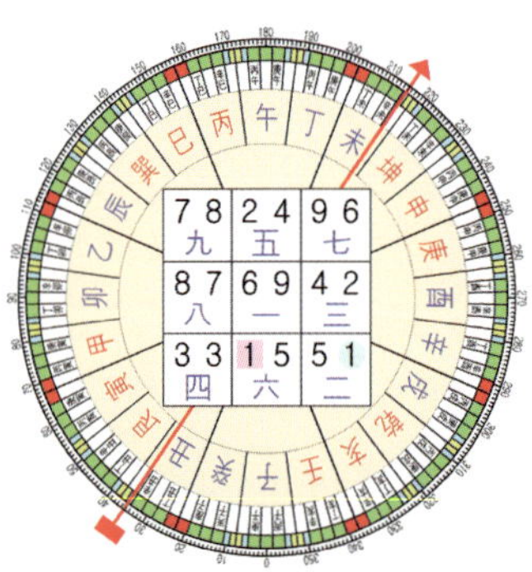

丙 午 丁 未 坤 申 庚 酉 辛 戌 乾 亥 壬 子 癸 丑 艮 寅 甲 卯 乙 辰 巽 巳
7 8 九 | 2 4 五 | 9 6 七
8 7 八 | 6 9 一 | 4 2 三
3 3 四 | 1 5 六 | 5 1 二

艮坐坤向

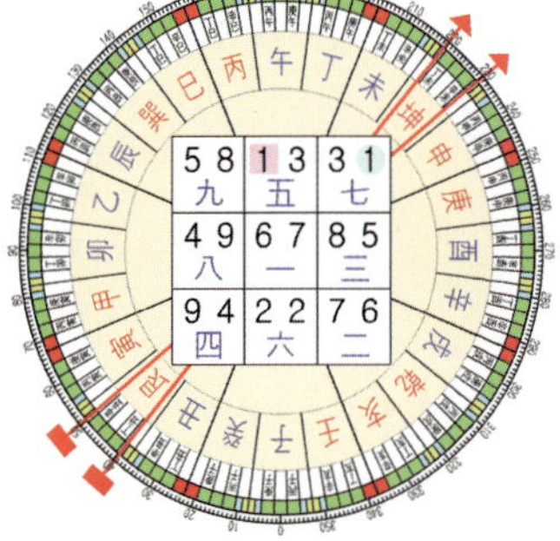

丙 午 丁 未 坤 申 庚 酉 辛 戌 乾 亥 壬 子 癸 丑 艮 寅 甲 卯 乙 辰 巽 巳
5 8 九 | 1 3 五 | 3 1 七
4 9 八 | 6 7 一 | 8 5 三
9 4 四 | 2 2 六 | 7 6 二

寅坐申向

丙 午 丁 未 坤 申 庚 酉 辛 戌 乾 亥 壬 子 癸 丑 艮 寅 甲 卯 乙 辰 巽 巳
5 8 九 | 1 3 五 | 3 1 七
4 9 八 | 6 7 一 | 8 5 三
9 4 四 | 2 2 六 | 7 6 二

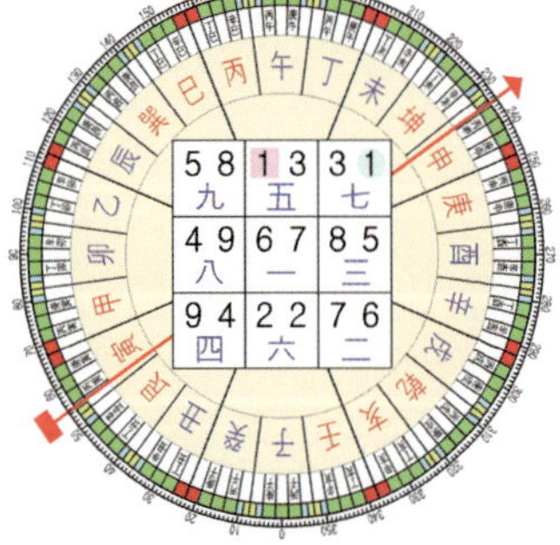

震宮 [67.5°~112.5°]

甲坐庚向

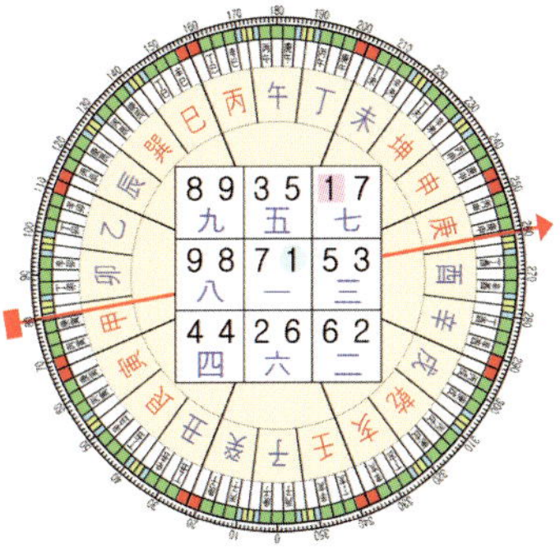

8 9	3 5	1 7
九	五	七
9 8	7 1	5 3
八	一	三
4 4	2 6	6 2
四	六	二

卯坐酉向

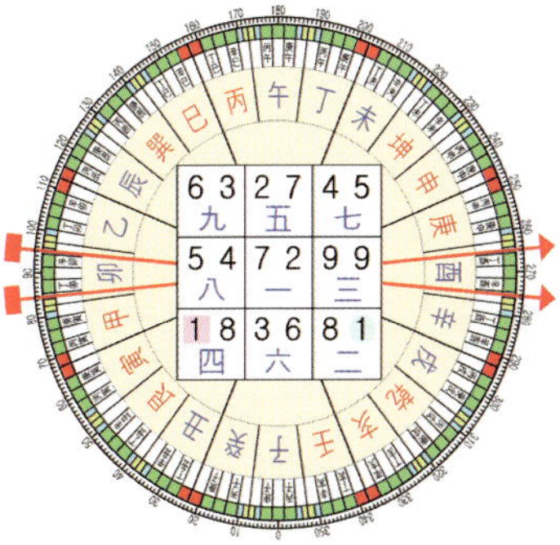

6 3	2 7	4 5
九	五	七
5 4	7 2	9 9
八	一	三
1 8	3 6	8 1
四	六	二

乙坐辛向

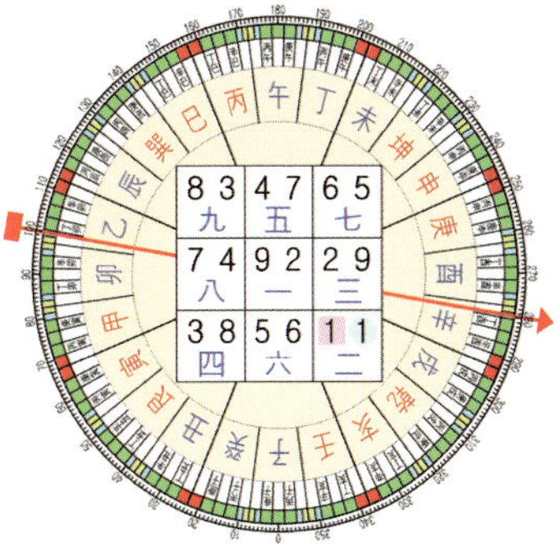

8 3	4 7	6 5
九	五	七
7 4	9 2	2 9
八	一	三
3 8	5 6	1 1
四	六	二

巽宮 [112.5°~157.5°]

辰坐戌向

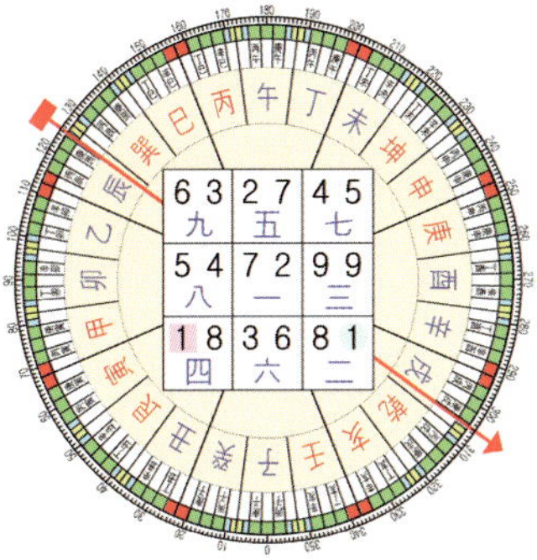

6 3	2 7	4 5
九	五	七
5 4	7 2	9 9
八	一	三
1 8	3 6	8 1
四	六	二

巽坐乾向

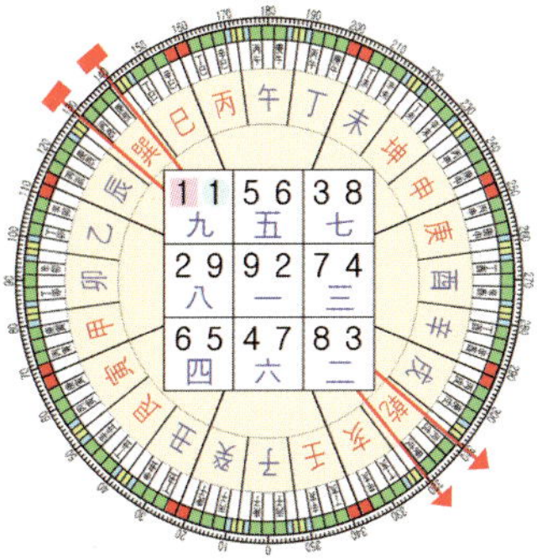

1 1	5 6	3 8
九	五	七
2 9	9 2	7 4
八	一	三
6 5	4 7	8 3
四	六	二

巳坐亥向

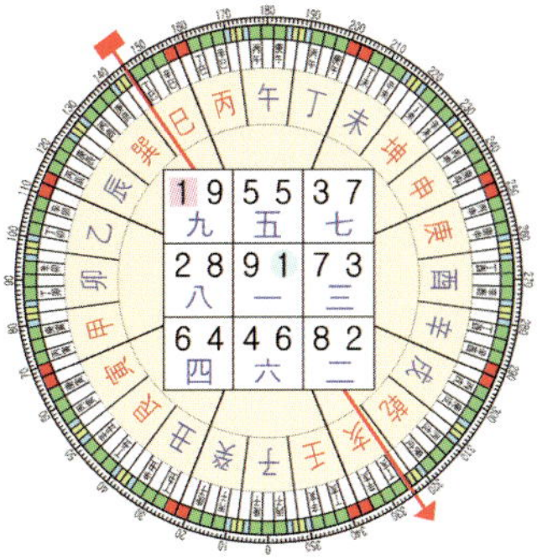

1 9	5 5	3 7
九	五	七
2 8	9 1	7 3
八	一	三
6 4	4 6	8 2
四	六	二

一運 替卦 飛星盤

離宮 [157.5°~202.5°]

丙坐壬向

午坐子向

丁坐癸向

坤宮 [202.5°~247.5°]

未坐丑向

坤坐艮向

申坐寅向

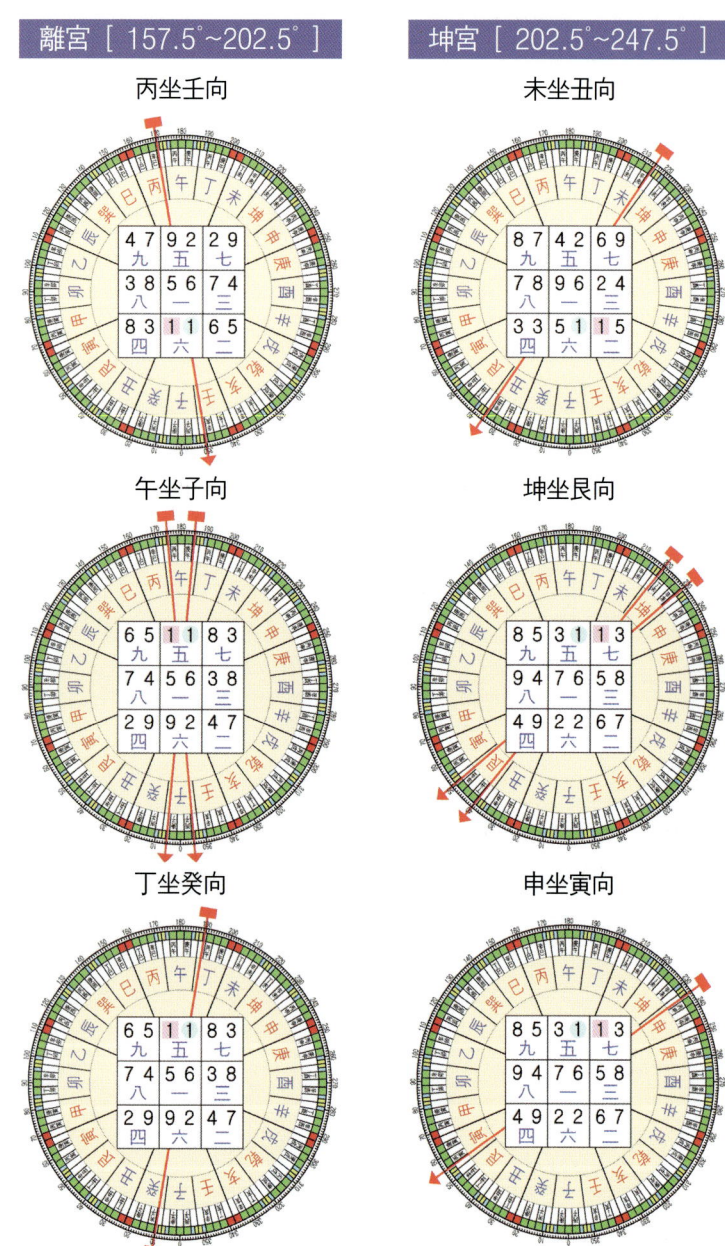

兌宮 [247.5°~292.5°]

庚坐甲向

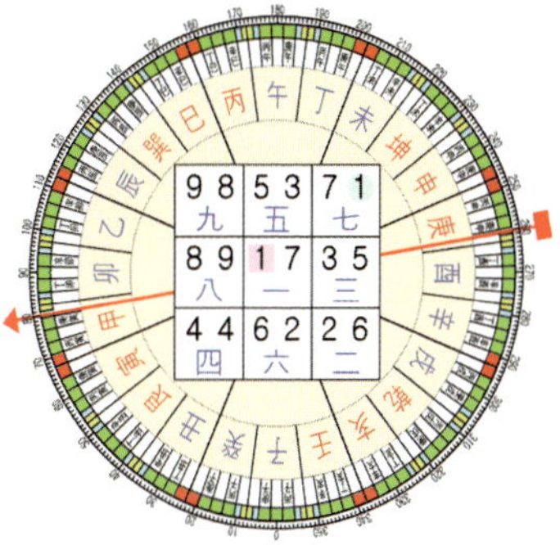

9 8	5 3	7 1
九	五	七
8 9	1 7	3 5
八	一	三
4 4	6 2	2 6
四	六	二

酉坐卯向

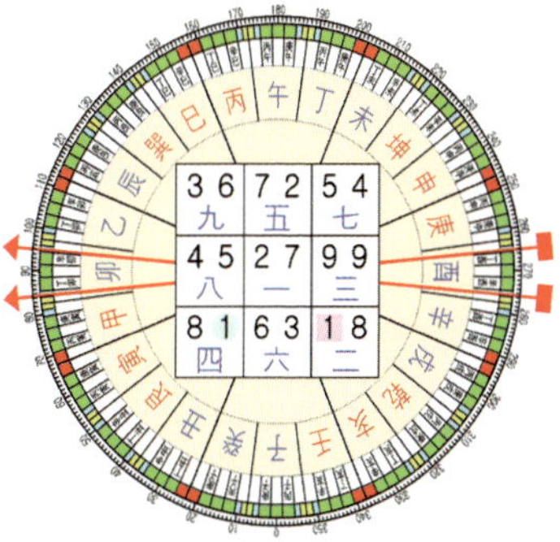

3 6	7 2	5 4
九	五	七
4 5	2 7	9 9
八	一	三
8 1	6 3	1 8
四	六	二

辛坐乙向

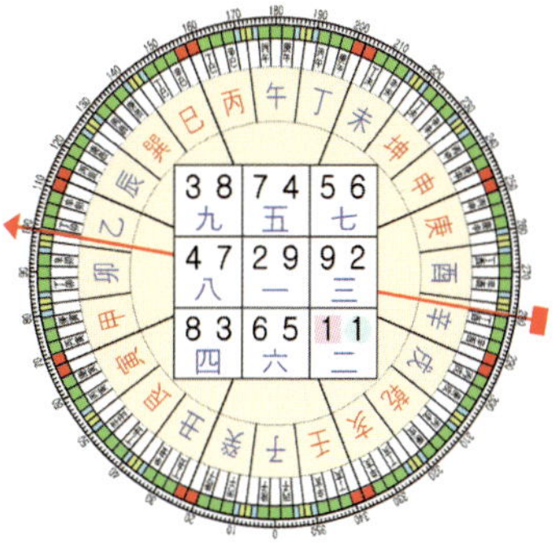

3 8	7 4	5 6
九	五	七
4 7	2 9	9 2
八	一	三
8 3	6 5	1 1
四	六	二

乾宮 [292.5°~337.5°]

戌坐辰向

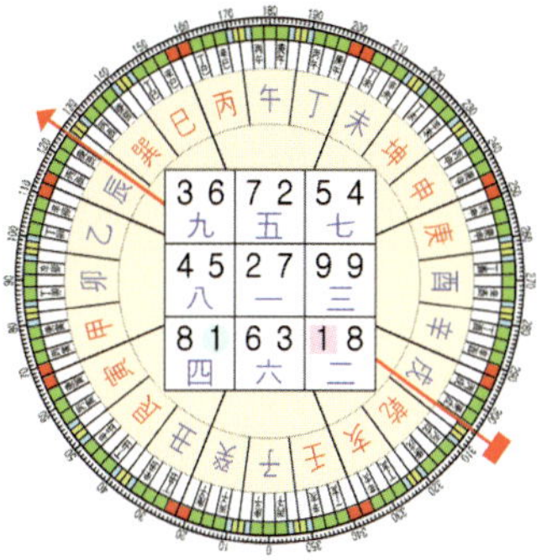

3 6	7 2	5 4
九	五	七
4 5	2 7	9 9
八	一	三
8 1	6 3	1 8
四	六	二

乾坐巽向

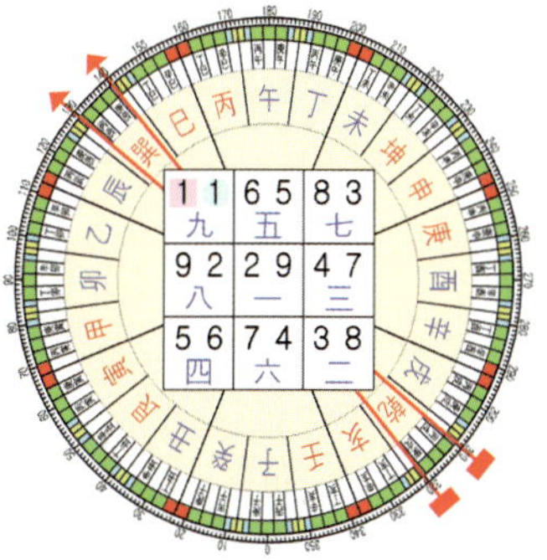

1 1	6 5	8 3
九	五	七
9 2	2 9	4 7
八	一	三
5 6	7 4	3 8
四	六	二

亥坐巳向

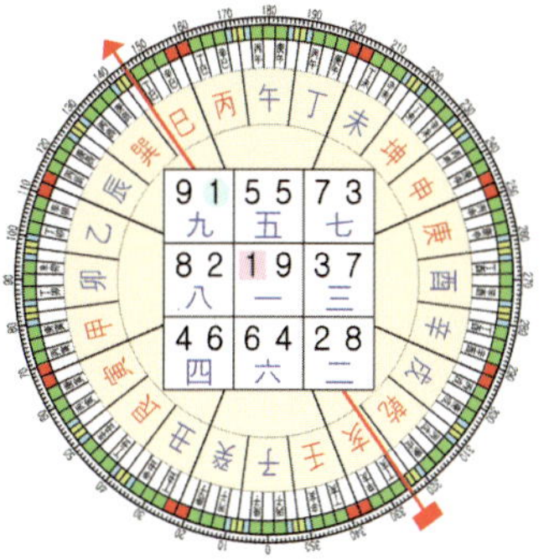

9 1	5 5	7 3
九	五	七
8 2	1 9	3 7
八	一	三
4 6	6 4	2 8
四	六	二

一運 替卦 飛星盤

二運 替卦 飛星盤

坎宮 [337.5°~22.5°]

壬坐丙向

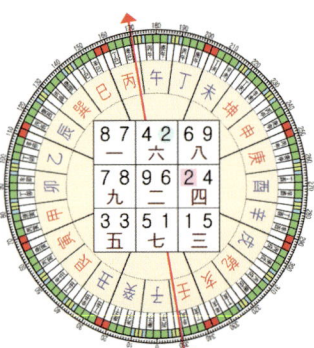

子坐午向

癸坐丁向

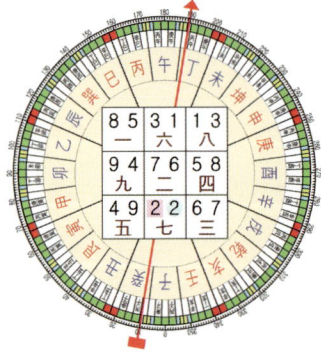

艮宮 [22.5°~67.5°]

丑坐未向

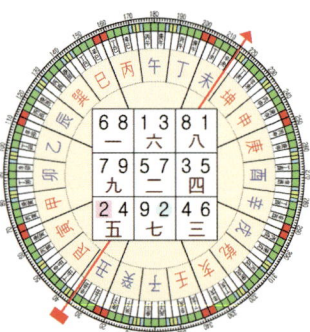

艮坐坤向

寅坐申向

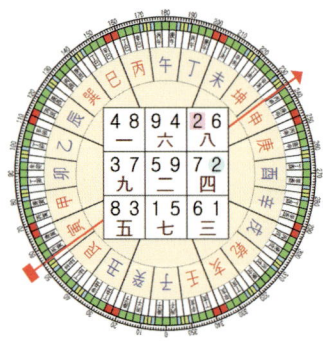

二運　替卦　飛星盤

震宮 [67.5°~112.5°]

甲坐庚向

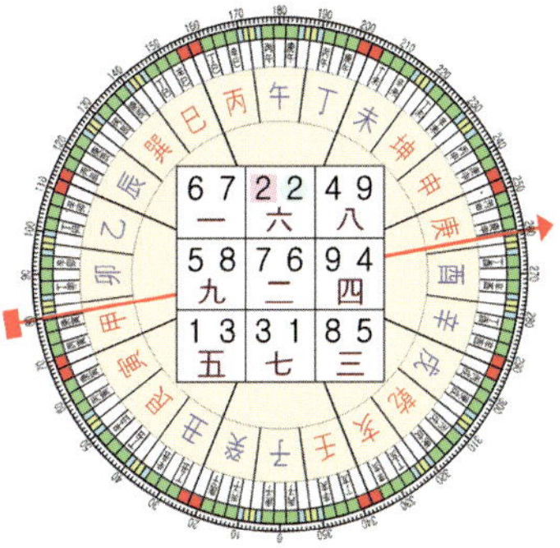

6 7 一	2 2 六	4 9 八
5 8 九	9 4 二	4 4 四
1 3 五	3 1 七	8 5 三

卯坐酉向

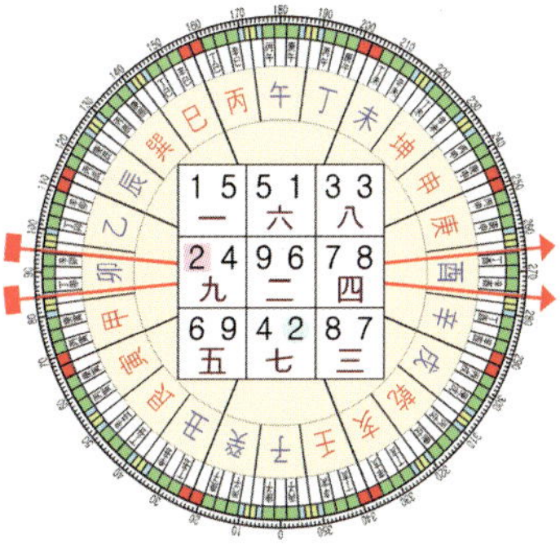

1 5 一	5 1 六	3 3 八
2 4 九	9 6 二	7 8 四
6 9 五	4 2 七	8 7 三

乙坐辛向

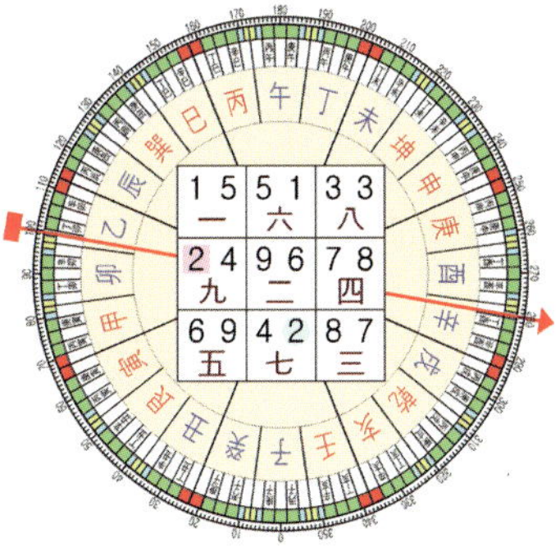

1 5 一	5 1 六	3 3 八
2 4 九	9 6 二	7 8 四
6 9 五	4 2 七	8 7 三

巽宮 [112.5°~157.5°]

辰坐戌向

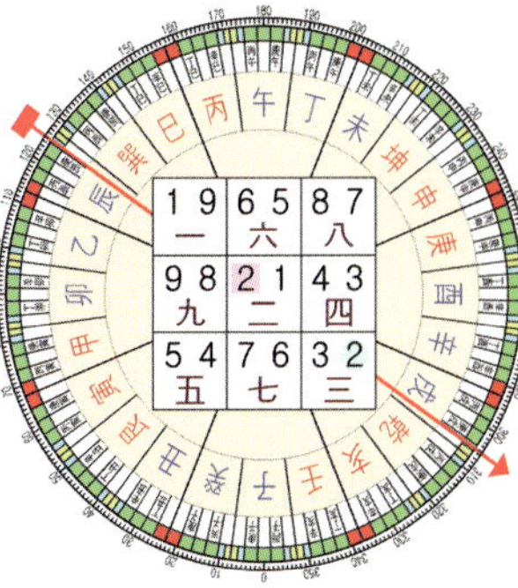

1 9 一	6 5 六	8 7 八
9 8 九	2 1 二	4 3 四
5 4 五	7 6 七	3 2 三

巽坐乾向

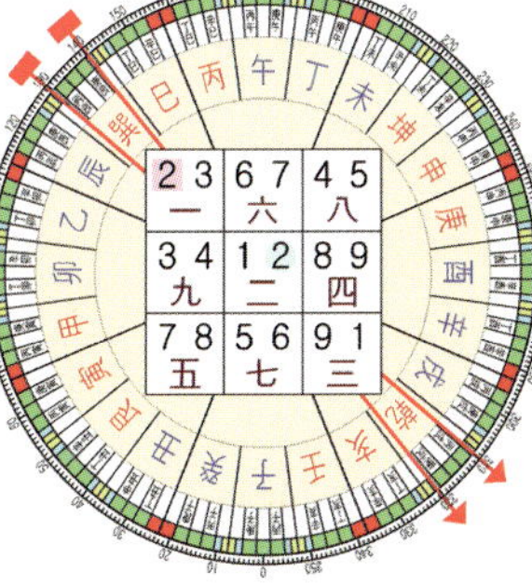

2 3 一	6 7 六	4 5 八
3 4 九	1 2 二	8 9 四
7 8 五	5 6 七	9 1 三

巳坐亥向

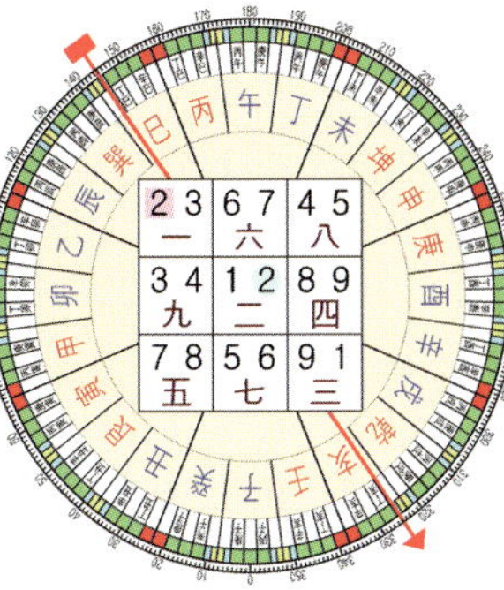

2 3 一	6 7 六	4 5 八
3 4 九	1 2 二	8 9 四
7 8 五	5 6 七	9 1 三

玄空手冊 53

離宮［157.5˚~202.5˚］

丙坐壬向

午坐子向

丁坐癸向

坤宮［202.5˚~247.5˚］

未坐丑向

坤坐艮向

申坐寅向

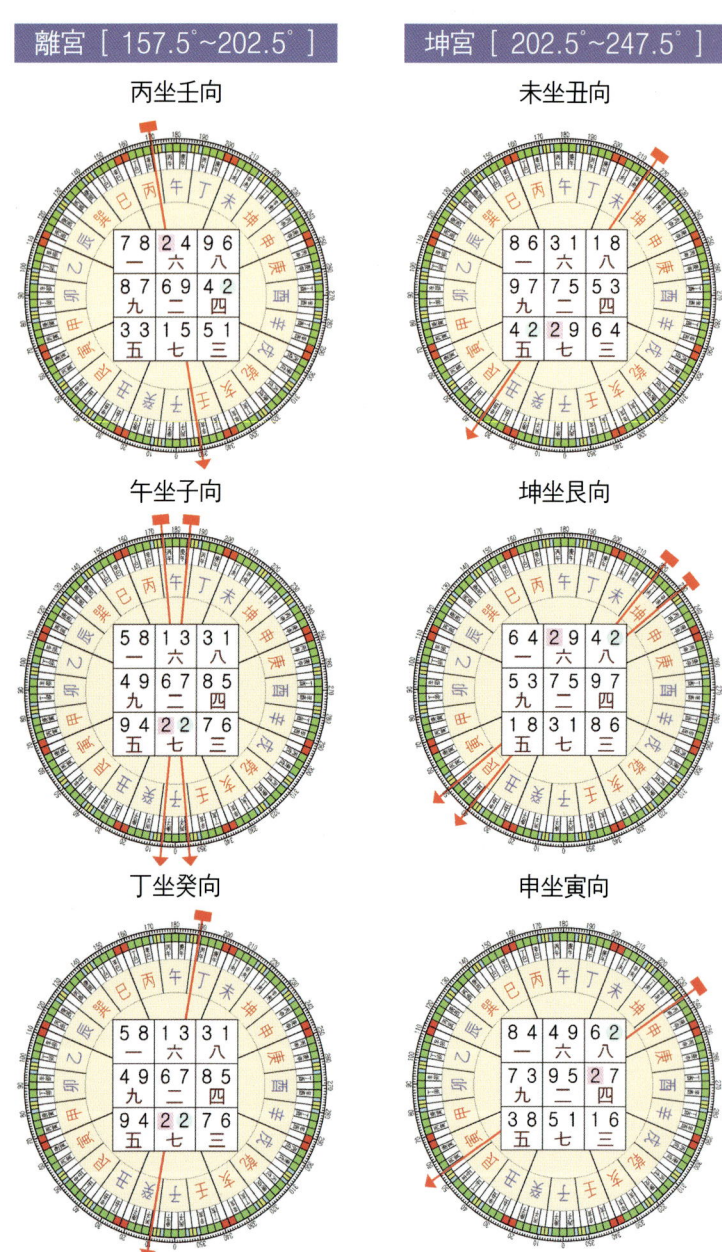

兌宮 [247.5°~292.5°] 　　乾宮 [292.5°~337.5°]

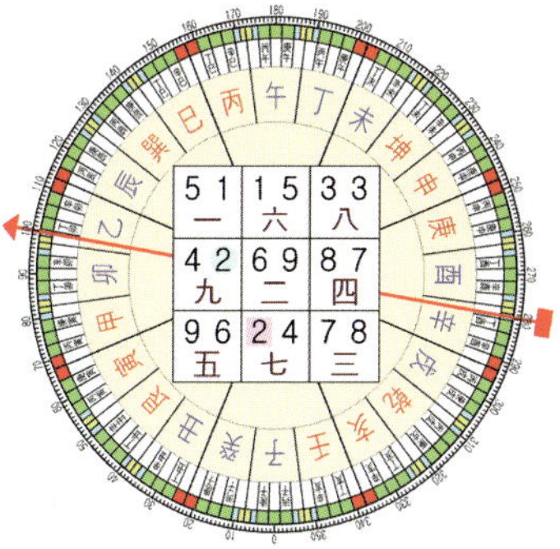

二運　替卦　飛星盤

庚坐甲向

7 6	2 2	9 4
一	六	八
8 5	6 7	4 9
九	二	四
3 1	1 3	5 8
五	七	三

戌坐辰向

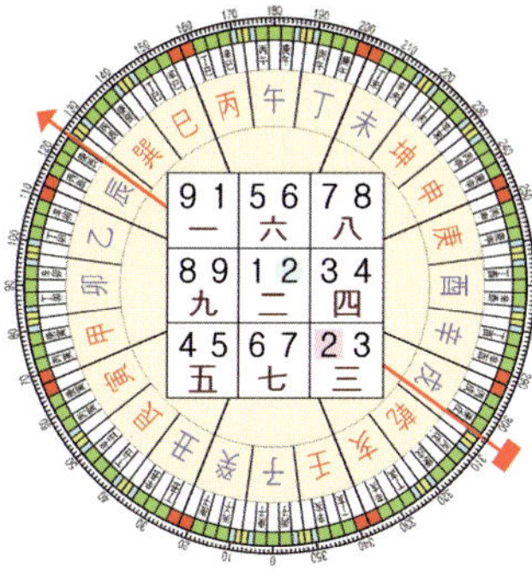

9 1	5 6	7 8
一	六	八
8 9	1 2	3 4
九	二	四
4 5	6 7	2 3
五	七	三

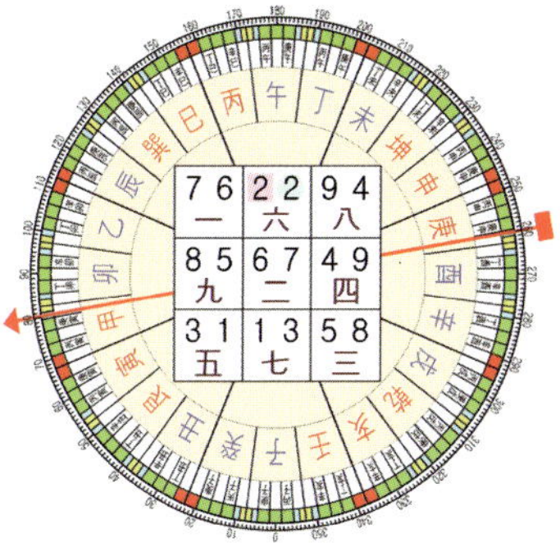

酉坐卯向

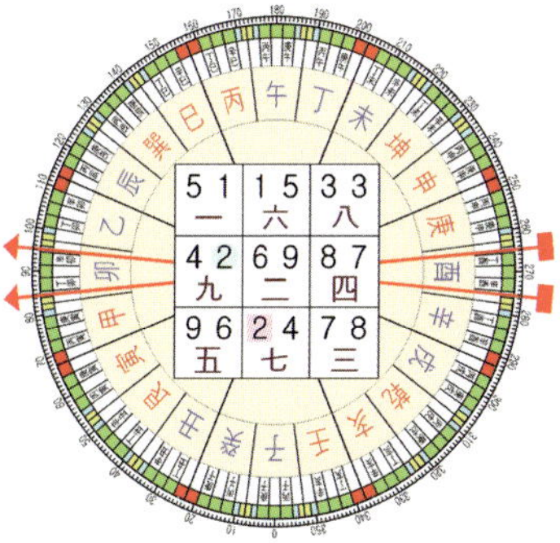

5 1	1 5	3 3
一	六	八
4 2	6 9	8 7
九	二	四
9 6	2 4	7 8
五	七	三

乾坐巽向

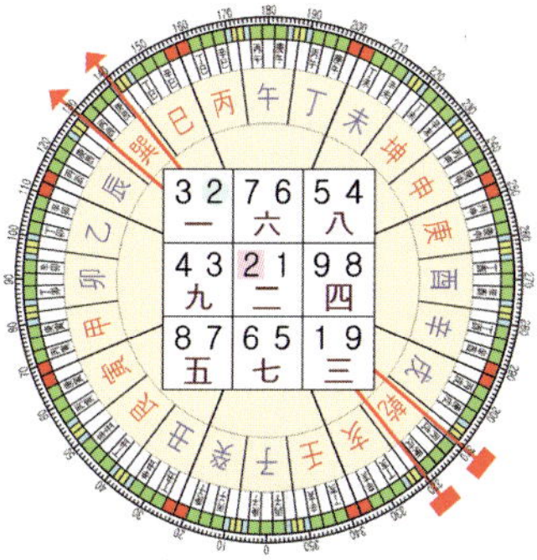

3 2	7 6	5 4
一	六	八
4 3	2 1	9 8
九	二	四
8 7	6 5	1 9
五	七	三

辛坐乙向

5 1	1 5	3 3
一	六	八
4 2	6 9	8 7
九	二	四
9 6	2 4	7 8
五	七	三

亥坐巳向

3 2	7 6	5 4
一	六	八
4 3	2 1	9 8
九	二	四
8 7	6 5	1 9
五	七	三

玄空手冊 55

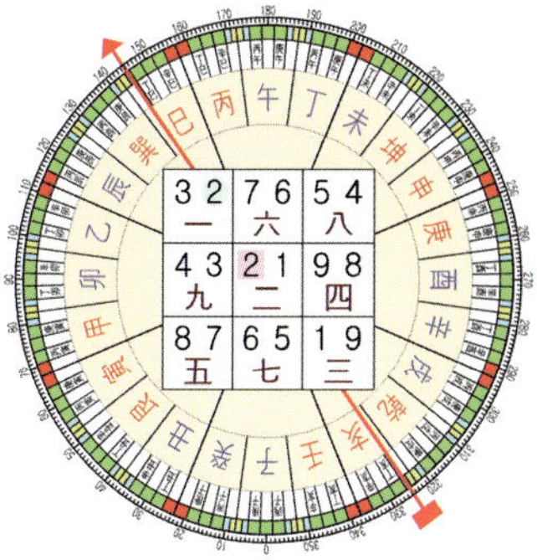

三運 替卦 飛星盤

坎宮 [337.5°~22.5°]

壬坐丙向
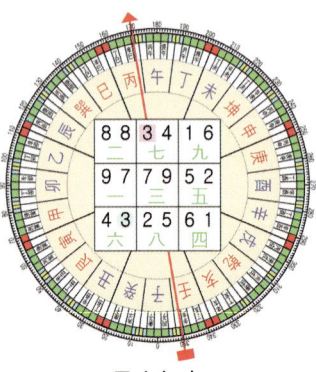

子坐午向
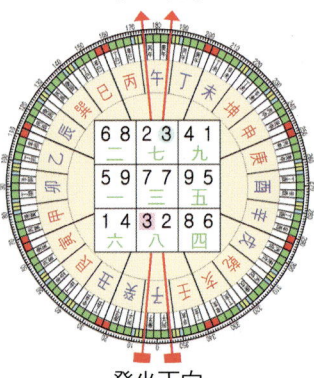

癸坐丁向
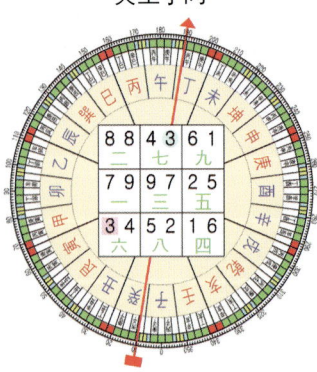

艮宮 [22.5°~67.5°]

丑坐未向
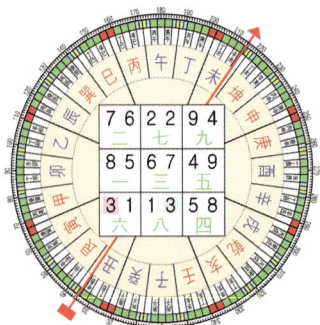

艮坐坤向
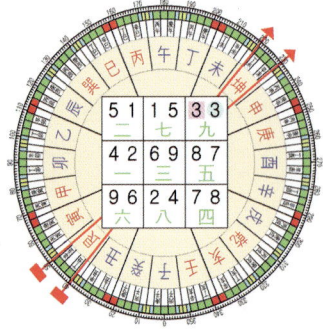

寅坐申向
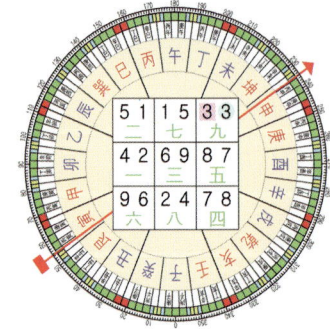

震宮 [67.5°~112.5°]

甲坐庚向

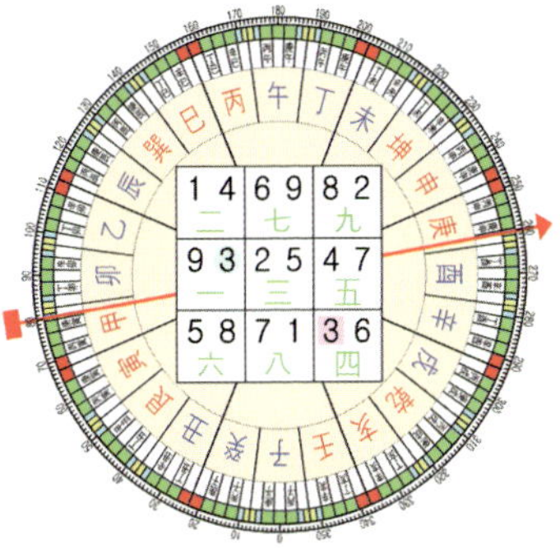

1 4	6 9	8 2
二	七	九
9 3	2 5	4 7
一	三	五
5 8	7 1	3 6
六	八	四

卯坐酉向

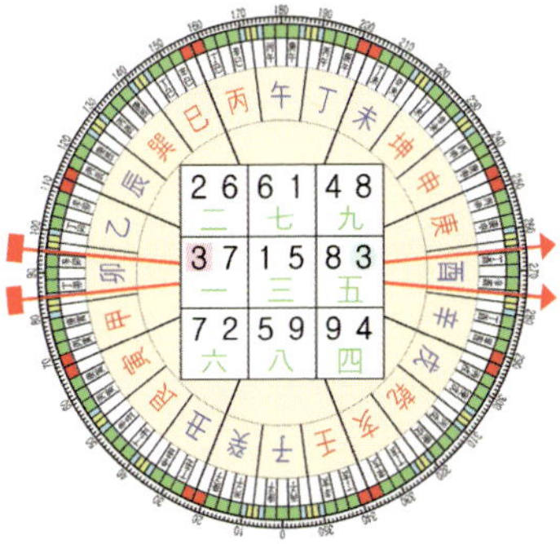

2 6	6 1	4 8
二	七	九
3 7	1 5	8 3
一	三	五
7 2	5 9	9 4
六	八	四

乙坐辛向

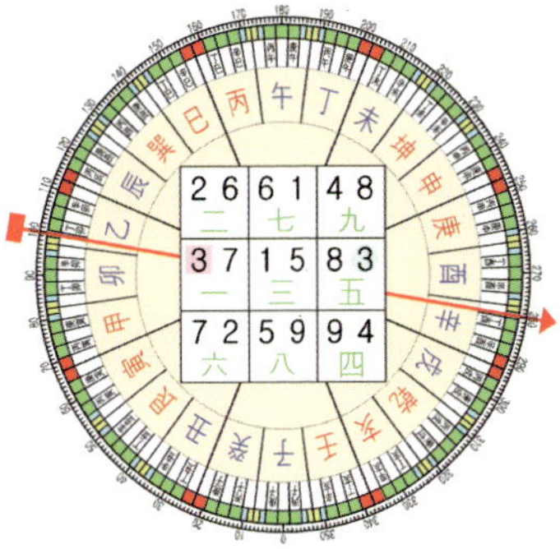

2 6	6 1	4 8
二	七	九
3 7	1 5	8 3
一	三	五
7 2	5 9	9 4
六	八	四

巽宮 [112.5°~157.5°]

辰坐戌向

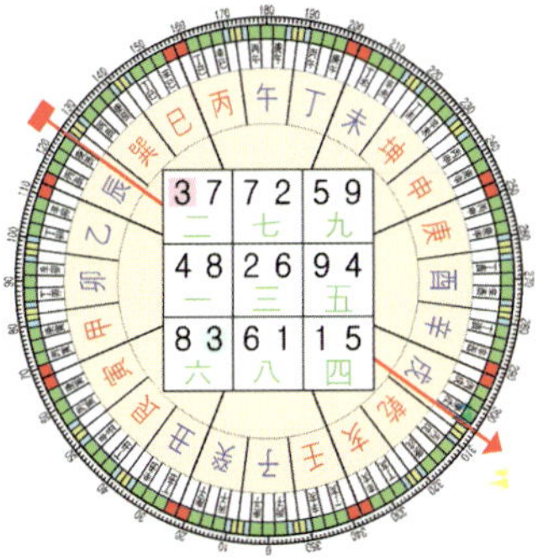

3 7	7 2	5 9
二	七	九
4 8	2 6	9 4
一	三	五
8 3	6 1	1 5
六	八	四

巽坐乾向

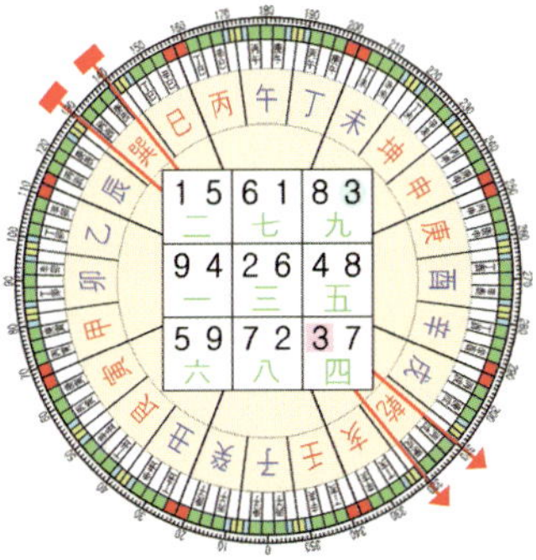

1 5	6 1	8 3
二	七	九
9 4	2 6	4 8
一	三	五
5 9	7 2	3 7
六	八	四

巳坐亥向

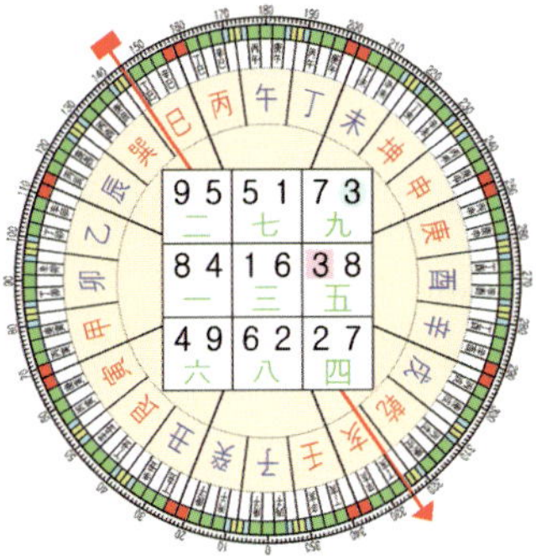

9 5	5 1	7 3
二	七	九
8 4	1 6	3 8
一	三	五
4 9	6 2	2 7
六	八	四

三運　替卦　飛星盤

三運 替卦 飛星盤

離宮 [157.5°~202.5°]

丙坐壬向

8 8	4 3	6 1
二	七	九
7 9	9 7	2 5
一	三	五
3 4	5 2	1 6
六	八	四

午坐子向

8 6	3 2	1 4
二	七	九
9 5	7 7	5 9
一	三	五
4 1	2 3	6 8
六	八	四

丁坐癸向

8 8	3 4	1 6
二	七	九
9 7	7 9	5 2
一	三	五
4 3	2 5	6 1
六	八	四

坤宮 [202.5°~247.5°]

未坐丑向

6 7	2 2	4 9
二	七	九
5 8	7 6	9 4
一	三	五
1 3	3 1	8 5
六	八	四

坤坐艮向

1 5	5 1	3 3
二	七	九
2 4	9 6	7 8
一	三	五
6 9	4 2	8 7
六	八	四

申坐寅向

1 5	5 1	3 3
二	七	九
2 4	9 6	7 8
一	三	五
6 9	4 2	8 7
六	八	四

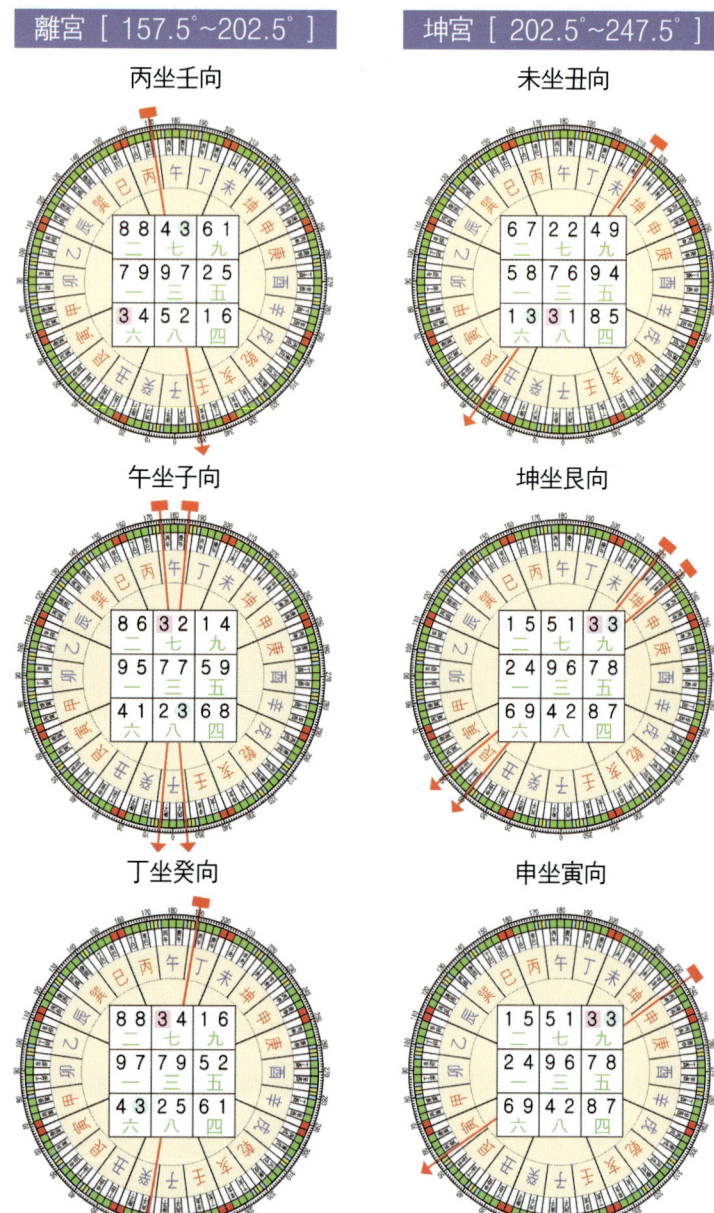

兌宮 [247.5°~292.5°]

庚坐甲向

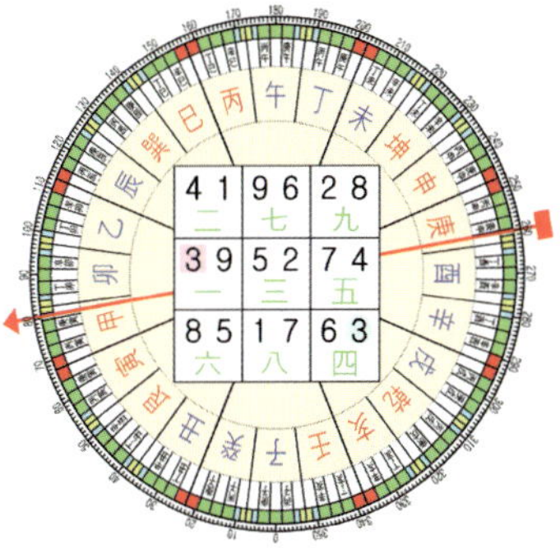

4 1	9 6	2 8
二	七	九
3 9	5 2	7 4
一	三	五
8 5	1 7	6 3
六	八	四

酉坐卯向

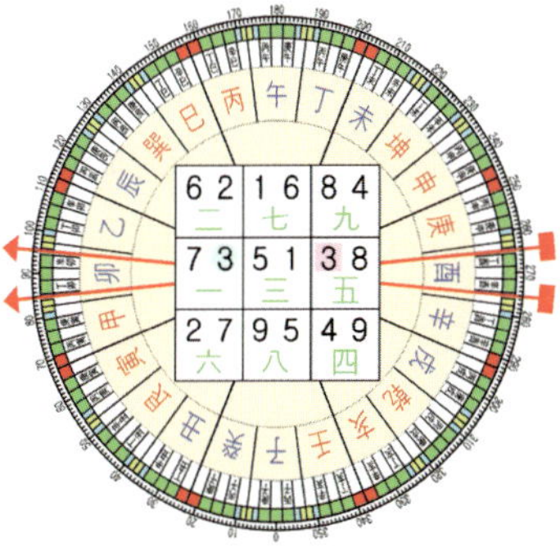

6 2	1 6	8 4
二	七	九
7 3	5 1	3 8
一	三	五
2 7	9 5	4 9
六	八	四

辛坐乙向

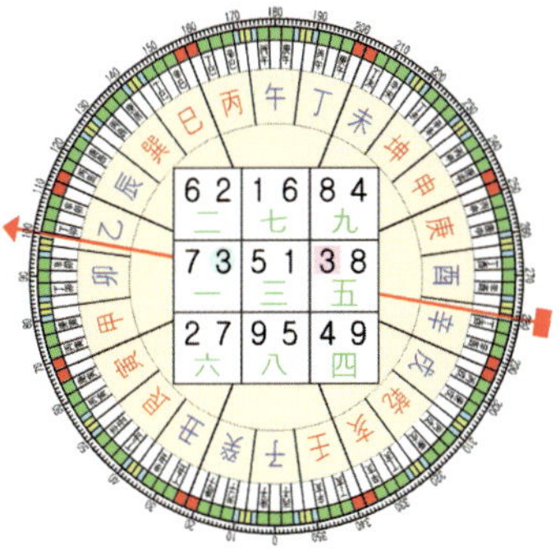

6 2	1 6	8 4
二	七	九
7 3	5 1	3 8
一	三	五
2 7	9 5	4 9
六	八	四

乾宮 [292.5°~337.5°]

戌坐辰向

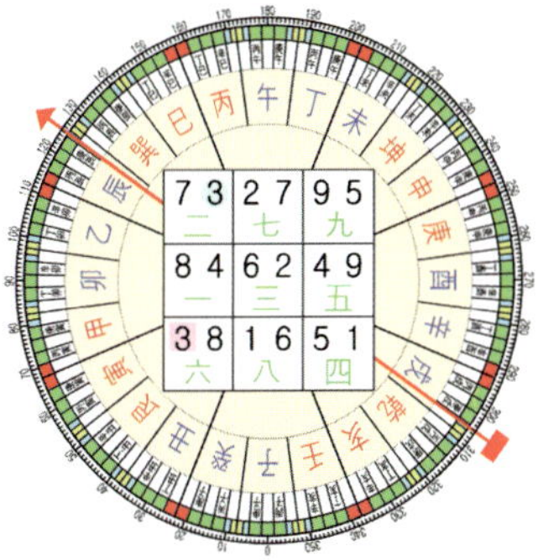

7 3	2 7	9 5
二	七	九
8 4	6 2	4 9
一	三	五
3 8	1 6	5 1
六	八	四

乾坐巽向

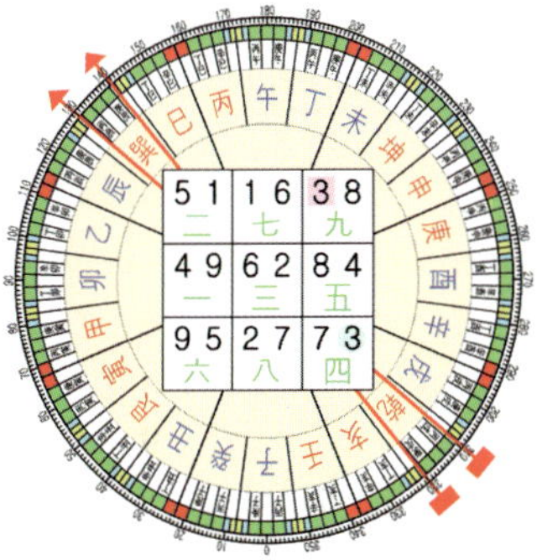

5 1	1 6	3 8
二	七	九
4 9	6 2	8 4
一	三	五
9 5	2 7	7 3
六	八	四

亥坐巳向

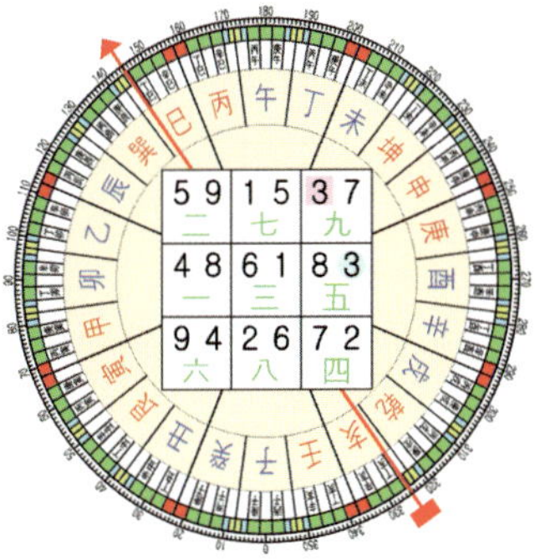

5 9	1 5	3 7
二	七	九
4 8	6 1	8 3
一	三	五
9 4	2 6	7 2
六	八	四

三運 替卦 飛星盤

四運 替卦 飛星盤

坎宮 [337.5°~22.5°]

壬坐丙向

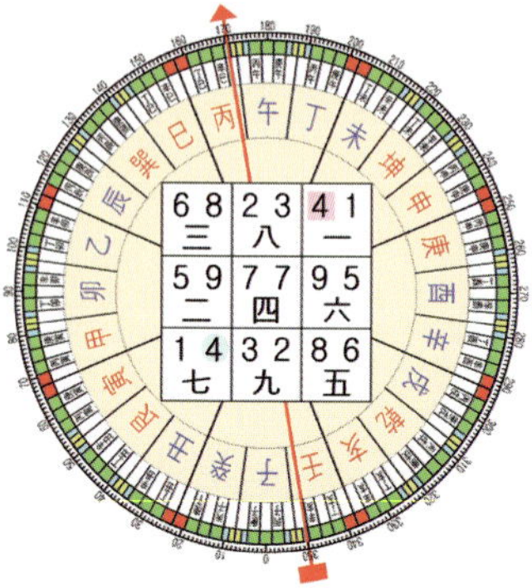

6 8	2 3	4 1
三	八	一
5 9	7 7	9 5
二	四	六
1 4	3 2	8 6
七	九	五

子坐午向

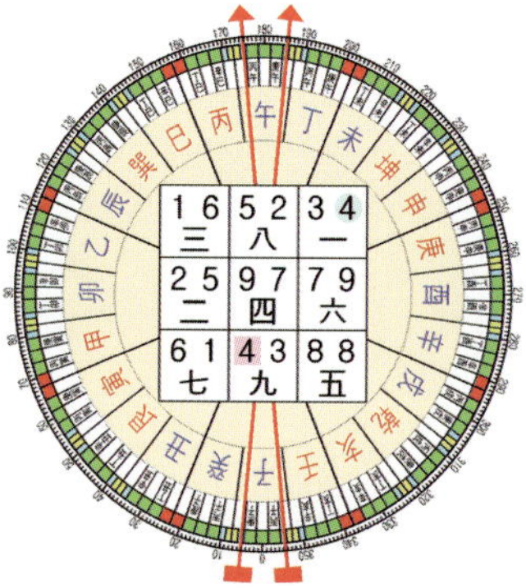

1 6	5 2	3 4
三	八	一
2 5	9 7	7 9
二	四	六
6 1	4 3	8 8
七	九	五

癸坐丁向

1 8	5 4	3 6
三	八	一
2 7	9 9	7 2
二	四	六
6 3	4 5	8 1
七	九	五

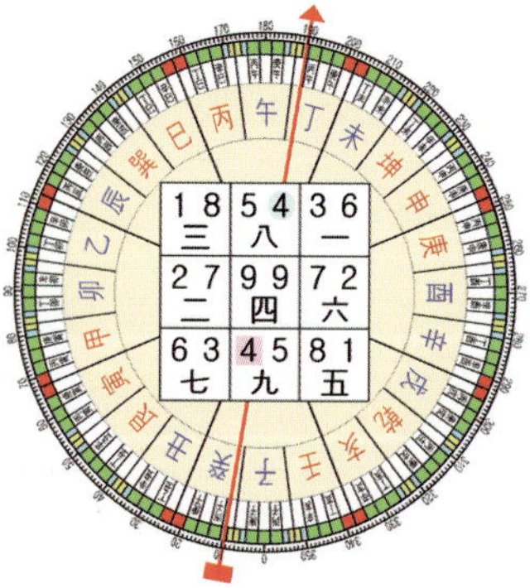

艮宮 [22.5°~67.5°]

丑坐未向

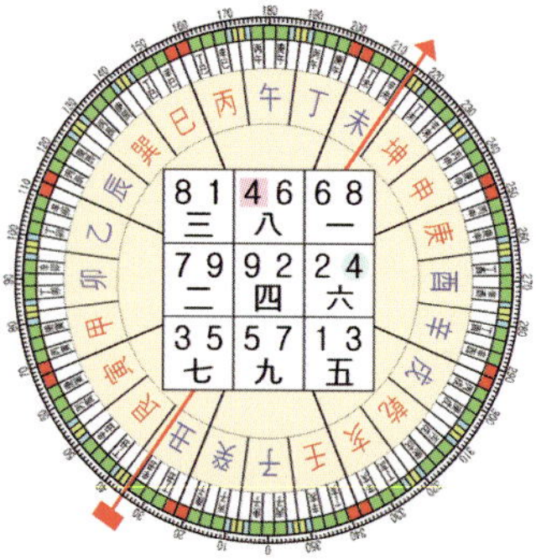

8 1	4 6	6 8
三	八	一
7 9	9 2	2 4
二	四	六
3 5	5 7	1 3
七	九	五

艮坐坤向

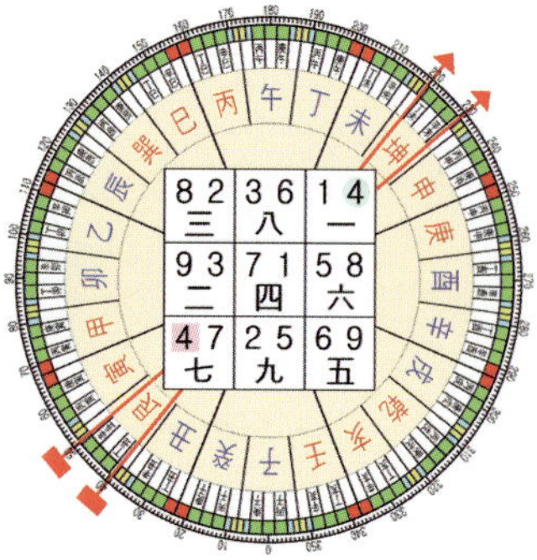

8 2	3 6	1 4
三	八	一
9 3	7 1	5 8
二	四	六
4 7	2 5	6 9
七	九	五

寅坐申向

8 2	3 6	1 4
三	八	一
9 3	7 1	5 8
二	四	六
4 7	2 5	6 9
七	九	五

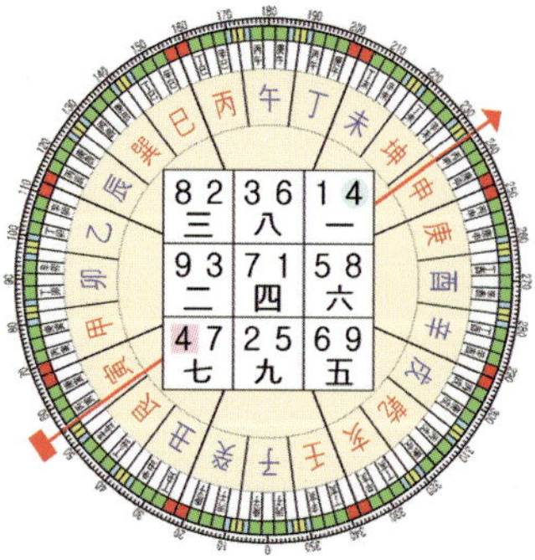

震宮 [67.5°~112.5°]

甲坐庚向
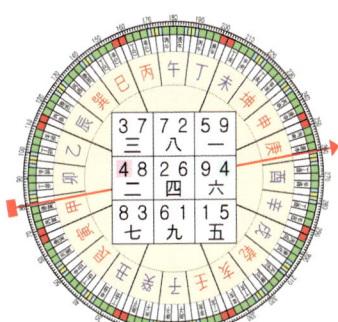

卯坐酉向
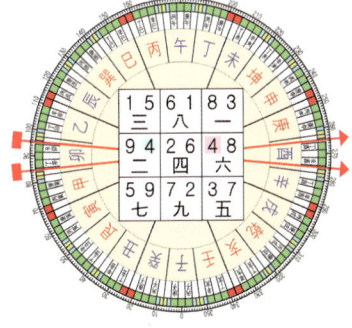

乙坐辛向
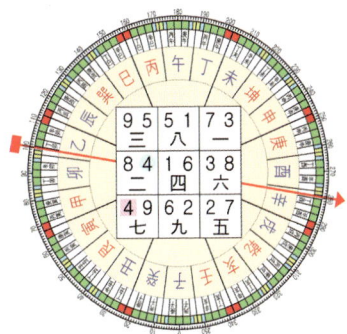

巽宮 [112.5°~157.5°]

辰坐戌向
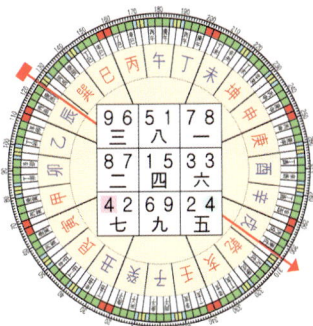

巽坐乾向
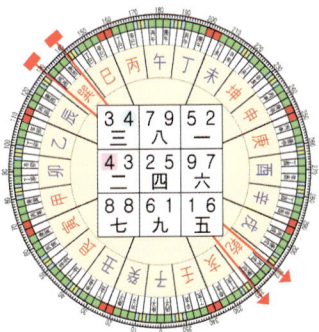

巳坐亥向
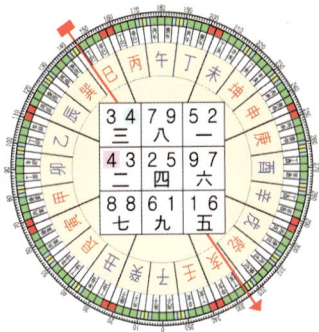

四運　替卦　飛星盤

四運 替卦 飛星盤

離宮 [157.5°~202.5°]　　坤宮 [202.5°~247.5°]

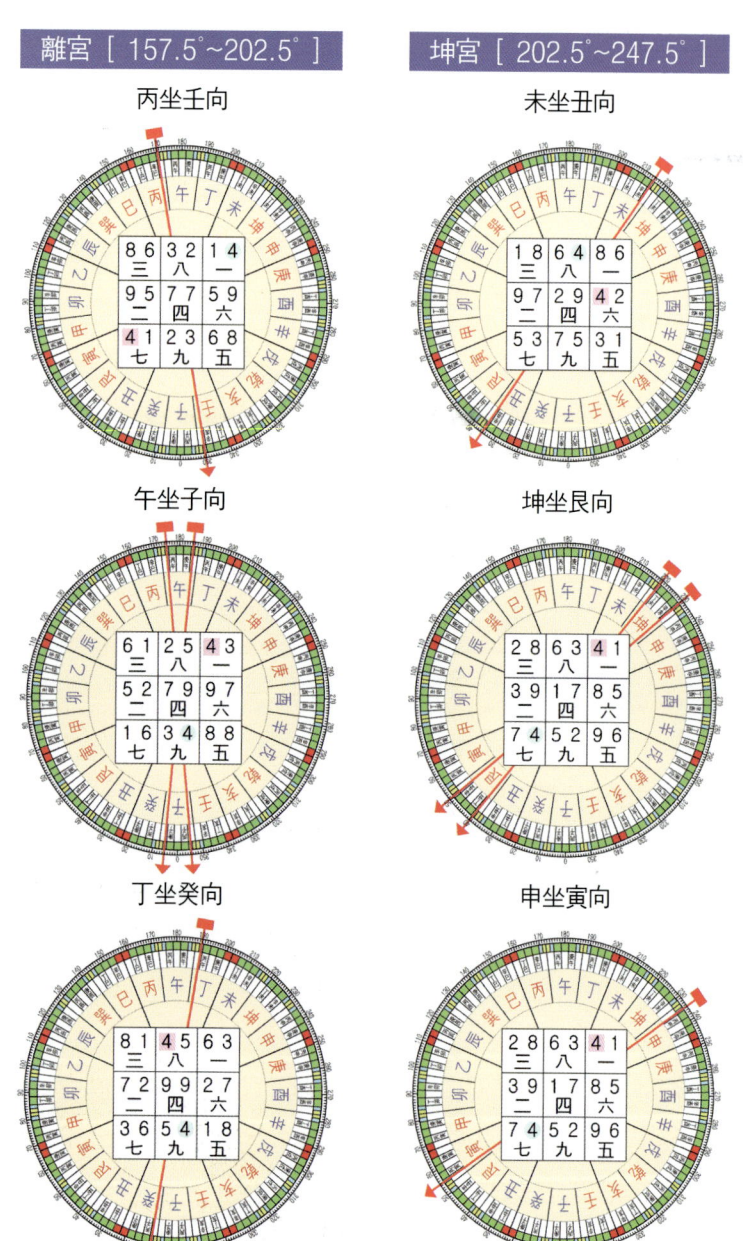

丙坐壬向　　未坐丑向

午坐子向　　坤坐艮向

丁坐癸向　　申坐寅向

兌宮 [247.5°~292.5°]

庚坐甲向

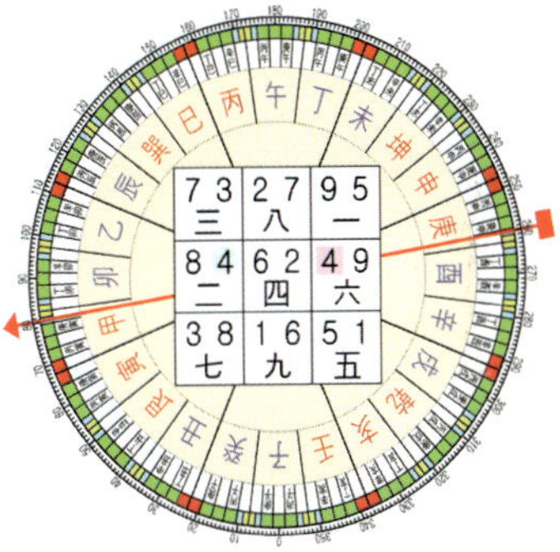

7 3	2 7	9 5
三	八	一
8 4	6 2	4 9
二	四	六
3 8	1 6	5 1
七	九	五

酉坐卯向

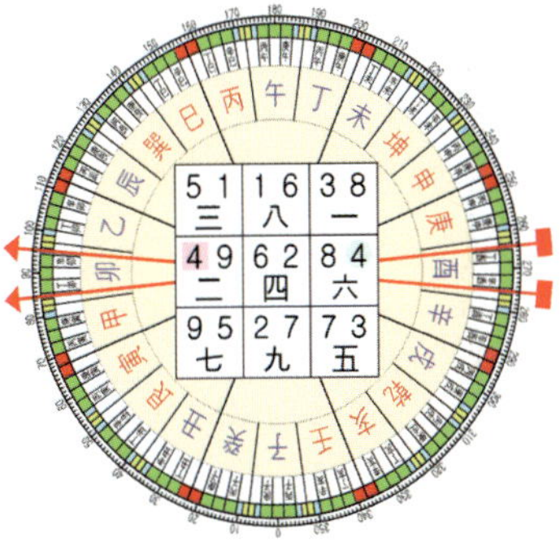

5 1	1 6	3 8
三	八	一
4 9	6 2	8 4
二	四	六
9 5	2 7	7 3
七	九	五

辛坐乙向

5 9	1 5	3 7
三	八	一
4 8	6 1	8 3
二	四	六
9 4	2 6	7 2
七	九	五

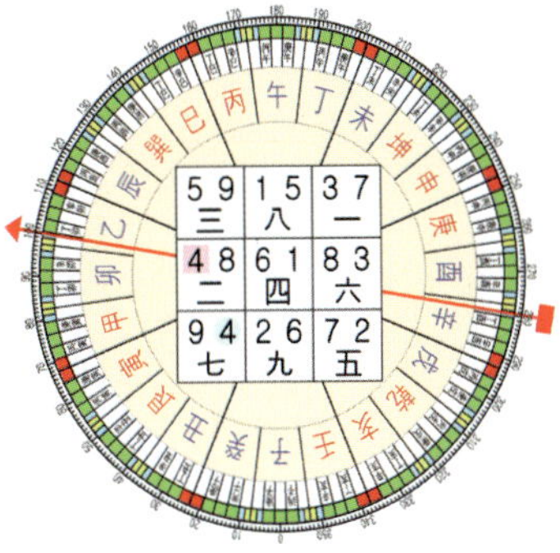

乾宮 [292.5°~337.5°]

戌坐辰向

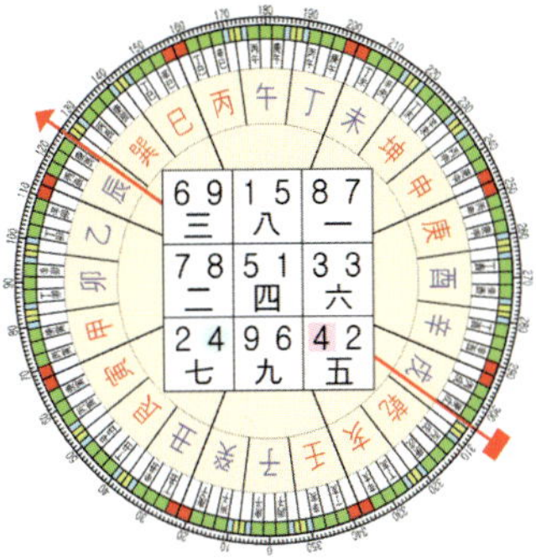

6 9	1 5	8 7
三	八	一
7 8	5 1	3 3
二	四	六
2 4	9 6	4 2
七	九	五

乾坐巽向

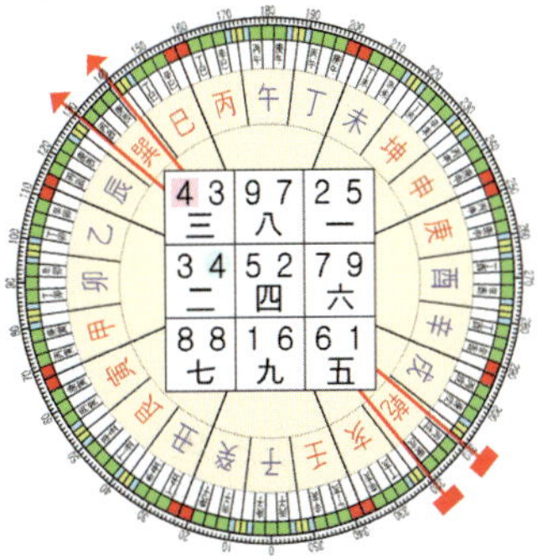

4 3	9 7	2 5
三	八	一
3 4	5 2	7 9
二	四	六
8 8	1 6	6 1
七	九	五

亥坐巳向

4 3	9 7	2 5
三	八	一
3 4	5 2	7 9
二	四	六
8 8	1 6	6 1
七	九	五

四運 替卦 飛星盤

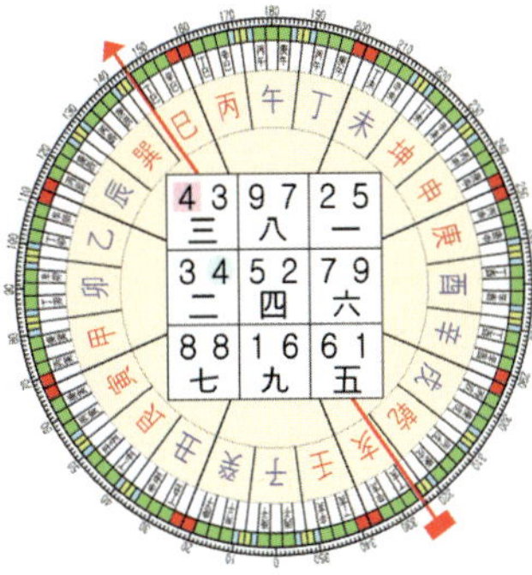

五運　替卦　飛星盤

坎宮 [337.5°~22.5°]

壬坐丙向

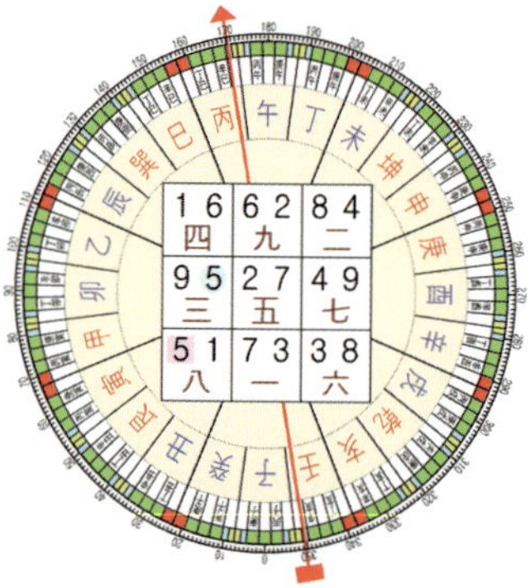

1 6	6 2	8 4
四	九	二
9 5	2 7	4 9
三	五	七
5 1	7 3	3 8
八	一	六

子坐午向

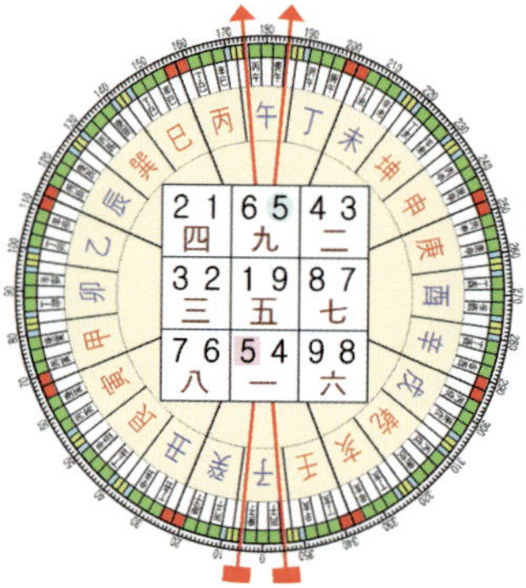

2 1	6 5	4 3
四	九	二
3 2	1 9	8 7
三	五	七
7 6	5 4	9 8
八	一	六

癸坐丁向

2 1	6 5	4 3
四	九	二
3 2	1 9	8 7
三	五	七
7 6	5 4	9 8
八	一	六

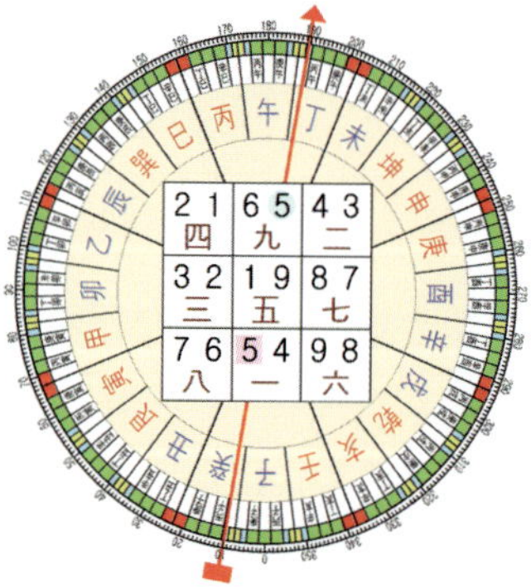

艮宮 [22.5°~67.5°]

丑坐未向

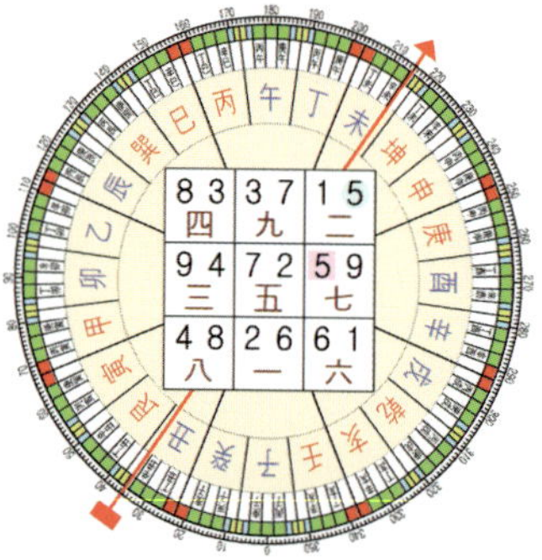

8 3	3 7	1 5
四	九	二
9 4	7 2	5 9
三	五	七
4 8	2 6	6 1
八	一	六

艮坐坤向

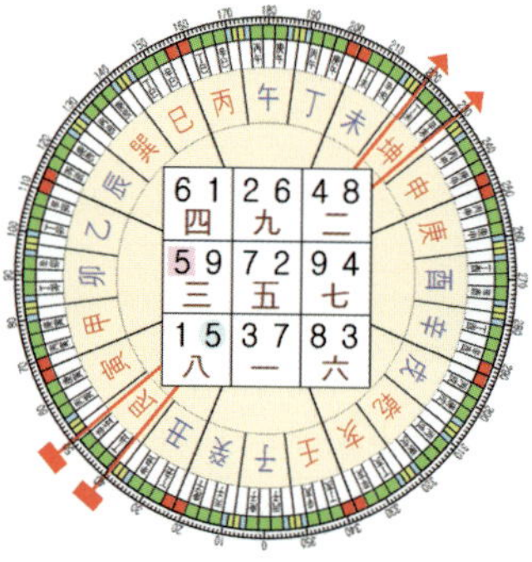

6 1	2 6	4 8
四	九	二
5 9	7 2	9 4
三	五	七
1 5	3 7	8 3
八	一	六

寅坐申向

8 9	4 5	6 7
四	九	二
7 8	9 1	2 3
三	五	七
3 4	5 6	1 2
八	一	六

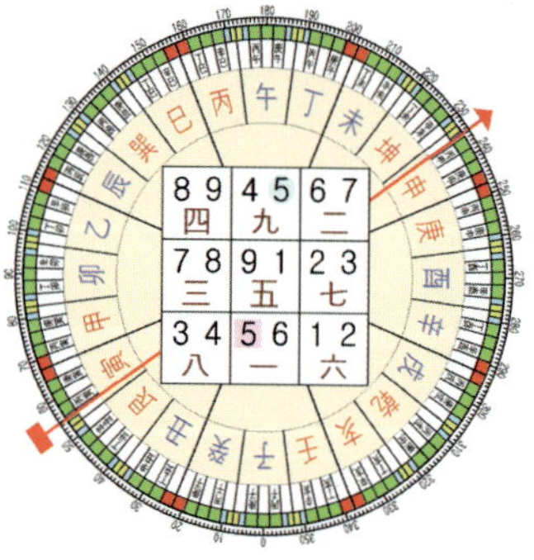

震宮 [67.5°~112.5°]

甲坐庚向

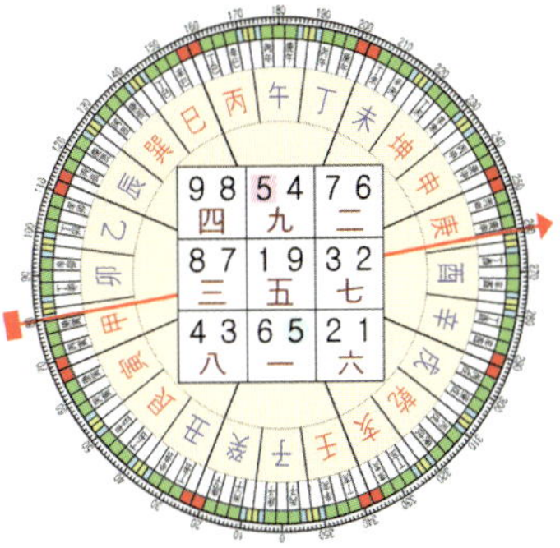

9 8	5 4	7 6
四	九	二
8 7	1 9	3 2
三	五	七
4 3	6 5	2 1
八	一	六

卯坐酉向

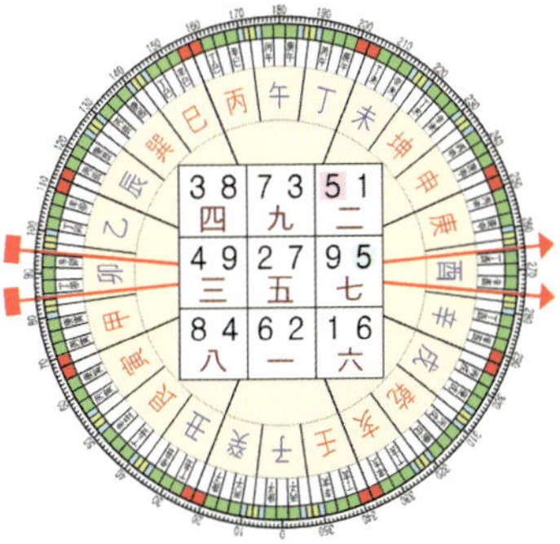

3 8	7 3	5 1
四	九	二
4 9	2 7	9 5
三	五	七
8 4	6 2	1 6
八	一	六

乙坐辛向

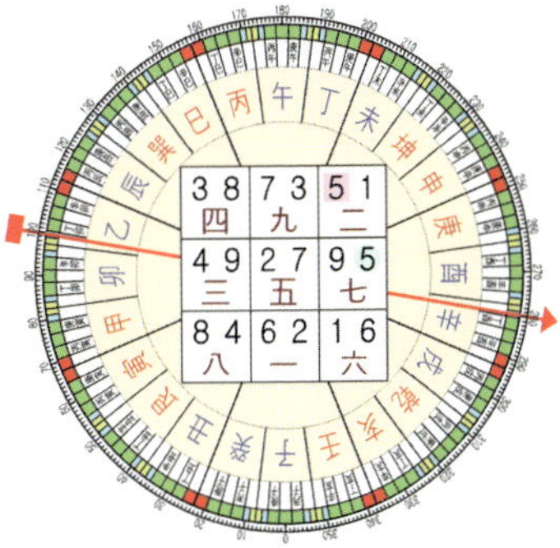

3 8	7 3	5 1
四	九	二
4 9	2 7	9 5
三	五	七
8 4	6 2	1 6
八	一	六

巽宮 [112.5°~157.5°]

辰坐戌向

7 7	2 2	9 9
四	九	二
8 8	6 6	4 4
三	五	七
3 3	1 1	5 5
八	一	六

巽坐乾向

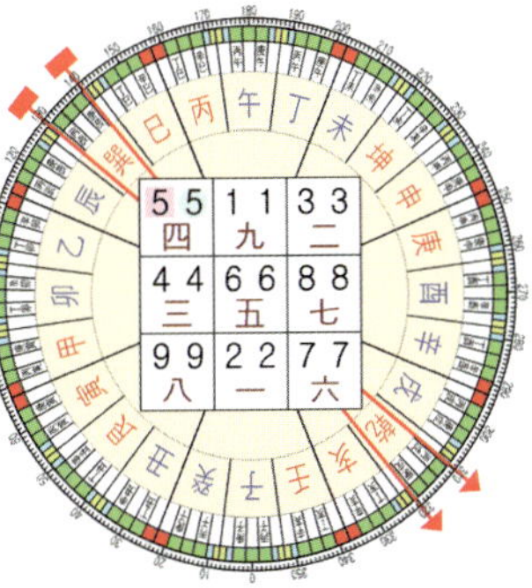

5 5	1 1	3 3
四	九	二
4 4	6 6	8 8
三	五	七
9 9	2 2	7 7
八	一	六

巳坐亥向

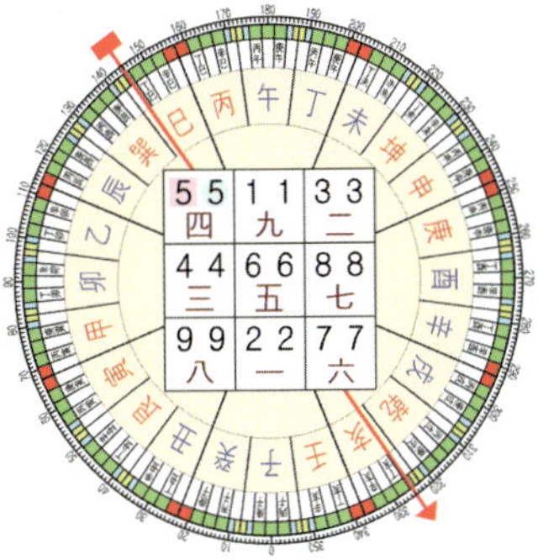

5 5	1 1	3 3
四	九	二
4 4	6 6	8 8
三	五	七
9 9	2 2	7 7
八	一	六

五運　替卦　飛星盤

五運 替卦 飛星盤

離宮 [157.5°~202.5°]

丙坐壬向

6 1	2 6	4 8
四	九	二
5 9	7 2	9 4
三	五	七
1 5	3 7	8 3
八	一	六

午坐子向

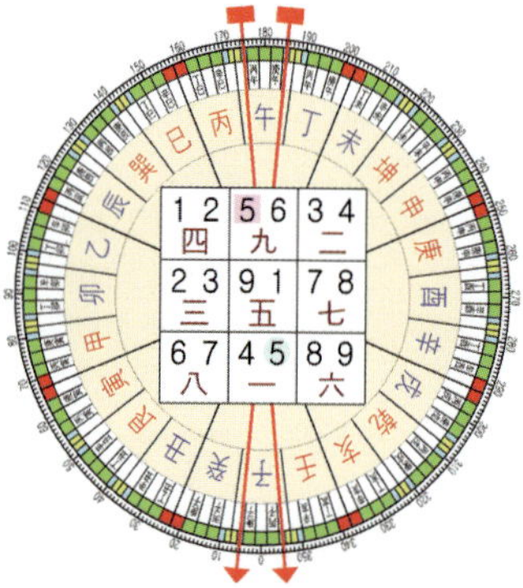

1 2	5 6	3 4
四	九	二
2 3	9 1	7 8
三	五	七
6 7	4 5	8 9
八	一	六

丁坐癸向

1 2	5 6	3 4
四	九	二
2 3	9 1	7 8
三	五	七
6 7	4 5	8 9
八	一	六

坤宮 [202.5°~247.5°]

未坐丑向

3 8	7 3	5 1
四	九	二
4 9	2 5	9 7
三	五	七
8 4	6 2	1 6
八	一	六

坤坐艮向

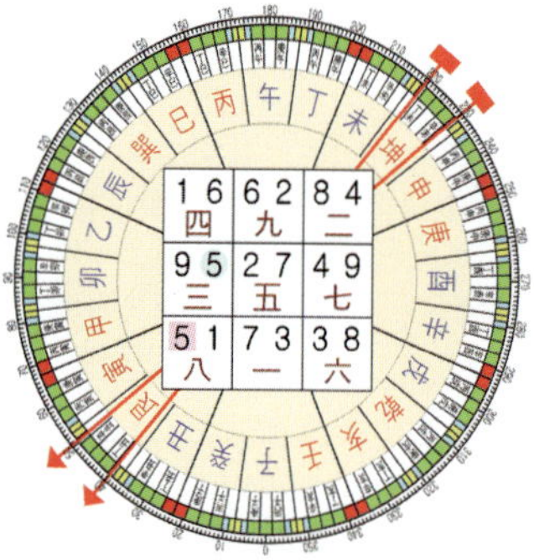

1 6	6 2	8 4
四	九	二
9 5	2 7	4 9
三	五	七
5 1	7 3	3 8
八	一	六

申坐寅向

9 8	5 4	7 6
四	九	二
8 7	1 9	3 2
三	五	七
4 3	6 5	2 1
八	一	六

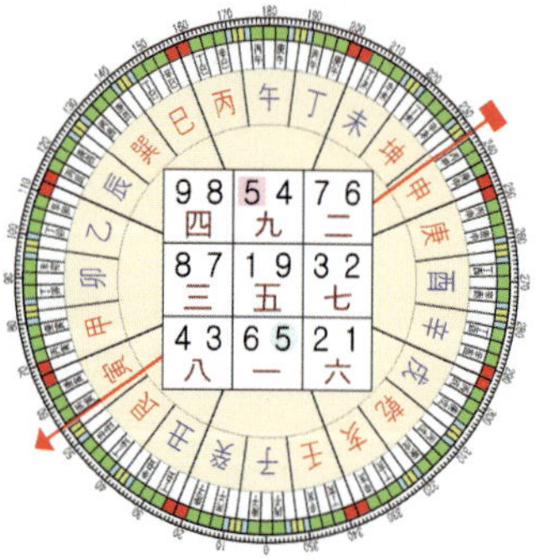

兌宮 [247.5°~292.5°]

庚坐甲向

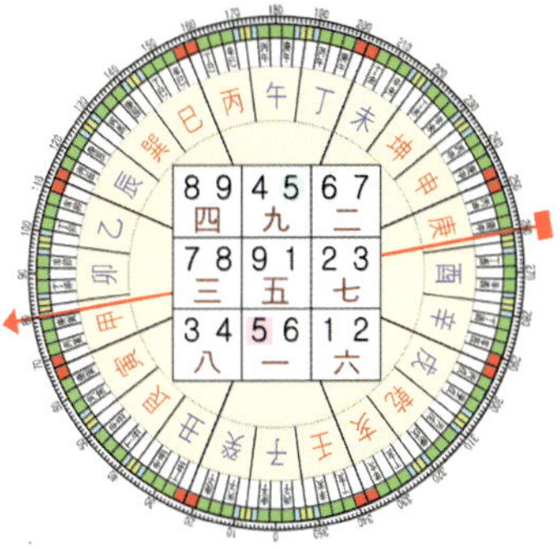

8 9	4 5	6 7
四	九	二
7 8	9 1	2 3
三	五	七
3 4	5 6	1 2
八	一	六

酉坐卯向

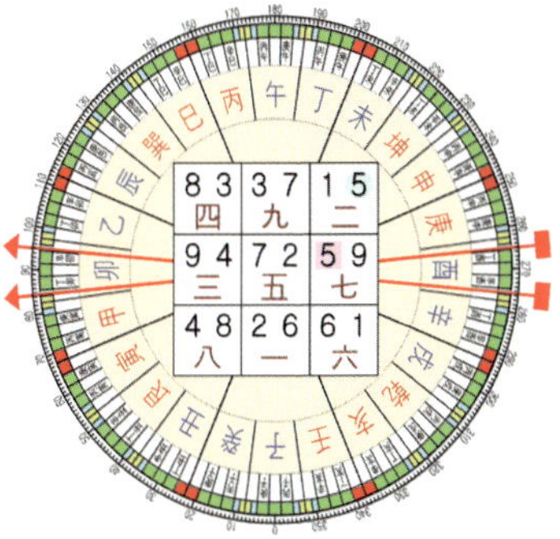

8 3	3 7	1 5
四	九	二
9 4	7 2	5 9
三	五	七
4 8	2 6	6 1
八	一	六

辛坐乙向

8 3	3 7	1 5
四	九	二
9 4	7 2	5 9
三	五	七
4 8	2 6	6 1
八	一	六

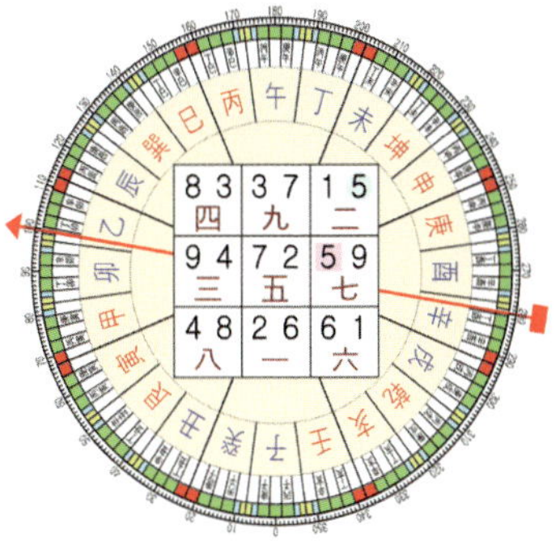

乾宮 [292.5°~337.5°]

戌坐辰向

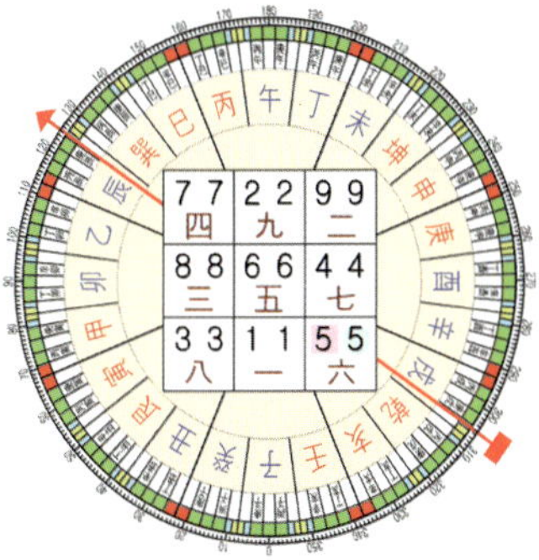

7 7	2 2	9 9
四	九	二
8 8	6 6	4 4
三	五	七
3 3	1 1	5 5
八	一	六

乾坐巽向

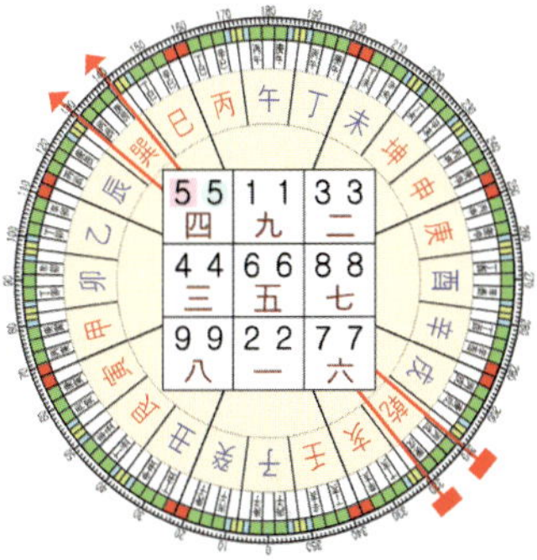

5 5	1 1	3 3
四	九	二
4 4	6 6	8 8
三	五	七
9 9	2 2	7 7
八	一	六

亥坐巳向

5 5	1 1	3 3
四	九	二
4 4	6 6	8 8
三	五	七
9 9	2 2	7 7
八	一	六

五運　替卦　飛星盤

六運　替卦　飛星盤

坎宮 [337.5°~22.5°]

壬坐丙向

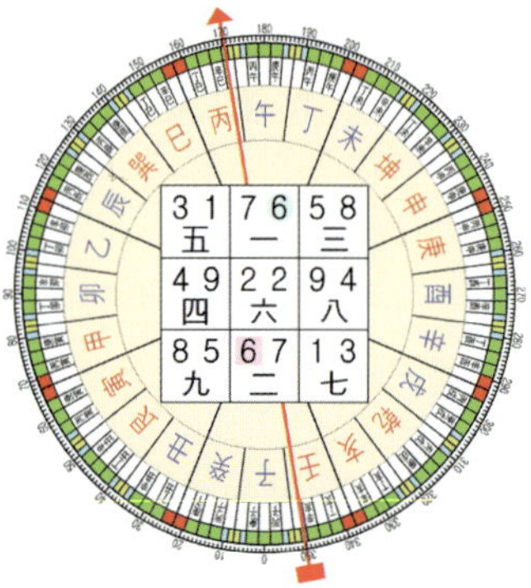

3 1	7 6	5 8
五	一	三
4 9	2 2	9 4
四	六	八
8 5	6 7	1 3
九	二	七

子坐午向

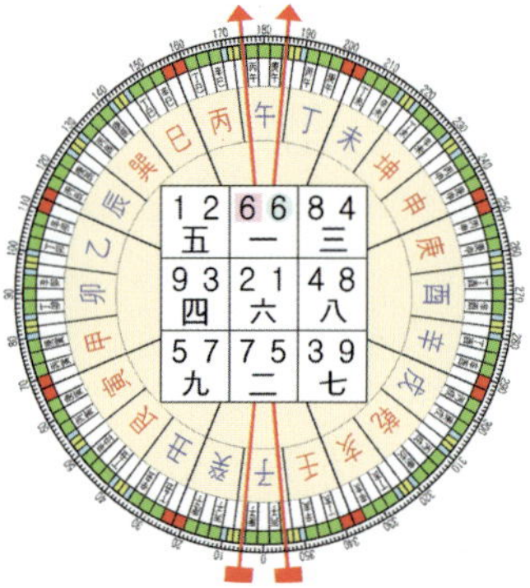

1 2	6 6	8 4
五	一	三
9 3	2 1	4 8
四	六	八
5 7	7 5	3 9
九	二	七

癸坐丁向

9 2	5 6	7 4
五	一	三
8 3	1 1	3 8
四	六	八
4 7	6 5	2 9
九	二	七

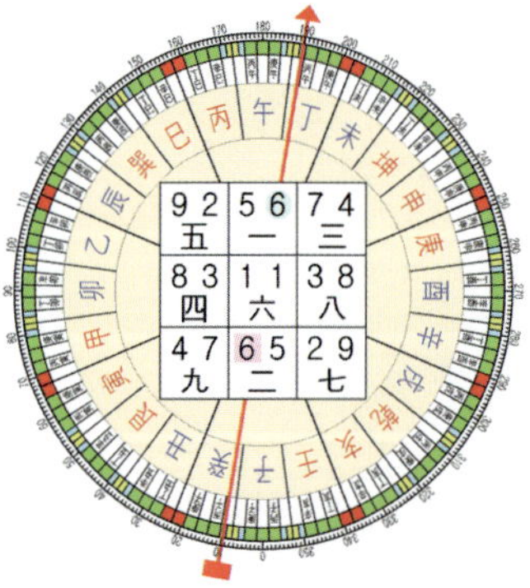

艮宮 [22.5°~67.5°]

丑坐未向

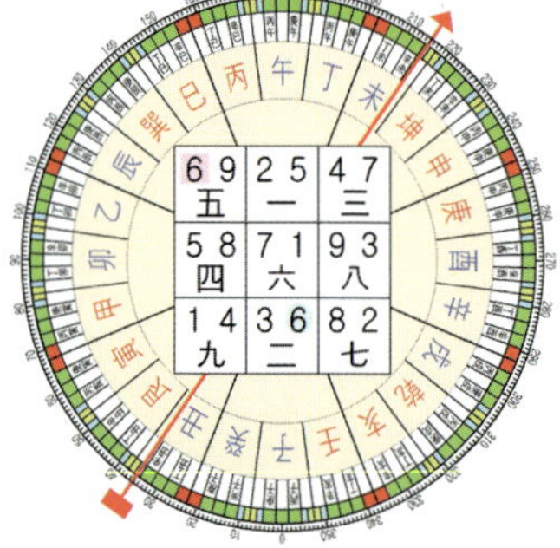

6 9	2 5	4 7
五	一	三
5 8	7 1	9 3
四	六	八
1 4	3 6	8 2
九	二	七

艮坐坤向

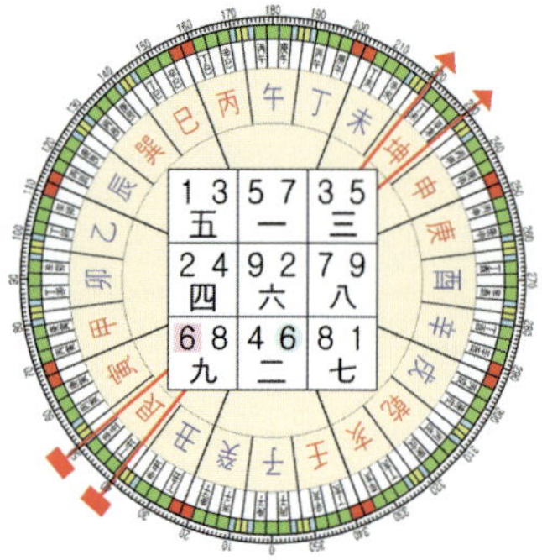

1 3	5 7	3 5
五	一	三
2 4	9 2	7 9
四	六	八
6 8	4 6	8 1
九	二	七

寅坐申向

1 3	5 7	3 5
五	一	三
2 4	9 2	7 9
四	六	八
6 8	4 6	8 1
九	二	七

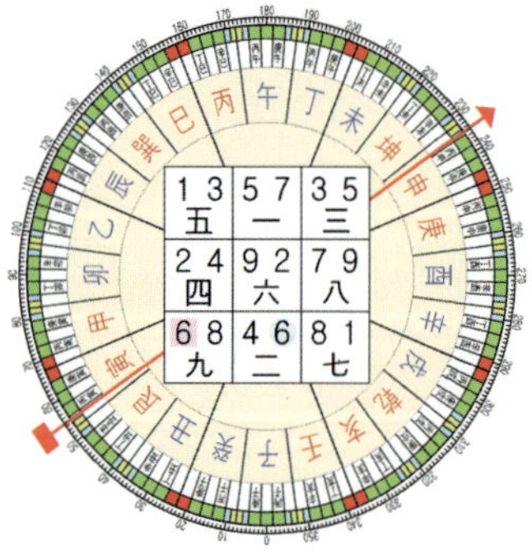

震宮 [67.5°~112.5°]

甲坐庚向

卯坐酉向

乙坐辛向

巽宮 [112.5°~157.5°]

辰坐戌向

巽坐乾向

巳坐亥向

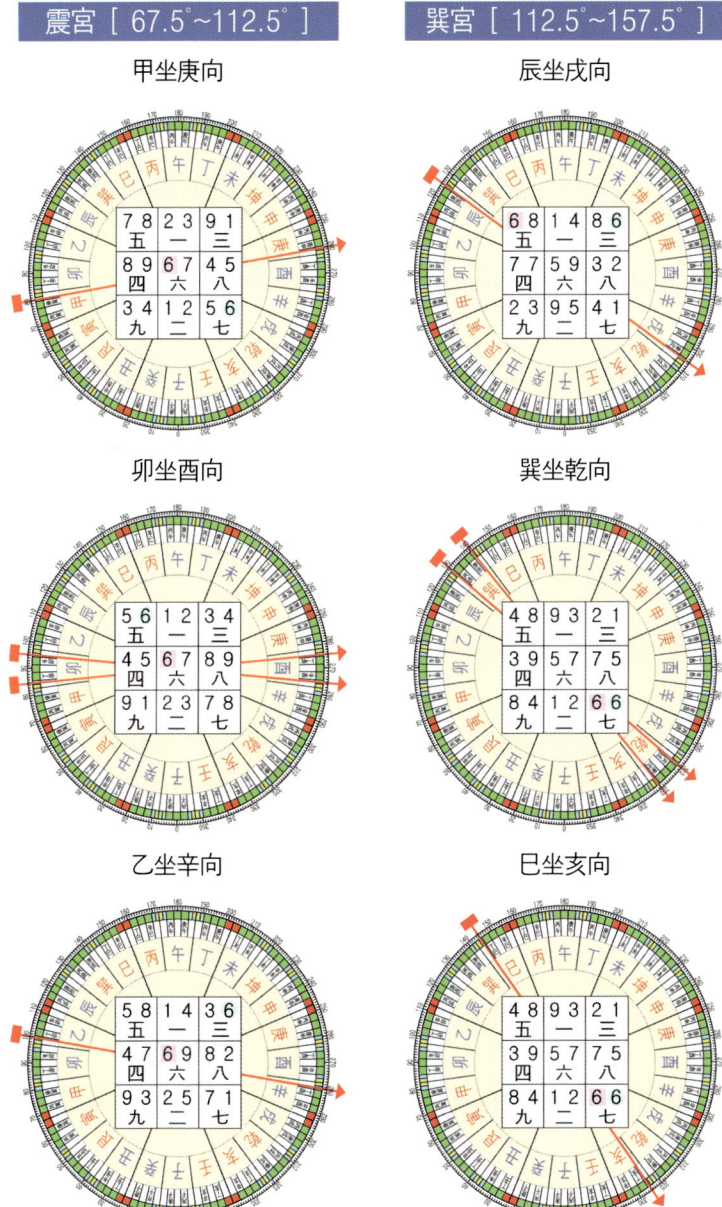

離宮 [157.5°~202.5°]

丙坐壬向

1 3 五	6 7 一	8 5 三
9 4 四	2 2 六	4 9 八
5 8 九	7 6 二	3 1 七

午坐子向

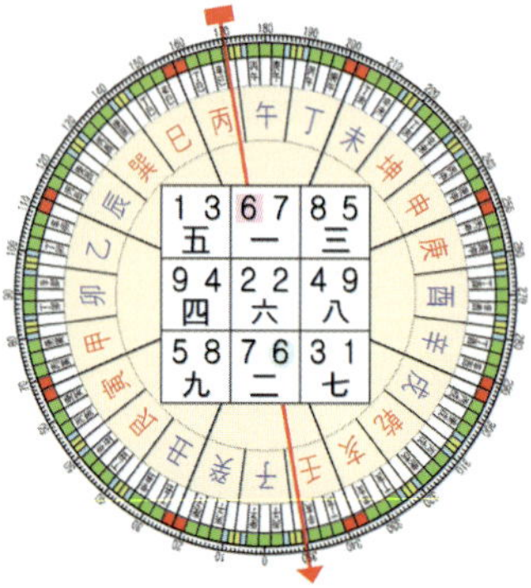

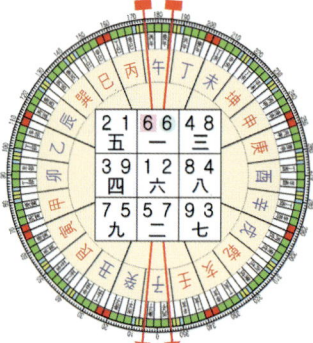

2 1 五	6 6 一	4 8 三
3 9 四	1 2 六	8 4 八
7 5 九	5 7 二	9 3 七

丁坐癸向

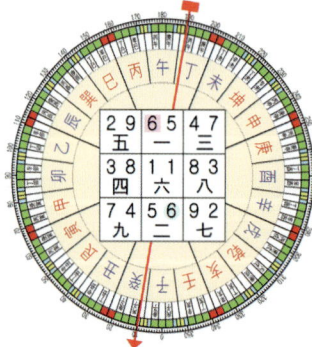

2 9 五	6 5 一	4 7 三
3 8 四	1 1 六	8 3 八
7 4 九	5 6 二	9 2 七

坤宮 [202.5°~247.5°]

未坐丑向

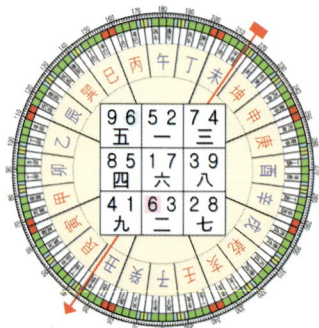

9 6 五	5 2 一	7 4 三
8 5 四	1 7 六	3 9 八
4 1 九	6 3 二	2 8 七

坤坐艮向

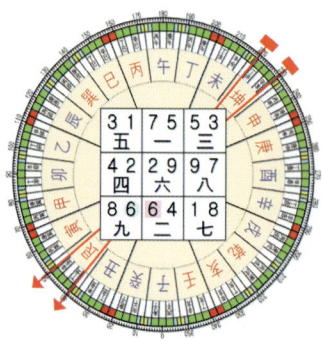

3 1 五	7 5 一	5 3 三
4 2 四	2 9 六	9 7 八
8 6 九	6 4 二	1 8 七

申坐寅向

3 1 五	7 5 一	5 3 三
4 2 四	2 9 六	9 7 八
8 6 九	6 4 二	1 8 七

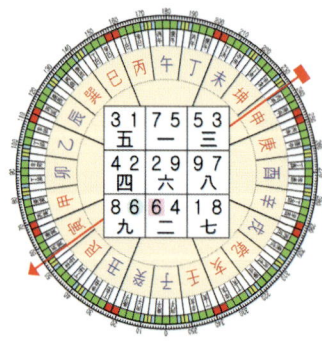

兌宮［247.5°~292.5°］

庚坐甲向

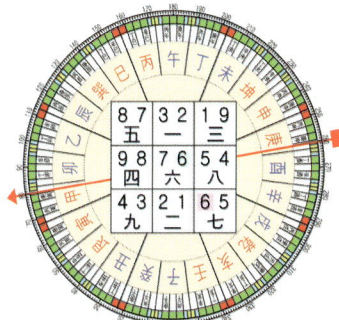

酉坐卯向

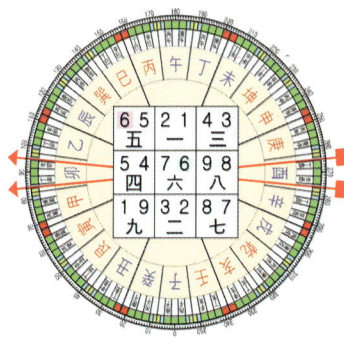

辛坐乙向

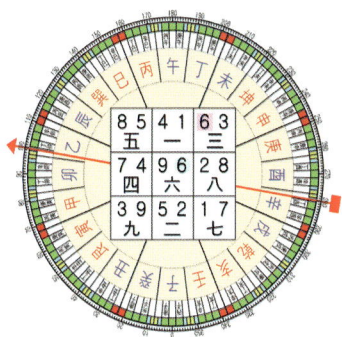

乾宮［292.5°~337.5°］

戌坐辰向

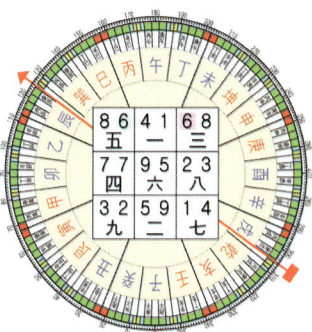

乾坐巽向

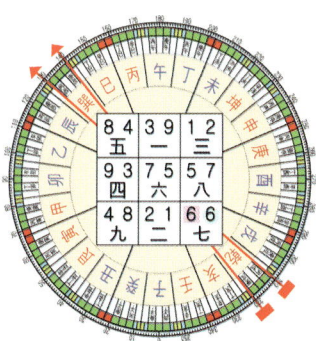

亥坐巳向

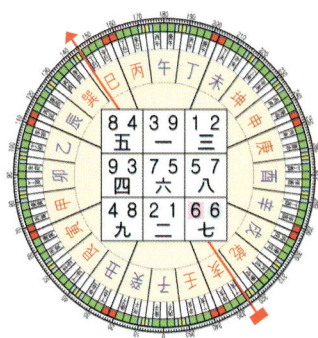

坎宮 [337.5°~22.5°]

壬坐丙向

子坐午向

癸坐丁向

艮宮 [22.5°~67.5°]

丑坐未向

艮坐坤向

寅坐申向

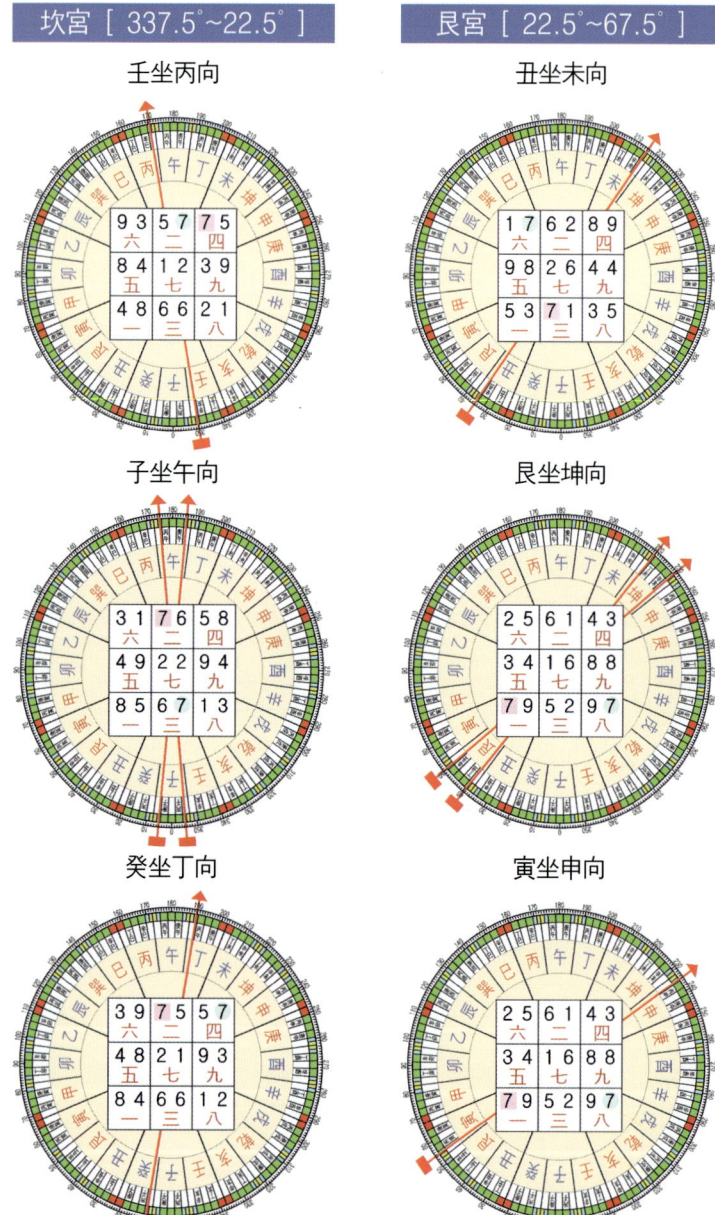

震宮 [67.5°~112.5°]

甲坐庚向

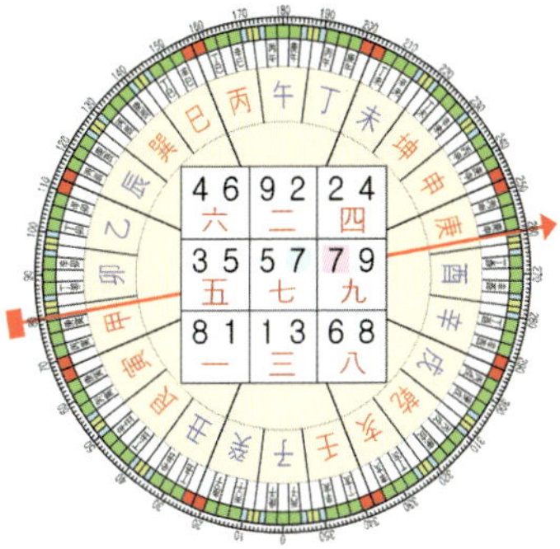

4 6	9 2	2 4
六	二	四
3 5	5 7	7 9
五	七	九
8 1	1 3	6 8
一	三	八

卯坐酉向

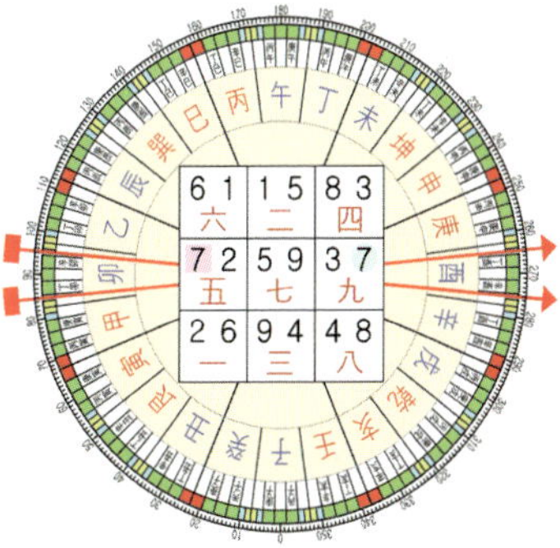

6 1	1 5	8 3
六	二	四
7 2	5 9	3 7
五	七	九
2 6	9 4	4 8
一	三	八

乙坐辛向

6 1	1 5	8 3
六	二	四
7 2	5 9	3 7
五	七	九
2 6	9 4	4 8
一	三	八

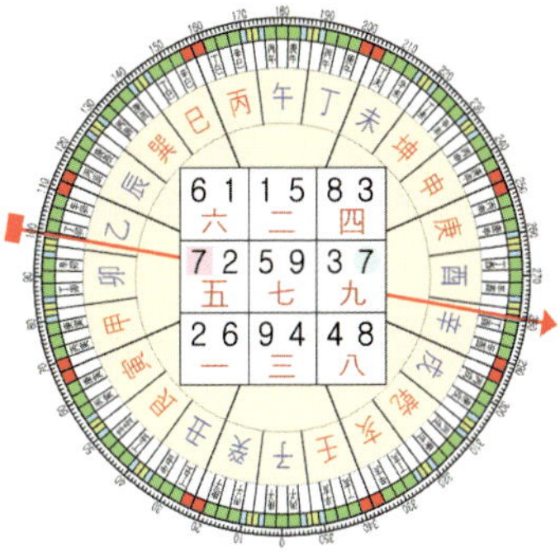

巽宮 [112.5°~157.5°]

辰坐戌向

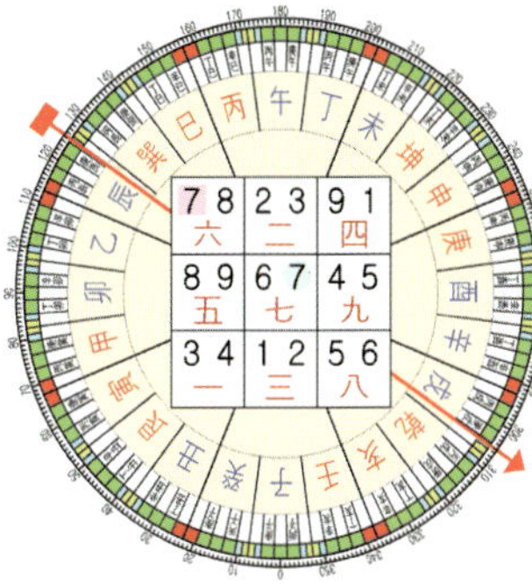

7 8	2 3	9 1
六	二	四
8 9	6 7	4 5
五	七	九
3 4	1 2	5 6
一	三	八

巽坐乾向

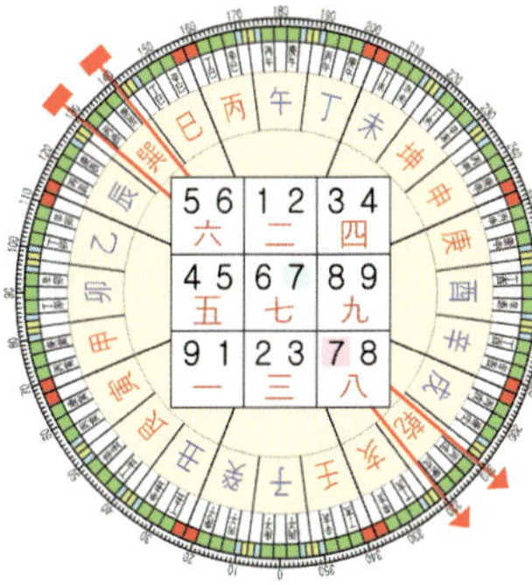

5 6	1 2	3 4
六	二	四
4 5	6 7	8 9
五	七	九
9 1	2 3	7 8
一	三	八

巳坐亥向

5 8	1 4	3 6
六	二	四
4 7	6 9	8 2
五	七	九
9 3	2 5	7 1
一	三	八

七運 替卦 飛星盤

離宮 [157.5°~202.5°]

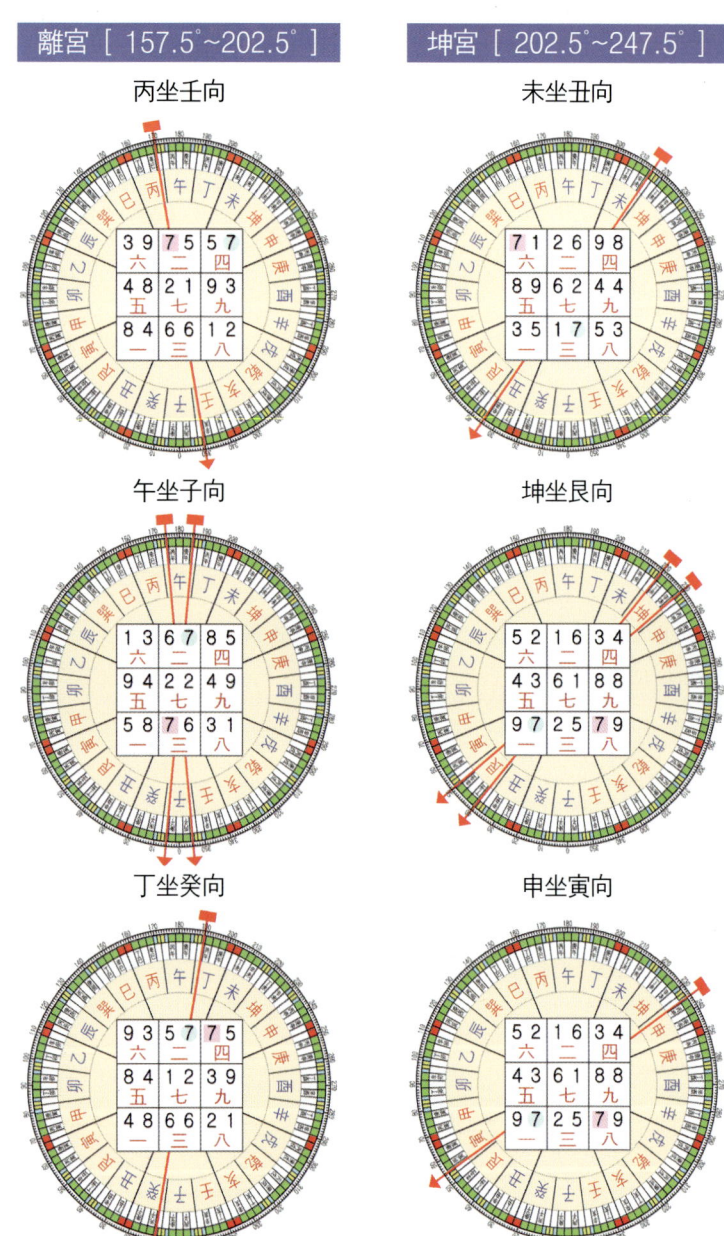

丙坐壬向

午坐子向

丁坐癸向

坤宮 [202.5°~247.5°]

未坐丑向

坤坐艮向

申坐寅向

兌宮 [247.5°~292.5°]

庚坐甲向

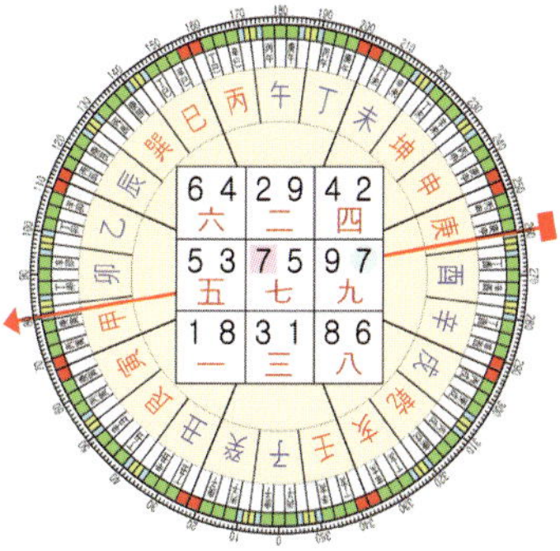

64	29	42
六	二	四
53	75	97
五	七	九
18	31	86
一	三	八

酉坐卯向

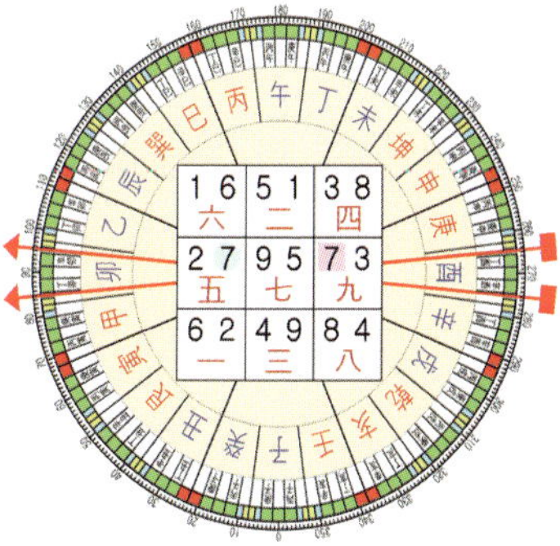

16	51	38
六	二	四
27	95	73
五	七	九
62	49	84
一	三	八

辛坐乙向

16	51	38
六	二	四
27	95	73
五	七	九
62	49	84
一	三	八

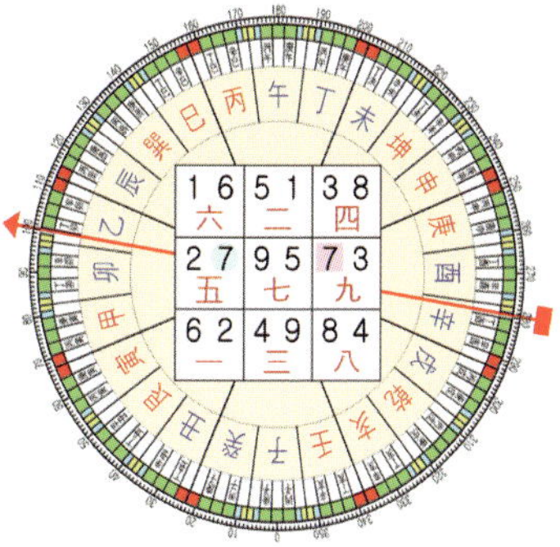

乾宮 [292.5°~337.5°]

戌坐辰向

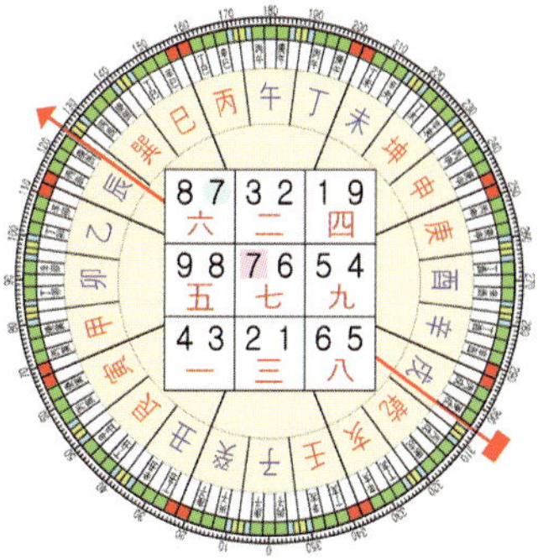

87	32	19
六	二	四
98	76	54
五	七	九
43	21	65
一	三	八

乾坐巽向

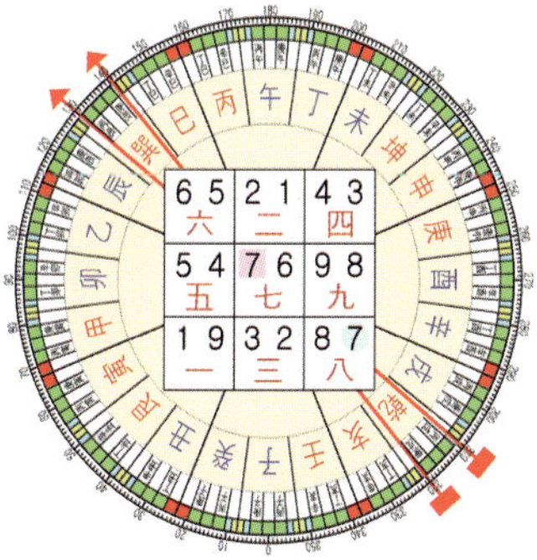

65	21	43
六	二	四
54	76	98
五	七	九
19	32	87
一	三	八

亥坐巳向

85	41	63
六	二	四
74	96	28
五	七	九
39	52	17
一	三	八

七運　替卦　飛星盤

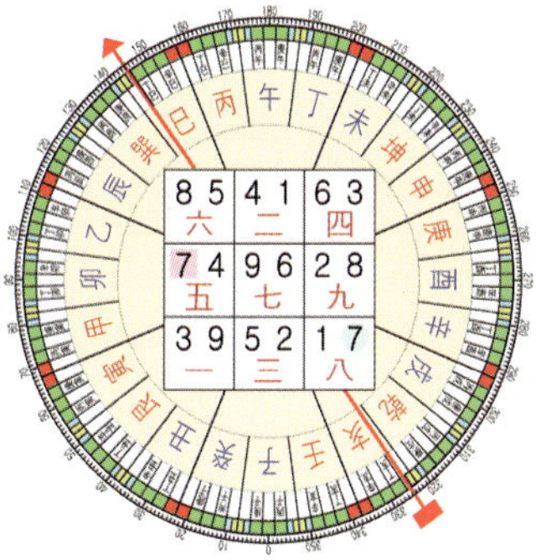

八運 替卦 飛星盤

坎宮 [337.5°~22.5°]

壬坐丙向

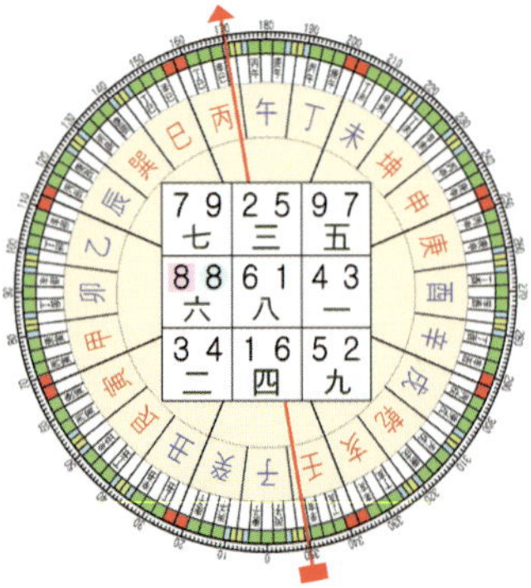

7 9	2 5	9 7
七	三	五
8 8	6 1	4 3
六	八	一
3 4	1 6	5 2
二	四	九

子坐午向

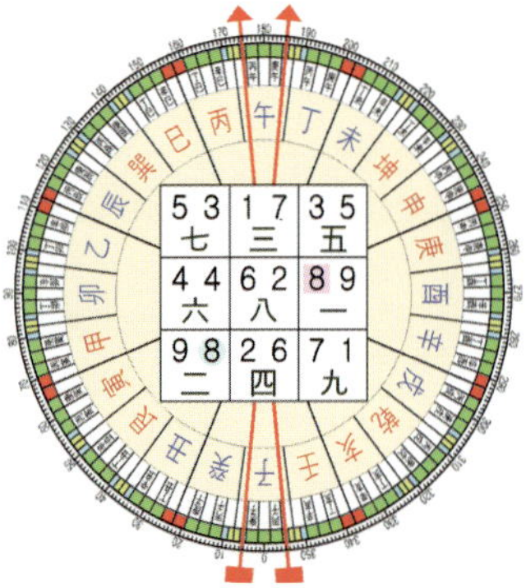

5 3	1 7	3 5
七	三	五
4 4	6 2	8 9
六	八	一
9 8	2 6	7 1
二	四	九

癸坐丁向

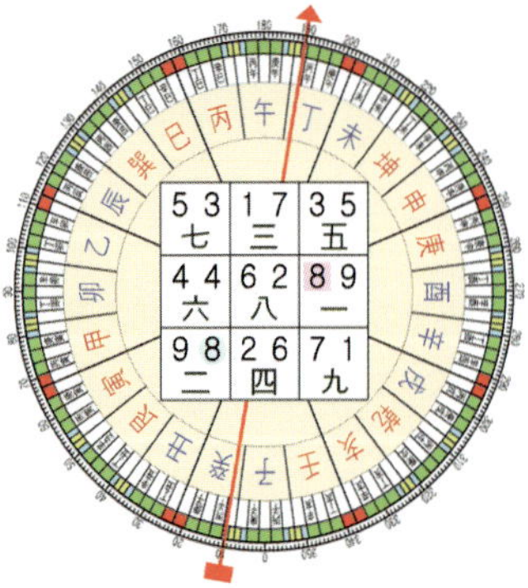

5 3	1 7	3 5
七	三	五
4 4	6 2	8 9
六	八	一
9 8	2 6	7 1
二	四	九

艮宮 [22.5°~67.5°]

丑坐未向

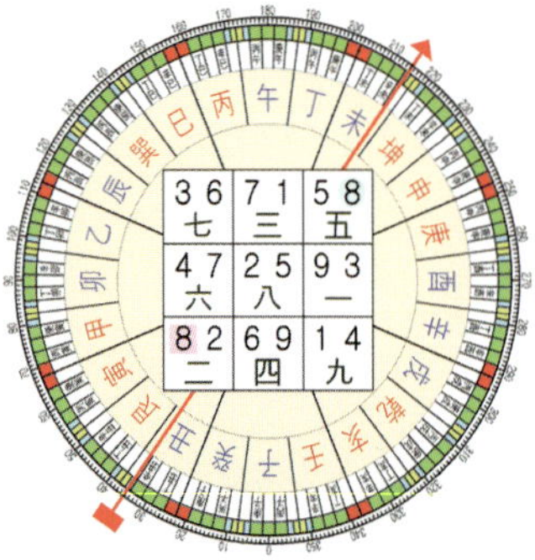

3 6	7 1	5 8
七	三	五
4 7	2 5	9 3
六	八	一
8 2	6 9	1 4
二	四	九

艮坐坤向

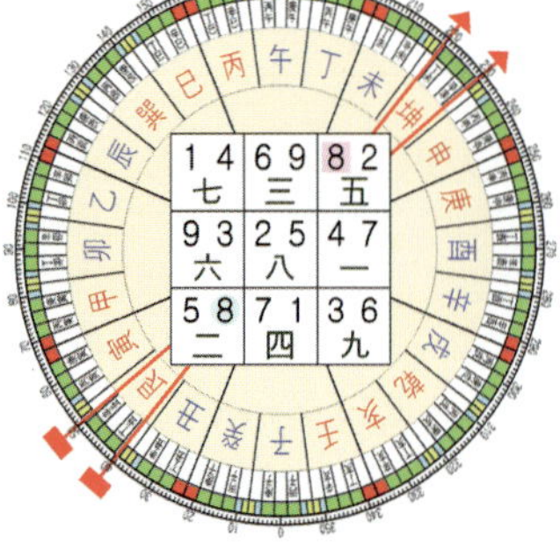

1 4	6 9	8 2
七	三	五
9 3	2 5	4 7
六	八	一
5 8	7 1	3 6
二	四	九

寅坐申向

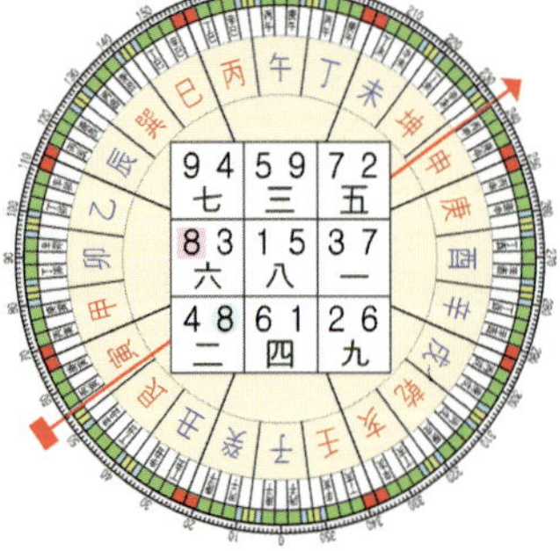

9 4	5 9	7 2
七	三	五
8 3	1 5	3 7
六	八	一
4 8	6 1	2 6
二	四	九

玄空手冊

震宮 [67.5°~112.5°] 　　巽宮 [112.5°~157.5°]

甲坐庚向

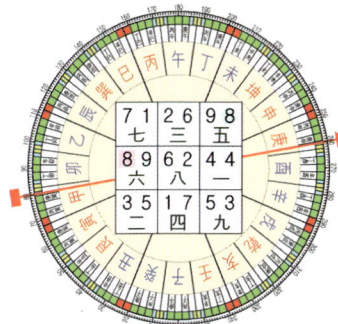

辰坐戌向

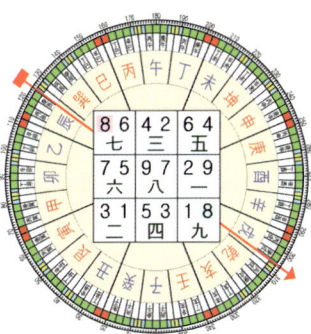

卯坐酉向

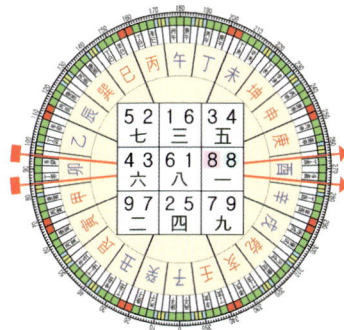

巽坐乾向

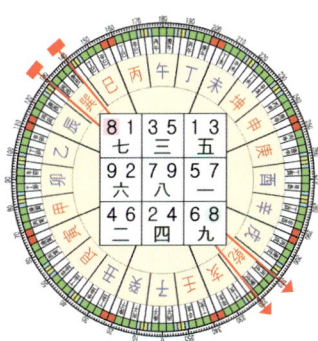

乙坐辛向

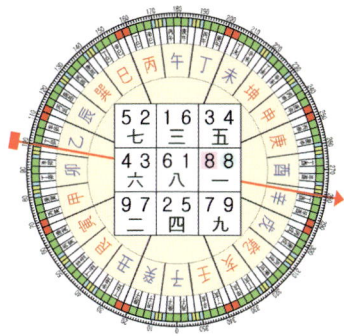

巳坐亥向

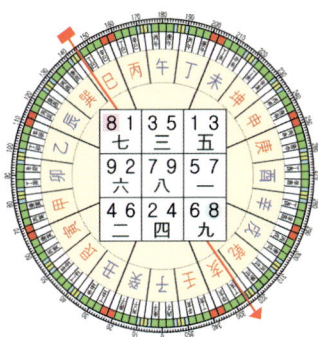

離宮 [157.5°~202.5°]

丙坐壬向

午坐子向

丁坐癸向

坤宮 [202.5°~247.5°]

未坐丑向

坤坐艮向

申坐寅向

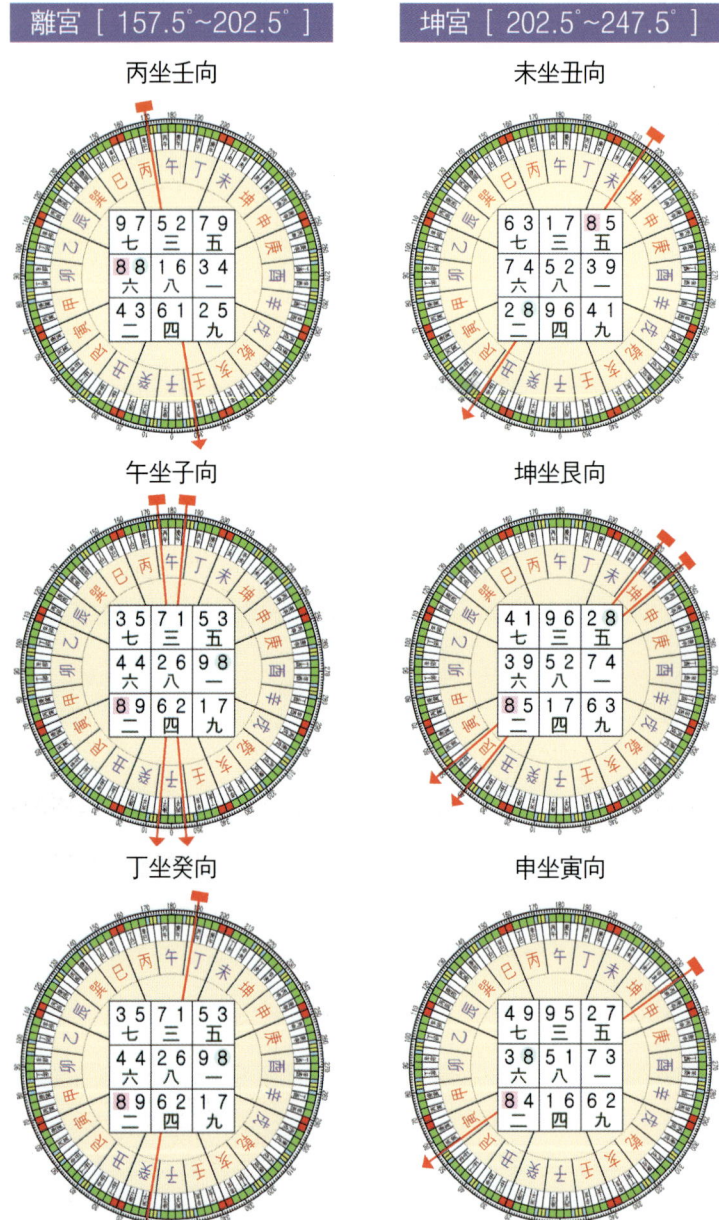

兌宮 [247.5°~292.5°]

庚坐甲向

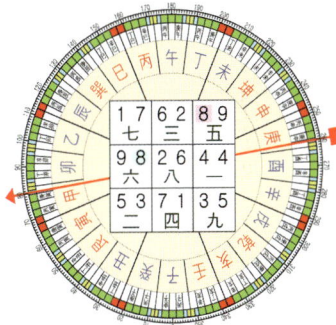

酉坐卯向

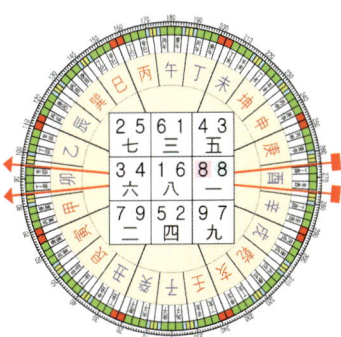

辛坐乙向

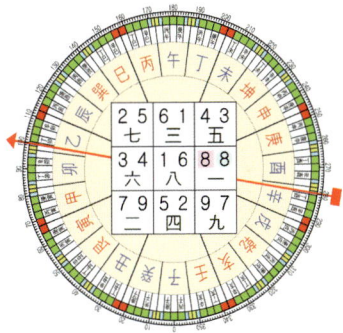

乾宮 [292.5°~337.5°]

戌坐辰向

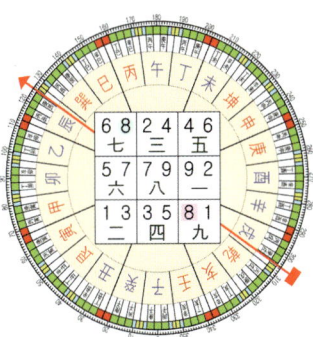

乾坐巽向

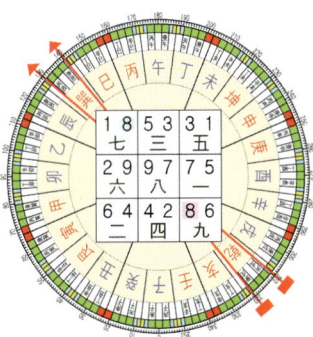

亥坐巳向

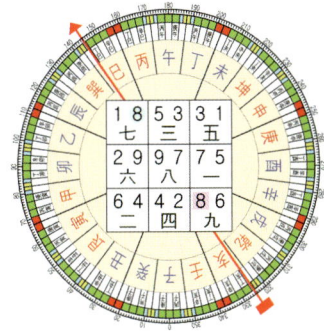

八運　替卦　飛星盤

坎宮 [337.5°~22.5°]

壬坐丙向

子坐午向

癸坐丁向

艮宮 [22.5°~67.5°]

丑坐未向

艮坐坤向

寅坐申向

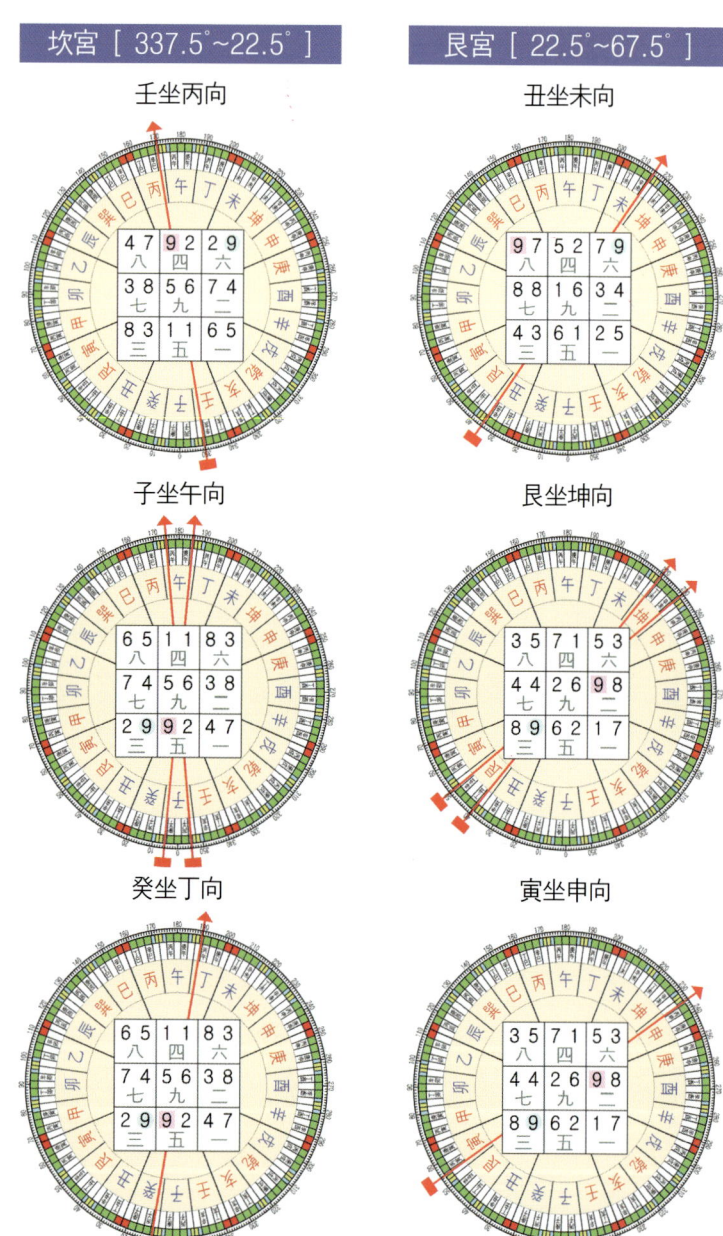

震宮 [67.5°~112.5°]

甲坐庚向

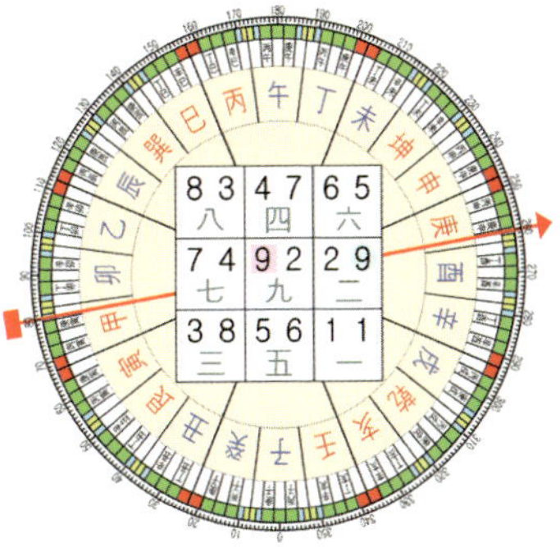

8 3	4 7	6 5
八	四	六
7 4	9 2	2 9
七	九	二
3 8	5 6	1 1
三	五	一

卯坐酉向

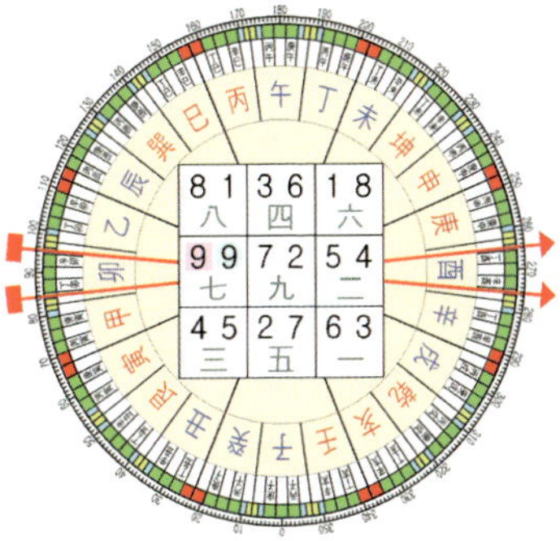

8 1	3 6	1 8
八	四	六
9 9	7 2	5 4
七	九	二
4 5	2 7	6 3
三	五	一

乙坐辛向

8 9	3 5	1 7
八	四	六
9 8	7 1	5 3
七	九	二
4 4	2 6	6 2
三	五	一

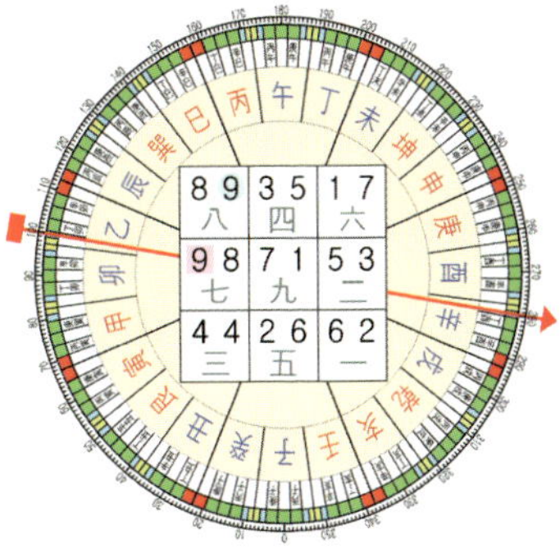

巽宮 [112.5°~157.5°]

辰坐戌向

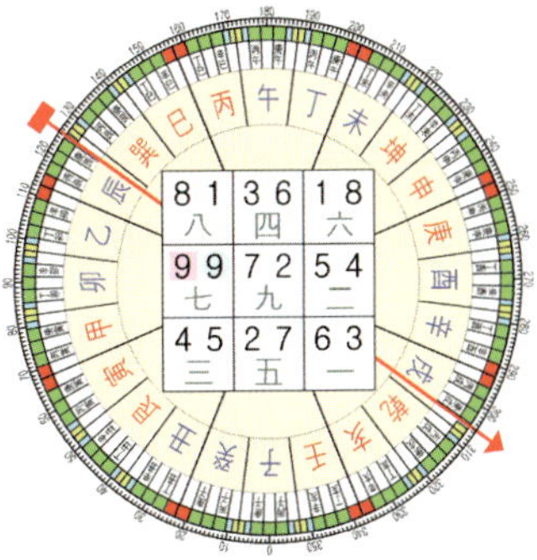

8 1	3 6	1 8
八	四	六
9 9	7 2	5 4
七	九	二
4 5	2 7	6 3
三	五	一

巽坐乾向

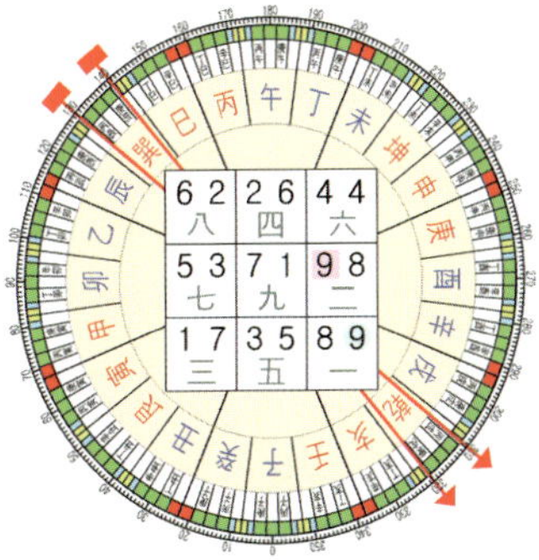

6 2	2 6	4 4
八	四	六
5 3	7 1	9 8
七	九	二
1 7	3 5	8 9
三	五	一

巳坐亥向

8 2	4 6	6 4
八	四	六
7 3	9 1	2 8
七	九	二
3 7	5 5	1 9
三	五	一

九運　替卦　飛星盤

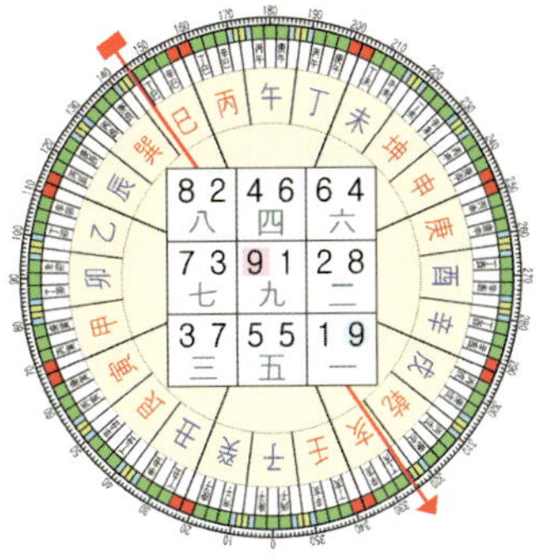

離宮 [157.5°~202.5°]

丙坐壬向

午坐子向

丁坐癸向

坤宮 [202.5°~247.5°]

未坐丑向

坤坐艮向

申坐寅向

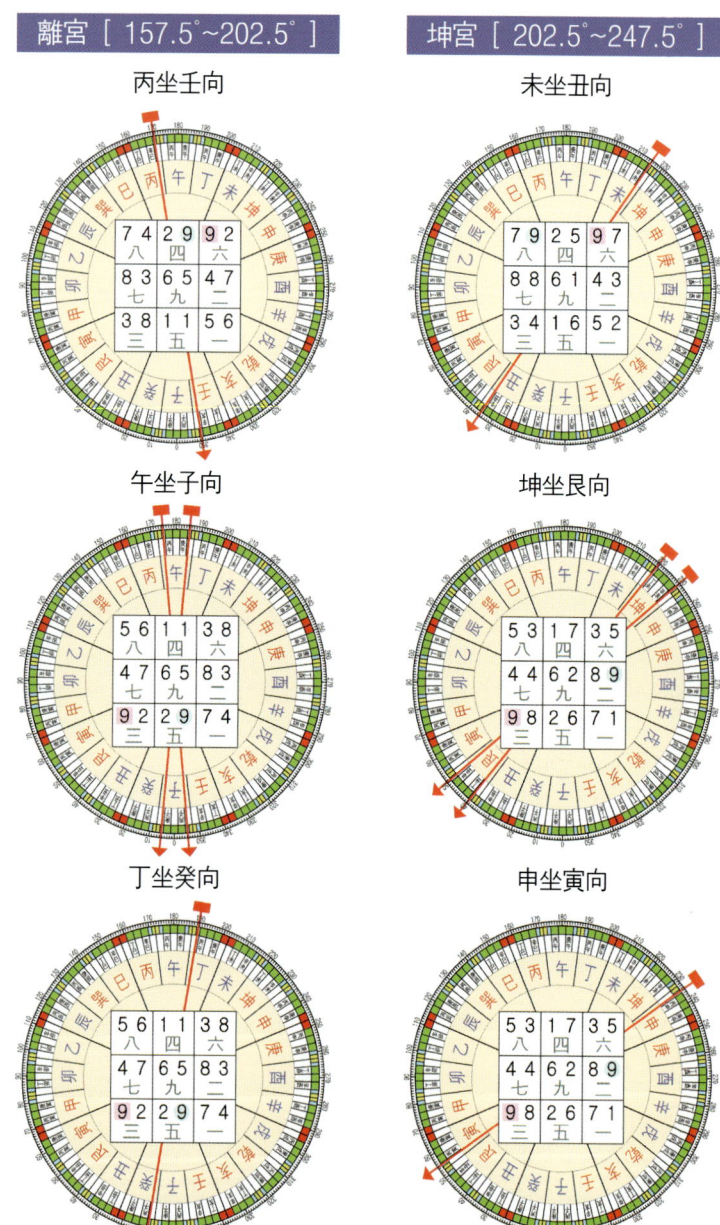

兌宮 [247.5°~292.5°]

庚坐甲向

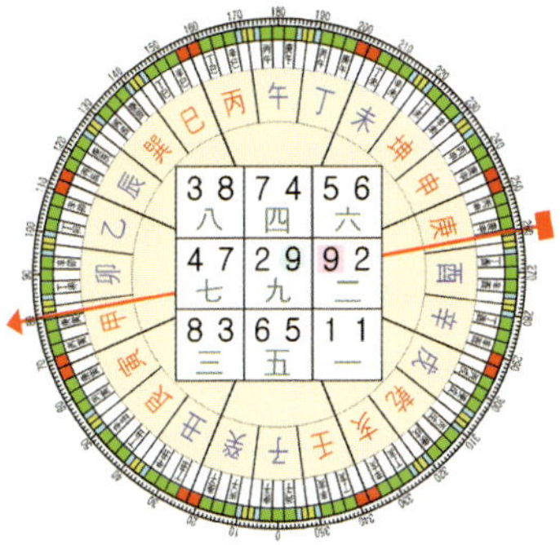

3 8	7 4	5 6
八	四	六
4 7	2 9	9 2
七	九	二
8 3	6 5	1 1
三	五	一

酉坐卯向

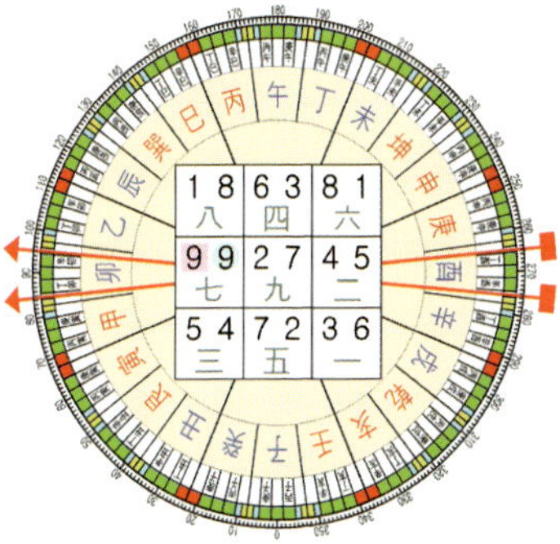

1 8	6 3	8 1
八	四	六
9 9	2 7	4 5
七	九	二
5 4	7 2	3 6
三	五	一

辛坐乙向

9 8	5 3	7 1
八	四	六
8 9	1 7	3 5
七	九	二
4 4	6 2	2 6
三	五	一

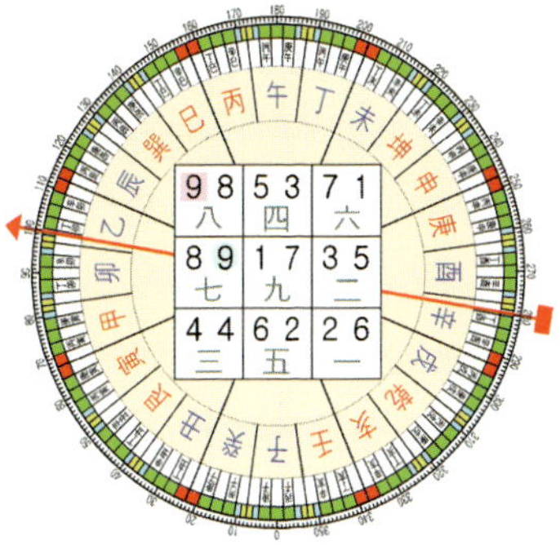

乾宮 [292.5°~337.5°]

戌坐辰向

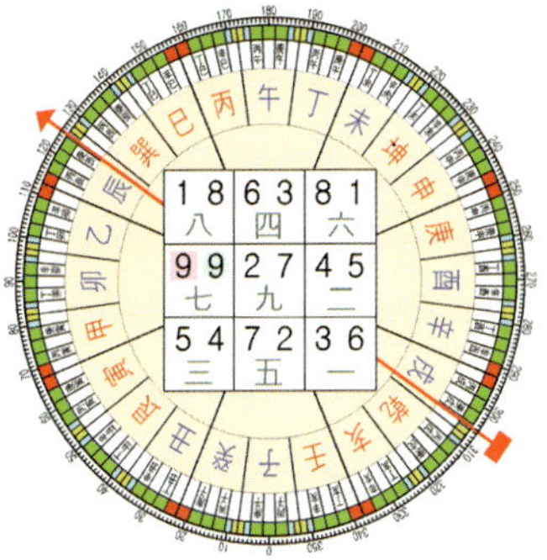

1 8	6 3	8 1
八	四	六
9 9	2 7	4 5
七	九	二
5 4	7 2	3 6
三	五	一

乾坐巽向

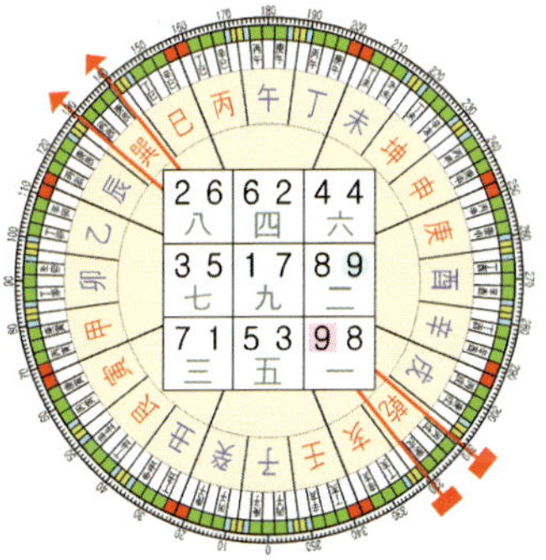

2 6	6 2	4 4
八	四	六
3 5	1 7	8 9
七	九	二
7 1	5 3	9 8
三	五	一

亥坐巳向

2 8	6 4	4 6
八	四	六
3 7	1 9	8 2
七	九	二
7 3	5 5	9 1
三	五	一

九運 替卦 飛星盤

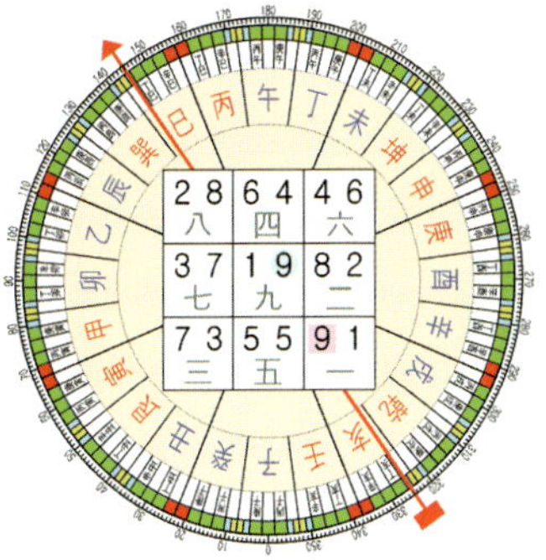

제 2 부

81星耀組合

81星耀組合 보는 法

1. 星耀의 配置는 向星을 基準하였다.
2. 向星1+山星1부터, 向星9+山星9의 順으로 配置하였다.
3. 向星에 適用된 古書는 《玄機賦》, 《玄空秘旨》, 《飛星賦》, 《紫白訣》, 《搖鞭賦》 등에 記載되어 있는 內容을 바탕으로 作成되었다.
4. 각 내용의 의미는 다음과 같이 살펴서 대입한다.

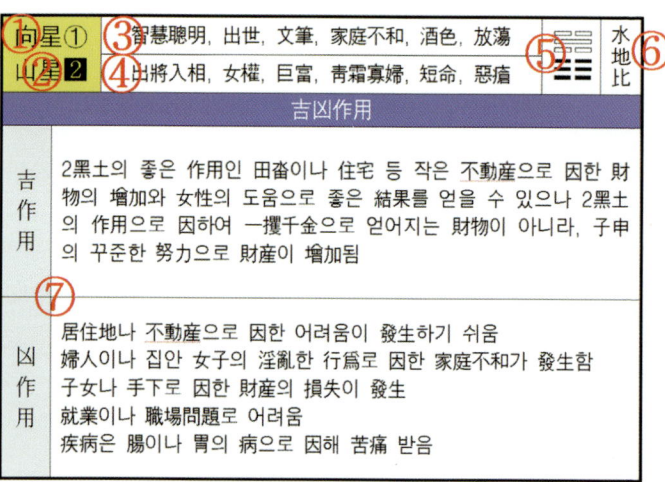

①은 向星의 숫자이고, ②는 山星의 숫자이다.
③은 向星1에 대한 解釋이고, ④는 山星2에 대한 解釋이다.
⑤는 上卦1과 下卦2의 卦象이며 周易과는 같지 않다.
⑥은 卦名이며, 숫자5가 되면, 戊己로 表記된다.

⑦은 該當 組合의 吉凶에 대한 作用이다.
5. 古書의 原文은 地面 關係上 省略하였다. 原文에 關心이 있는 讀者는 《놀라운 현공풍수》를 參照하기 바란다.
6. 星耀를 應用할 적에, 假令 向星4와 山星1의 關係를 볼 적에는 反對로 向星1과 山星4의 境遇를 함께 參考 할 수 있다.
7. 吉作用에 該當하는 境遇는 合局이 되면서 그 方向에 좋은 意味로 解釋이 되는 形態의 事物이 있을 境遇가 된다.
8. 凶作用에 該當하는 境遇는 不合局이 되고, 그 方向에 나쁜 意味로 해석이 되는 形態의 事物이 있을 境遇가 된다.
9. 向星과 山星의 比重이 가장 크고, 나머지의 여섯 方向은 多少 적은 比重으로 代入을 하게 된다.

向星 ① 山星 **1**	智慧聰明, 出世, 文筆, 家庭不和, 酒色, 放蕩	䷜	坎爲水
吉凶作用			
吉作用	任用考試에 合格. 教育關聯 試驗에서 좋은 結果를 期待 할 수 있음. 學業의 成績이 向上되거나 工夫에 意欲을 갖게 됨. 姙娠이 되거나 子女로 因한 家內의 慶事스러운 일 發生.		
凶作用	落胎, 流産, 死産. 色情問題나 竊盜에 連累됨. 子女나 手下로 因한 苦痛. 腎臟・귀・生殖器나 泌尿器 系統 등에 疾病 發生이 容易.		

向星① 山星**2**	智慧聰明, 出世, 文筆, 家庭不和, 酒色, 放蕩 出將入相, 女權, 巨富, 靑霜寡婦, 短命, 惡瘡	䷇	水地比
吉凶作用			
吉作用	田畓이나 住宅 등 작은 不動産으로 因한 財物의 增加. 家庭이나 社會에서 나이 많은 女性의 도움으로 좋은 結果를 얻을 수 있음.		
凶作用	居住地나 不動産으로 因한 어려움 發生. 婦人이나 집안 女子의 淫亂한 行爲로 因한 家庭不和가 發生. 子女나 手下로 因한 財産의 損失이 發生. 就業이나 職場問題로 어려움 發生. 腸이나 胃에 疾病이 發生.		

向星 ① 山星 3	智慧聰明, 出世, 文筆, 家庭不和, 酒色, 放蕩 長男巨富, 才能, 事業, 盜賊亂動, 剋妻, 爭訟	䷂	水雷屯
吉凶作用			
吉作用	貴人의 推薦이나 公薦을 받아 地位가 向上됨. 期待하는 職場에 合格. 落下傘 人事 등 豫想 밖의 吉한 일 發生.		
凶作用	豫期치 못한 不意의 事故를 當함. 本人이나 子女가 詐欺를 當하거나 아랫사람에게 詐欺를 當함. 隱密한 關係의 異性交際가 밝혀지거나, 秘密스런 일이 暴露되어 困難한 境遇를 當하게 됨. 本人이나 子女가 公薦이나 進級에서 떨어져 名譽에 損傷을 當하는 일이 發生. 本人이나 子女가 他人과 甚한 言爭이 發生하거나 口舌에 휘말림.		

向星 ① 山星 4	智慧聰明, 出世, 文筆, 家庭不和, 酒色, 放蕩 出將入相, 女權, 巨富, 靑霜寡婦, 短命, 惡瘡	䷯	水風井
吉凶作用			
吉作用	地位가 向上되거나 試驗 合格. 文學과 藝術로 名譽 上昇. 좋은 사람과 結婚하거나, 姙娠을 함. 물과 關聯된 事業으로 財産 增殖.		
凶作用	酒色雜技로 敗家亡身. 事業에 失敗하고 信用不良者가 됨. 放浪者나 路宿者가 됨. 試驗에 不合格하거나 結婚生活의 破鏡.		

向星 ① 山星 5	智慧聰明, 出世, 文筆, 家庭不和, 酒色, 放蕩 奇人極貴, 禪師, 王侯, 淫亂官災, 昏迷, 傷人	水戌己
吉凶作用		
吉作用	智慧가 매우 聰明한 人物이 됨. 어떤 思想이나 門派에서 中心的인 人物이 됨. ※5運에 合局이 되었을 때만 可能	
凶作用	不姙, 落胎, 流産, 死産되거나 低能兒가 나옴. 下腹部 疾病 發生. 淫亂한 行爲로 因하여 困境에 처함. 盜賊이 侵入하거나 盜賊에 連累됨. 子女에게 問題發生. 緊密하게 進行하던 일에 困難함 發生. 重症의 患者는 死亡할 수도 있음.	

向星 ① 山星 6	智慧聰明, 出世, 文筆, 家庭不和, 酒色, 放蕩 財山人海, 陰德, 功勳, 剋妻孤獨, 貧窮, 奢侈	水天需
吉凶作用		
吉作用	學者나 思想家로 名聲을 얻거나 選擧에 當選됨. 事業이 擴張되고, 投資나 投機로 財産이 增加됨. 上司의 補助나 助言으로 成功.	
凶作用	色情 問題나 盜賊에 連累되거나 이로 因한 官災發生. 머리나 腦에 異常이 發生. 投機나 投資 또는 事業 擴張으로 큰 損失 發生. 事故나 鬪爭 發生.	

向星 ① 山星 7	智慧聰明, 出世, 文筆. 家庭不和, 酒色, 放蕩 巨富得名, 武將, 興家, 盜賊橫死, 火災, 賤職	水澤節
吉凶作用		
吉作用	清富[깨끗하고 正直하게 일하여 富者가 됨]. 藝術이나 演藝界에서 成功함. 좋은 異性交際가 이루어짐.	
凶作用	酒色雜技로 敗家亡身. 事故가 發生하거나 手術을 하게 됨. 異性交際가 紊亂해짐. 工夫에 無關心하고 歡樂에만 빠짐. 食中毒이나 肺病 또는 肝에 疾病이 發生. 上記의 凶한 作用이 本人뿐만 아니라 子女에게도 發生.	

向星 ① 山星 8	智慧聰明, 出世, 文筆, 家庭不和, 酒色, 放蕩 富貴忠義, 長壽, 孝心, 少年損傷, 抱病, 瘡腫	水山蹇
吉凶作用		
吉作用	不動産 等의 財産增加. 努力한 만큼 成功을 함. 昇進이나 進級을 함. 相續可能. 修行者[僧侶, 道人 等]는 目的을 達成함.	
凶作用	不動産 賣買不可, 投資失敗. 兄弟나 親戚들과의 不和 發生. 하는 일들에 어려움이 發生하고, 變化도 不可能. 收監되거나 重症 患者는 死亡할 수 있음. 溺死하거나 물로 인한 損傷 發生.	

向星 ① 山星 **9**	智慧聰明, 出世, 文筆, 家庭不和, 酒色, 放蕩 科甲軍閥, 聰明, 功名, 火災吐血, 産厄, 盲人	䷾	水火既濟
吉凶作用			
吉作用	名譽[特別 昇進이나 人事 等] 上昇. 學業成績 向上, 試驗 合格. 姙娠을 하거나 出産의 慶事가 發生.		
凶作用	訴訟과 官災가 發生하여 裁判을 하게 됨. 火災나 불로 因한 被害 發生. 離婚을 하거나 夫婦간에 不和 發生. 保證이나 文書로 因한 問題 發生. 奢侈에 빠짐.		

向星 ② 山星 **1**	出將入相, 女權, 巨富, 靑霜寡婦, 短命, 惡瘡 智慧聰明, 出世, 文筆, 家庭不和, 酒色, 放蕩	䷆	地水師
吉凶作用			
吉作用	住宅이나 田畓으로 因한 利益 發生. 教育系統의 職業을 가지게 됨. 子女가 職場에서 昇進하거나 就職을 함.		
凶作用	住宅이나 田畓으로 因한 損失 發生. 子女에게 凶한 일이 發生. 不姙, 流産, 死産의 危險 發生. 女子의 淫亂함으로 因하여 家庭不和 發生.		

向星 ② 山星 **2**	出將入相, 女權, 巨富, 青霜寡婦, 短命, 惡瘡	䷁	坤爲地
吉凶作用			
吉作用	土地나 建物 等의 財產增加로 富者가 됨. 女性에게 特別히 좋은 일이 發生하고 家庭이 和平해짐. 生業이나 職場이 安靜됨. 훌륭한 醫師가 나옴.		
凶作用	土地나 建物 등의 財產 損失 發生. 女性의 强한 氣運으로 因한 家庭不和 發生. 生業에 困難함 發生. 職場에 困難함이 發生하고 就業이 不可能. 胃나 腸의 疾患이 發生. 皮膚病이나 難產으로 苦生.		

向星 ② 山星 **3**	出將入相, 女權, 巨富, 青霜寡婦, 短命, 惡瘡 長男巨富, 才能, 事業, 盜賊亂動, 剋妻, 爭訟	䷗	地雷復
吉凶作用			
吉作用	新規 事業이나 새 出發을 하게 됨. 就職 可能. 家庭에 困難한 일들이 解決됨.		
凶作用	口舌是非로 鬪爭이나 訴訟 等이 發生. 갑작스런 事故 發生. 職場에서 業務的으로 詐欺를 當함. 職場이나 家庭에서 비밀스런 일이 暴露되어 困難함 發生. 女性들로 因한 家庭不和 發生.		

向星 ② 山星 4	出將入相, 女權, 巨富, 靑霜寡婦, 短命, 惡瘡 科擧出世, 文豪, 美女, 淫蕩破産, 自殺, 中風		地風升
吉凶作用			

吉作用	生業이 發展함. 職場에서 昇進함. 結婚을 하여 家庭을 이루게 됨.
凶作用	姑婦間의 葛藤 等 家族간의 不和 發生. 生業에 支障이 發生. 不動産 賣買에 困難함이 發生. 家出人 發生.

向星 ② 山星 5	出將入相, 女權, 巨富, 靑霜寡婦, 短命, 惡瘡 奇人極貴, 禪師, 王侯, 淫亂官災, 昏迷, 傷人		地戊己
吉凶作用			

吉作用	不動産 等의 財産 增加. 强力한 權力을 가진 中心人物 輩出. 法官 或은 高位職에 오르게 됨. ※5運에 合局이 되었을 때만 該當.
凶作用	不治病이나 癌 等의 重病으로 苦生하고 死亡함. 配偶者 死亡. 家庭이 破綻나고, 財政問題 發生. 不動産 投機 等으로 큰 損害 發生. 失業者가 되거나 就業 不可能.

向星 ② 山星 6	出將入相, 女權, 巨富, 靑霜寡婦, 短命, 惡瘡 財山人海, 陰德, 功勳, 剋妻孤獨, 貧窮, 奢侈	䷊	地天泰
吉凶作用			
吉作用	大企業이나 좋은 곳에 就職. 生業이나 不動産 等으로 財産 蓄積. 職場이나 家業에 貴人의 도움을 받음.		
凶作用	投機나 投資 또는 事業 擴張으로 因하여 損失이 發生하고 이로 因하여 官災로 發展. 上司와의 不和나 職場에서 業務上 問題 發生. 事故가 發生하거나 머리 부분에 疾病 發生.		

向星 ② 山星 7	出將入相, 女權, 巨富, 靑霜寡婦, 短命, 惡瘡 巨富得名, 武將, 興家, 盜賊橫死, 火災, 賤職	䷒	地澤臨
吉凶作用			
吉作用	橫財로 큰 富者가 됨. 辯護士, 藝術人, 演藝人 특히 歌手나 演技者 等으로 成功.		
凶作用	紊亂한 異性交際로 因한 家庭不和 發生. 遊興이나 歡樂에 빠져서 生業에 充實하지 못하고 財産을 蕩盡함. 手術을 할 境遇가 發生. 食中毒이나 胃腸病이 發生. 刀劍 等의 凶器에 의한 事故 發生.		

向星 ② 山星 8	出將入相, 女權, 巨富, 青霜寡婦, 短命, 惡瘡 富貴忠義, 長壽, 孝心, 少年損傷, 抱病, 瘡腫		地山謙
吉凶作用			
吉作用	土地나 建物로 因한 財産이 增加하여 富者가 됨. 相續을 받게 됨. 修行者는 修行하는 마음이 强해지고 境地가 높아짐		
凶作用	家業이 沈滯되어 變化를 하려고 해도 不可能. 不動産의 賣買나 移徙 等 이 不可能. 家族間의 不和 發生. 出家하여 山으로 避身하는 사람이 나옴.		

向星 ② 山星 9	出將入相, 女權, 巨富, 青霜寡婦, 短命, 惡瘡 科甲軍閥, 聰明, 功名, 火災吐血, 産厄, 盲人		地火明夷
吉凶作用			
吉作用	家內에 聰明한 사람이 나와서 出世함. 學問이나 知性이 出衆한 人物이 나옴. 藝術系統에 成功한 사람이 나옴. 抑鬱한 陋名이나 事件이 解決됨.		
凶作用	心臟病이나 눈의 異常[失明, 視力障碍, 眼疾 等] 發生. 離婚을 하거나 家庭不和 發生. 不動産 關聯 文書로 因한 財産의 損失 發生. 家內의 問題가 訟事로 連結됨.		

向星 ③ 山星 1	長男巨富, 才能, 事業, 盜賊亂動, 剋妻, 爭訟 智慧聰明, 出世, 文筆, 家庭不和, 酒色, 放蕩	雷水解
吉凶作用		
吉作用	高位職에 任命되거나 公薦을 받음. 昇進을 하고 名譽가 上昇됨. 子孫이 繁盛하고 法曹人이 나옴	
凶作用	秘密이 暴露되어 困難한 境遇가 發生. 盜賊이나 詐欺에 連累되어 困難함 發生. 豫期치 못한 不意의 事故 發生. 子女나 部下들로 因하여 困難함 發生.	

向星 ③ 山星 2	長男巨富, 才能, 事業, 盜賊亂動, 剋妻, 爭訟 出將入相, 女權, 巨富, 靑霜寡婦, 短命, 惡瘡	雷地豫
吉凶作用		
吉作用	新規 事業이나 새로운 일을 始作. 갑작스런 財産의 增加. 家內의 女性에게 名譽로운 일 發生.	
凶作用	갑작스런 事故 發生. 家內의 女性이 詐欺事件에 連累됨. 職場이나 職業에 困難함 發生. 家庭에서 口舌이나 言爭으로 不和 發生.	

向星 ③ 山星 3	長男巨富, 才能, 事業, 盜賊亂動, 剋妻, 爭訟	䷲	中震雷
吉凶作用			
吉作用	新規 事業이나 새로운 일을 始作. 選擧에 當選되거나 公薦 받음. 갑작스런 高位職의 發令이나 昇進.		
凶作用	選擧에 落選되거나 公薦을 받지 못함. 不意의 事故나 詐欺를 當함. 傳染病 發生.		

向星 ③ 山星 4	長男巨富, 才能, 事業, 盜賊亂動, 剋妻, 爭訟 科擧出世, 文豪, 美女, 淫蕩破産, 自殺, 中風	䷟	雷風恒
吉凶作用			
吉作用	新規事業의 發展과 새로 始作하는 것이 圓滑하게 進行. 選擧에 當選되고 公薦을 받음. 事業이 繁昌하고 交流가 活發해짐.		
凶作用	事業失敗나 詐欺 等으로 敗亡. 流浪者나 路宿者 生活을 하게 됨. 選擧나 公薦에 失敗함. 모든 去來가 成事되지 않음. 結婚이 成事되지 않거나 結婚生活이 破鏡에 이르게 됨.		

向星 ③ 山星 5	長男巨富, 才能, 事業, 盜賊亂動, 剋妻, 爭訟 奇人極貴, 禪師, 王侯, 淫亂官災, 昏迷, 傷人	雷戊己

吉凶作用		
吉作用	創業者가 되거나 强力한 힘을 가진 高位職이 오르게 됨. 갑작스런 出世를 하거나 富者가 됨. ※5運 以外의 運에서는 吉한 作用을 期待가 어려움.	
凶作用	交通事故 等 갑작스런 事故 發生. 公薦, 當選, 昇進이 되지 않고 名譽의 損傷. 口舌是非로 言爭이나 訴訟을 하게 됨. 詐欺나 賭博에 連累됨. 秘密스럽게 進行하던 일이 暴露되어 困難함 發生. 肝이나 膽에 疾病 發生.	

向星 ③ 山星 6	長男巨富, 才能, 事業, 盜賊亂動, 剋妻, 爭訟 財山人海, 陰德, 功勳, 剋妻孤獨, 貧窮, 奢侈	雷天大壯

吉凶作用		
吉作用	높은 地位에 오를 수 있음. 새로 始作한 일들이 成功함. 選出職[國會議員 等]에 公薦을 받음.	
凶作用	事故나 官災를 當하거나 甚하면 自殺을 하는 境遇 發生. 新規 事業이나 事業 擴張 等 모두 失敗. 윗사람이나 職場 上司로 因한 被害를 當함. 父子之間에 不和 發生.	

| 向星 ③
山星 7 | 長男巨富, 才能, 事業, 盜賊亂動, 剋妻, 爭訟
巨富得名, 武將, 興家, 盜賊橫死, 火災, 賤職 | 雷澤歸妹 |

吉凶作用		
吉作用	藝能系統이나 藝術系統에서 出世함. 橫財를 하는 境遇 發生.	
凶作用	手術을 하는 境遇가 發生하거나 事故를 當함. 異性問題나 지나친 遊興으로 因한 問題 發生. 口舌是非 發生.	

| 向星 ③
山星 8 | 長男巨富, 才能, 事業, 盜賊亂動, 剋妻, 爭訟
富貴忠義, 長壽, 孝心, 少年損傷, 抱病, 瘡腫 | 雷山小過 |

吉凶作用		
吉作用	思想家나 文章家로 뛰어난 人物이 나옴. 分讓 받기 어려운 아파트나 宅地 等을 分讓받아 큰 利益 發生. 父母의 財産을 相續 받을 수 있음. 貴한 子女를 얻음.	
凶作用	不動産과 關聯된 財産 損失 發生. 兄弟間이나 家族間에 不和 發生. 新規 事業이나 變化가 不可能. 相續問題 發生. 健康하지 않은 사람은 死亡할 수 있음.	

向星 ③ 山星 9	長男巨富, 才能, 事業, 盜賊亂動, 剋妻, 爭訟 科甲軍閥, 聰明, 功名, 火災吐血, 産厄, 盲人	雷火豊
吉凶作用		
吉作用	試驗에 合格하거나 選擧에 當選되고, 公薦을 받거나 昇進이 됨. 새로운 領域에서 出世 하거나 成功함. 陋名에서 벗어나게 됨.	
凶作用	不法行爲로 因하여 裁判을 받게 됨. 文書나 印鑑에 關聯된 詐欺를 當하거나 詐欺에 連累됨. 訴訟에서 敗하게 됨. 選擧나 公薦에서 脫落함.	

向星 ④ 山星 1	科擧出世, 文豪, 美女, 淫蕩破産, 自殺, 中風 智慧聰明, 出世, 文筆, 家庭不和, 酒色, 放蕩	風水渙
吉凶作用		
吉作用	試驗合格, 地位上昇. 좋은 配偶者와 結婚. 財産이 增加되어 富者가 됨.	
凶作用	酒色雜技로 敗家亡身함. 事業失敗로 信用不良者가 됨. 放浪者나 路宿者 生活을 하게 됨. 結婚이 成事되지 않거나 結婚生活이 破鏡에 이르게 됨. 試驗에 不合格 됨.	

向星 ④ 山星 ❷	科擧出世, 文豪, 美女, 淫蕩破産, 自殺, 中風 出將入相, 女權, 巨富, 靑霜寡婦, 短命, 惡瘡	䷓	風地觀
吉凶作用			
吉作用	生業이 發展을 함. 職場에서 昇進을 함. 結婚을 하여 家庭을 이루게 됨.		
凶作用	生業에 支障이 發生. 不動産 賣買에 困難함 發生. 家出하는 사람이 생김.		

向星 ④ 山星 ❸	科擧出世, 文豪, 美女, 淫蕩破産, 自殺, 中風 長男巨富, 才能, 事業, 盜賊亂動, 剋妻, 爭訟	䷩	風雷益
吉凶作用			
吉作用	新規事業의 發展 等 새로 始作하는 것이 圓滑하게 됨. 選擧에 當選되고 公薦을 받을 수 있음. 事業이 繁昌하고 좋은 사람들과 交流가 旺盛해짐.		
凶作用	傳染病이나 뜻밖의 事故를 當함. 詐欺를 當하거나 事業失敗로 信用不良者가 됨. 放浪者나 路宿者 生活을 하게 됨. 選擧나 公薦에 失敗하고 모든 去來가 成事되지 않음. 結婚生活이 破鏡에 이르게 됨.		

向星 ④ 山星 **4**	科擧出世, 文豪, 美女, 淫蕩破産, 自殺, 中風		巽爲風
吉凶作用			
吉作用	좋은 配偶者와 結婚함. 特히 女性의 경우 學者로서 名聲을 얻게 됨. 司法試驗이나 行政考試에 合格.		
凶作用	結婚이 成事되지 않거나 結婚生活이 破鏡에 이르게 됨. 家出하는 사람이 나옴. 試驗에 不合格. 모든 去來가 成事되지 않음.		

向星 ④ 山星 **5**	科擧出世, 文豪, 美女, 淫蕩破産, 自殺, 中風 奇人極貴, 禪師, 王侯, 淫亂官災, 昏迷, 傷人		風戊己
吉凶作用			
吉作用	한 門派의 中心人物이 되거나 學者로서 名聲을 얻게 됨. 女丈夫가 나오게 됨. ※<4+5>의 組合은 4運과 5運에만 吉한 作用이 있고, 나머지 運에서는 吉한 作用을 期待하기 어려움.		
凶作用	事業에 失敗하거나 財政破綻 發生. 結婚에 失敗하거나 婦人의 家出 및 喪妻. 證券 및 賭博으로 敗亡. 試驗에 不合格하고, 모든 去來가 깨짐. 肝癌, 乳房癌, 中風, 神經疾患 等의 重症 疾病 發生. ※4가 意味하는 모든 것들이 다 凶하게 作用.		

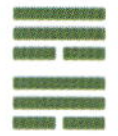

| 向星 ④
山星 6 | 科擧出世, 文豪, 美女, 淫蕩破産, 自殺, 中風
財山人海, 陰德, 功勳, 剋妻孤獨, 貧窮, 奢侈 | 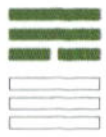 風天小畜 |

| 吉凶作用 |||

| 吉
作
用 | 事業이 擴張되고, 하는 일들이 圓滑하게 進行됨.
投資나 投機로 큰 利益 發生.
貴人의 도움으로 發展하게 됨. |

| 凶
作
用 | 官災를 當하거나 事故 發生.
投資나 投機로 因하여 큰 損失 發生.
윗사람이나 職場 上司와의 不和로 苦痛이 發生. |

| 向星 ④
山星 7 | 科擧出世, 文豪, 美女, 淫蕩破産, 自殺, 中風
巨富得名, 武將, 興家, 盜賊橫死, 火災, 賤職 |  風澤中孚 |

| 吉凶作用 |||

| 吉
作
用 | 演藝界나 藝術系統에서 名聲을 날리게 됨.
高位官職에 進出.
對人關係 活發. |

| 凶
作
用 | 酒色雜技로 敗家亡身.
對人關係가 나빠지고 사귀던 사람과 離別.
金錢 去來가 깨어져서 損失 發生. |

向星 ④ 山星 8	科擧出世, 文豪, 美女, 淫蕩破産, 自殺, 中風 富貴忠義, 長壽, 孝心, 少年損傷, 抱病, 瘡腫		風山漸
吉凶作用			
吉作用	山이나 林野 아파트 等 큰 規模의 不動産으로 富者가 됨. 많은 相續을 받을 수 있음. 僧侶 等 修道生活을 하는 修行者가 뜻을 이룸. 願하는 變化나 變動이 모두 이루어짐.		
凶作用	不動産으로 因하여 많은 財産의 損失 發生. 家族間의 不和가 發生하는데, 特히 兄弟之間에 더욱 深刻함. 願하는 變化나 變動이 되지 않아서 困難함 發生. 子女出産이 어렵고 重症 患者는 死亡할 수 있음.		

向星 ④ 山星 9	科擧出世, 文豪, 美女, 淫蕩破産, 自殺, 中風 科甲軍閥, 聰明, 功名, 火災吐血, 産厄, 盲人		風火家人
吉凶作用			
吉作用	事業에 成功하고 뛰어난 學者 輩出. 좋은 相對와 結婚을 하는 慶事가 생김. 裁判이나 訟事에서 勝訴. 官職에서 昇進하는 慶事가 생김.		
凶作用	裁判에 휘말리거나 訴訟에서 敗함. 離婚 訴訟을 當하여 離別을 하게 됨. 特히 女性의 放蕩함과 奢侈로 因하여 問題가 發生. 客死를 當하거나 凶事를 當함. 性急한 判斷으로 事業上의 損害 發生.		

向星 ⑤ 山星 1	奇人極貴, 禪師, 王侯, 淫亂官災, 昏迷, 傷人 智慧聰明, 出世, 文筆, 家庭不和, 酒色, 放蕩	戊己水
吉凶作用		
吉作用	修行者는 높은 境地에 오르게 됨. 子孫 中에서 高官이나 法官 等 큰 人物이 나오게 됨.	
凶作用	子孫 中에서 低能兒가 나옴. 淫亂한 行爲로 因하여 困境에 처하게 됨. 盜賊이 侵入하거나 竊盜에 連累됨. 隱密하게 進行하던 일에 큰 어려움 發生. 重症의 患者는 死亡할 수도 있음.	

向星 ⑤ 山星 2	奇人極貴, 禪師, 王侯, 淫亂官災, 昏迷, 傷人 出將入相, 女權, 巨富, 靑霜寡婦, 短命, 惡瘡	戊己地
吉凶作用		
吉作用	아파트, 住宅 等으로 財産 增加. 强力한 힘을 가진 中心的인 人物 輩出. 法官이 輩出되거나 高位職에 오르게 됨.	
凶作用	不治病이나 癌 等의 重病으로 苦生하거나 死亡함. 寡婦나 홀아비가 됨. 家庭破綻, 財政的인 問題 發生. 不動産 投機 等으로 큰 損害 發生. 失業者가 되거나 就業이 不可能.	

向星 ⑤ 山星 3	奇人極貴, 禪師, 王侯, 淫亂官災, 昏迷, 傷人 長男巨富, 才能, 事業, 盜賊亂動, 剋妻, 爭訟	戊己雷
吉凶作用		
吉作用	創業者가 되거나 强力한 힘을 가진 高位職에 오르게 됨. 벼락 出世를 하거나 벼락 富者가 됨.	
凶作用	交通事故 等 갑작스러운 事故를 當함. 公薦, 當選, 昇進이 되지 않고 名譽가 損傷됨. 口舌是非 等으로 言爭이 發生하고, 甚하면 官災로 擴大. 詐欺賭博에 連累되거나 秘密스럽게 進行하던 일이 暴露되어 困難함을 當함. 肝이나 膽에 疾病이 發生.	

向星 ⑤ 山星 4	奇人極貴, 禪師, 王侯, 淫亂官災, 昏迷, 傷人 科擧出世, 文豪, 美女, 淫蕩破産, 自殺, 中風	戊己風
吉凶作用		
吉作用	學問으로 크게 出世하는 人物 輩出. 한 家門의 中心人物이 됨. 女丈夫가 나오게 됨.	
凶作用	事業失敗나 財政的인 問題 發生. 結婚이 成事되지 않거나 結婚生活이 破鏡에 이르게 됨. 婦人의 家出 및 喪妻. 證券 및 賭博으로 敗亡. 試驗에 不合格. 모든 去來가 깨어짐. 肝癌, 乳房癌, 中風, 神經疾患 等의 疾病이 發生.	

<table>
<tr><td>向星 ⑤
山星 5</td><td colspan="2">奇人極貴, 禪師, 王侯, 淫亂官災, 昏迷, 傷人</td><td>☯
☯</td><td>戊己戊己</td></tr>
<tr><td colspan="5">吉凶作用</td></tr>
<tr><td>吉作用</td><td colspan="4">大統領에 準하는 큰 人物 輩出.
財閥級에 該當하는 富者가 나옴.
※5運에 合局이 되었을 때만 吉한 作用 發生.</td></tr>
<tr><td>凶作用</td><td colspan="4">天災地變이나 엄청난 災難을 當하여 死亡者가 연달아 發生.
重한 病으로 苦生하거나 甚하면 死亡.
官災나 訴訟을 當함.</td></tr>
</table>

<table>
<tr><td>向星 ⑤
山星 6</td><td colspan="2">奇人極貴, 禪師, 王侯, 淫亂官災, 昏迷, 傷人
財山人海, 陰德, 功勳, 剋妻孤獨, 貧窮, 奢侈</td><td>☯
☰</td><td>戊己天</td></tr>
<tr><td colspan="5">吉凶作用</td></tr>
<tr><td>吉作用</td><td colspan="4">權力이 있는 高官이 나오게 됨.
큰 富者가 나오게 됨.
※5運에만 合局이 된 境遇에 該當.</td></tr>
<tr><td>凶作用</td><td colspan="4">官災나 訴訟을 當하게 됨.
땅 投機나 證券投機로 因하여 亡함.
投資나 事業 擴張으로 敗亡.
職場 上司나 윗사람으로 부터 큰 被害를 當함.
男便에게 問題 發生.
事故를 當하거나 自殺을 하게 됨.
似而非 宗教에 빠지게 됨.</td></tr>
</table>

<table>
<tr><td>向星 ⑤
山星 7</td><td>奇人極貴, 禪師, 王侯, 淫亂官災, 昏迷, 傷人
巨富得名, 武將, 興家, 盜賊橫死, 火災, 賤職</td><td></td><td>戊己澤</td></tr>
<tr><td colspan="4">吉凶作用</td></tr>
<tr><td>吉作用</td><td colspan="3">큰 富者가 됨.
醫師, 檢查, 外交官, 武官 等을 輩出.
※5運에 合局이 된 境遇에 該當.</td></tr>
<tr><td>凶作用</td><td colspan="3">酒色雜技로 敗家亡身.
事故나 手術을 必要로 하는 일 發生.
食中毒 等 毒에 의한 被害 發生.</td></tr>
</table>

<table>
<tr><td>向星 ⑤
山星 8</td><td>奇人極貴, 禪師, 王侯, 淫亂官災, 昏迷, 傷人
富貴忠義, 長壽, 孝心, 少年損傷, 抱病, 瘡腫</td><td></td><td>戊己山</td></tr>
<tr><td colspan="4">吉凶作用</td></tr>
<tr><td>吉作用</td><td colspan="3">不動産 等으로 큰 富者가 됨.
僧侶, 道人 等 修道人으로 큰 人物이 나옴.</td></tr>
<tr><td>凶作用</td><td colspan="3">山이나 建物 等 큰 不動産으로 因하여 財産 損失 發生.
親戚이나 兄弟間의 不和 發生.
變化나 變動을 하려다 失敗함.
鬼神이나 雜神 等으로 因하여 苦痛을 當함.</td></tr>
</table>

| 向星 ⑤
山星 9 | 奇人極貴, 禪師, 王侯, 淫亂官災, 昏迷, 傷人
科甲軍閥, 聰明, 功名, 火災吐血, 産厄, 盲人 |  戊己火 |

| 吉凶作用 |

| 吉作用 | 高位職에 오르거나 크게 出世함.
學者로서 크게 名聲을 떨치는 人物 輩出.
宗敎界에서 크게 名聲을 떨치는 人物 輩出.
※9運에 合局이 된 境遇에 該當. |

| 凶作用 | 毒藥에 의한 被害를 當함.
官災를 當하거나 訴訟을 當하고 裁判에서 敗함.
文書나 印鑑에 關聯된 詐欺를 當함. |

| 向星 ⑥
山星 1 | 財山人海, 陰德, 功勳, 剋妻孤獨, 貧窮, 奢侈
智慧聰明, 出世, 文筆, 家庭不和, 酒色, 放蕩 | 天水訟 |

| 吉凶作用 |

| 吉作用 | 學者나 思想家로 名聲을 떨치는 人物 輩出.
크게 出世하거나 高位職에 오르는 人物 輩出.
事業이 擴張되고, 投資나 智慧를 利用하여 큰 富者가 됨. |

| 凶作用 | 色情問題나 盜賊에 連累되거나 이로 因한 官災가 發生.
머리나 腦 쪽에 異常 發生.
投機나 投資 또는 事業 擴張으로 因하여 큰 損失 發生.
큰 事故나 싸움이 일어남. |

向星 ⑥ 山星 ❷	財山人海, 陰德, 功勳, 剋妻孤獨, 貧窮, 奢侈 出將入相, 女權, 巨富, 靑霜寡婦, 短命, 惡瘡	天地否

吉凶作用	
吉作用	좋은 職場에 就職 可能. 生業이나 不動産 等으로 財産 蓄積. 職場에서 上司의 補助를 받음.
凶作用	投機나 投資 또는 事業擴張으로 因하여 財産上의 損失이 發生하고 이로 因하여 官災로 發展. 職場에 上司나 業務的으로 問題 發生. 家庭不和가 發生하고 事故를 當함. 似而非 宗敎에 빠지기 쉬움.

向星 ⑥ 山星 ❸	財山人海, 陰德, 功勳, 剋妻孤獨, 貧窮, 奢侈 長男巨富, 才能, 事業, 盜賊亂動, 剋妻, 爭訟	天雷无妄

吉凶作用	
吉作用	높은 官職에 오를 수 있음. 새로 始作한 일들이 成功함.
凶作用	事故나 官災를 當하거나 甚하면 自殺을 하는 境遇 發生. 新規事業, 事業擴張 等으로 失敗. 父子之間이나 職場의 上司와 甚한 言爭으로 不利益을 當함.

向星 ⑥ 山星 ❹	財山人海, 陰德, 功勳, 剋妻孤獨, 貧窮, 奢侈 科擧出世, 文豪, 美女, 淫蕩破産, 自殺, 中風	天風姤
吉凶作用		
吉作用	事業 擴張으로 成功. 投資나 投機로 큰 利益 發生. 貴人의 補助로 發展.	
凶作用	官災를 當하거나 事故를 當함. 投資나 投機로 因하여 큰 損失 發生. 윗사람이나 上司와 不和로 不利益을 發生.	

向星 ⑥ 山星 ❺	財山人海, 陰德, 功勳, 剋妻孤獨, 貧窮, 奢侈 奇人極貴, 禪師, 王侯, 淫亂官災, 昏迷, 傷人	天戊己
吉凶作用		
吉作用	權力이 있는 高官 輩出. 큰 富者가 나오게 됨. ※5運에 合局이 된 境遇에 該當.	
凶作用	官災나 訴訟을 當하게 됨. 땅 投機나 證券投機로 因하여 亡함. 投資나 事業 擴張으로 因하여 亡함. 男便에게 問題가 發生. 事故를 當하거나 自殺을 하게 됨. 似而非 宗教에 빠지게 됨.	

向星 ⑥ 山星 6	財山人海, 陰德, 功勳, 剋妻孤獨, 貧窮, 奢侈	乾爲天
吉凶作用		
吉作用	크게 出世하는 人物 輩出. 職場이나 家庭에서 貴人의 도움을 많이 받음. 投機나 投資로 因하여 많은 利益 發生.	
凶作用	訴訟이나 官災를 當하게 됨. 口舌是非로 警察署에 出入하는 일이 發生. 交通事故를 當하거나 自殺을 하게 됨. 配偶者가 死亡할 수 있음. 證券投機나 投資, 事業 擴張 等으로 큰 損失 發生.	

向星 ⑥ 山星 7	財山人海, 陰德, 功勳, 剋妻孤獨, 貧窮, 奢侈 巨富得名, 武將, 興家, 盜賊橫死, 火災, 賤職	天澤履
吉凶作用		
吉作用	檢查나 辯護士 輩出. 警察이나 鑑査員 等의 人物 輩出. 投資나 投機로 많은 財物 取得.	
凶作用	酒色雜技로 敗家亡身. 投機나 投資 또는 事業 擴張으로 因하여 財産上의 損失 發生. 큰 事故나 싸움이 發生하거나 强盜를 當함.	

| 向星 ⑥
山星 8 | 財山人海, 陰德, 功勳, 剋妻孤獨, 貧窮, 奢侈
富貴忠義, 長壽, 孝心, 少年損傷, 抱病, 瘡腫 |  | 天山遯 |

吉凶作用

吉作用	修行者 中에서 큰 人物 輩出. 不動産으로 많은 財物을 取得하여 큰 富者가 됨. 文武를 兼備한 큰 人物 輩出.

凶作用	不動産으로 큰 損害 發生. 親戚이나 兄弟間에 不和 發生. 子女를 出産하지 못하고 孤獨하게 됨.

| 向星 ⑥
山星 9 | 財山人海, 陰德, 功勳, 剋妻孤獨, 貧窮, 奢侈
科甲軍閥, 聰明, 功名, 火災吐血, 産厄, 盲人 | 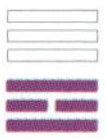 | 天火同人 |

吉凶作用

吉作用	富貴榮華를 누리며 慶事가 發生. 어려운 試驗에 合格. 貴人이나 職場上司의 補助를 받게 됨.

凶作用	訟事나 官災로 裁判을 받게 됨. 試驗에 不合格. 性急함으로 因하여 事故를 當함. 老人들은 더욱 衰弱해지고 不孝하는 子女가 나옴.

向星 ⑦ 山星 ❶	巨富得名, 武將, 興家, 盜賊橫死, 火災, 賤職 智慧聰明, 出世, 文筆, 家庭不和, 酒色, 放蕩	澤水困
吉凶作用		
吉作用	藝術이나 演藝界에서 成功. 좋은 異性交際가 이루어짐. 깨끗하고 正直하게 일하여 富者가 됨.	
凶作用	酒色雜技로 敗家亡身. 事故를 當하거나 手術을 하게 됨. 不姙이 되거나 子女에게 凶한 일들이 發生.	

向星 ⑦ 山星 ❷	巨富得名, 武將, 興家, 盜賊橫死, 火災, 賤職 出將入相, 女權, 巨富, 靑霜寡婦, 短命, 惡瘡	澤地萃
吉凶作用		
吉作用	橫財로 큰 富者가 됨. 辯護士, 藝術人, 演藝人 特히 歌手나 演技者 等으로 成功.	
凶作用	家庭不和 發生. 酒色雜技로 敗家亡身. 食中毒, 胃腸病이 생기거나 手術을 할 境遇가 發生. 刀劍 等의 凶器에 의한 事故가 發生.	

向星 ⑦ 山星 3	巨富得名, 武將, 興家, 盜賊橫死, 火災, 賤職 長男巨富, 才能, 事業, 盜賊亂動, 剋妻, 爭訟	澤雷隨
吉凶作用		
吉作用	藝能系統이나 藝術系統에서 出世하는 人物이 나옴. 橫財하는 境遇 發生.	
凶作用	事故를 當하거나 手術을 할 境遇가 發生. 異性問題나 지나친 遊興으로 放蕩한 일 發生. 口舌是非 發生.	

向星 ⑦ 山星 4	巨富得名, 武將, 興家, 盜賊橫死, 火災, 賤職 科擧出世, 文豪, 美女, 淫蕩破産, 自殺, 中風	澤風大過
吉凶作用		
吉作用	演藝系統이나 藝術系統으로 名聲을 얻게 됨. 高位 官職에 進出. 좋은 婚處와 結婚을 하거나 좋은 異性을 만나 交際 活發.	
凶作用	酒色雜技로 敗家亡身. 對人關係가 나빠지고 사귀는 사람과 離別함. 金錢 去來가 깨어져서 損失 發生.	

向星 ⑦ 山星 5	巨富得名, 武將, 興家, 盜賊橫死, 火災, 賤職 奇人極貴, 禪師, 王侯, 淫亂官災, 昏迷, 傷人		澤 戊 己
吉凶作用			
吉作用	큰 富者가 됨. 醫師, 檢査, 外交官, 武官 輩出. ※5運에 合局인 境遇에 該當.		
凶作用	酒色雜技로 敗家亡身. 事故나 手術을 必要로 하는 境遇 發生. 食中毒 等 毒에 의한 被害 發生. 色難을 當하고 愛人과 離別.		

向星 ⑦ 山星 6	巨富得名, 武將, 興家, 盜賊橫死, 火災, 賤職 財山人海, 陰德, 功勳, 剋妻孤獨, 貧窮, 奢侈		澤 天 夬
吉凶作用			
吉作用	法曹人[檢査나 辯護士] 輩出. 上官이나 貴人의 補助를 받음. 投資나 投機로 因하여 財産 增加.		
凶作用	酒色雜技로 敗家亡身. 投機나 投資 또는 事業 擴張으로 因하여 財産上의 損失이 發生. 큰 事故나 싸움이 생기고 强盜를 當함. 國家機關으로 因하여 困境을 當하거나 財産上의 損失 發生.		

向星 ⑦ 山星 7	巨富得名, 武將, 興家, 盜賊橫死, 火災, 賤職	 兌爲澤

	吉凶作用
吉作用	演藝界나 藝術界에서 크게 名聲을 날리게 됨. 主로 現金財産 蓄積. 醫術이나 易術系統에 큰 人物 輩出.
凶作用	火災 發生. 酒色雜技로 敗家亡身. 凶器에 다치거나 手術을 하는 境遇가 發生. 口舌是非로 因하여 困難함을 當함.

向星 ⑦ 山星 8	巨富得名, 武將, 興家, 盜賊橫死, 火災, 賤職 富貴忠義, 長壽, 孝心, 少年損傷, 抱病, 瘡腫	澤山咸

	吉凶作用
吉作用	法曹界[檢査・辯護士]에 큰 人物 輩出. 國家나 큰 團體에 諮問을 하는 名譽職에 進出. 現金과 不動産이 많은 큰 富者가 됨.
凶作用	어린 사람이 放蕩하여 本分을 妄覺함. 不動産이나 現金性 財産 蕩盡. 家族이나 兄弟間에 不和 發生. 다리나 關節을 다치거나 疾病 發生.

向星 ⑦ 山星 ❾	巨富得名, 武將, 興家, 盜賊橫死, 火災, 賤職 科甲軍閥, 聰明, 功名, 火災吐血, 産厄, 盲人	䷰	澤火革

吉凶作用

吉作用	司法考試에 合格하거나 法曹人으로 出世를 하게 됨. 좋은 婚處와 結婚을 하게 됨. 裁判에 勝訴하거나 陋名을 벗게 됨.
凶作用	裁判에 敗하거나 訟事를 當하게 됨. 異性과 離別. 酒色雜技로 敗家亡身. 火災로 因한 被害 發生.

向星 ⑧ 山星 ❶	富貴忠義, 長壽, 孝心, 少年損傷, 抱病, 瘡腫 智慧聰明, 出世, 文筆, 家庭不和, 酒色, 放蕩	䷃	山水蒙

吉凶作用

吉作用	不動産 等으로 財産 蓄積. 相續을 받게 됨. 段階別로 進級이나 昇進이 可能. 修行者[僧侶, 道人 等]가 높은 境地에 오름.
凶作用	不動産 賣買가 不可하거나 投資에 失敗함. 兄弟나 親戚들과의 不和 發生. 하는 일들에 困難함이 發生하고, 變化가 不可能. 收監되거나 重症 患者는 死亡할 수 있음. 溺死하거나 물로 因한 被害를 當할 수 있음.

向星 ⑧ 山星 2	富貴忠義, 長壽, 孝心, 少年損傷, 抱病, 瘡腫 出將入相, 女權, 巨富, 青霜寡婦, 短命, 惡瘡	山地剝
吉凶作用		
吉作用	相續을 받을 수 있음. 修行者는 修行하는 마음이 强해지고 높은 境地에 오르게 됨. 不動産으로 큰 富者가 됨.	
凶作用	住宅이나 田畓 等의 賣買나 移徙 等 必要한 變化가 不可能. 家族間의 不和 發生. 不動産 投資 失敗로 큰 損失 發生.	

向星 ⑧ 山星 3	富貴忠義, 長壽, 孝心, 少年損傷, 抱病, 瘡腫 長男巨富, 才能, 事業, 盜賊亂動, 剋妻, 爭訟	山雷頤
吉凶作用		
吉作用	思想家나 文章家로 뛰어난 人物 輩出. 分讓 받기 어려운 아파트나 宅地 等을 分讓받아 큰 利益을 봄. 相續을 받을 수 있음.	
凶作用	不動産 詐欺를 當하거나 不動産 問題로 因한 損害 發生. 新規事業이나 變化가 不可能. 相續問題로 困難함 發生.	

向星 ⑧ 山星 4	富貴忠義, 長壽, 孝心, 少年損傷, 抱病, 瘡腫 科擧出世, 文豪, 美女, 淫蕩破産, 自殺, 中風		山風蠱
吉凶作用			
吉作用	林野나 建物 等 큰 規模의 不動産으로 富者가 됨. 많은 相續을 받을 수 있음. 願하는 變化나 變動事項이 모두 이루어짐.		
凶作用	不動産으로 因하여 많은 財産의 損失 發生. 願하는 變化나 變動이 되지 않아서 困難함 發生. 兄弟間에 不和 發生. 어린아이들에게 事故 發生.		

向星 ⑧ 山星 5	富貴忠義, 長壽, 孝心, 少年損傷, 抱病, 瘡腫 奇人極貴, 禪師, 王侯, 淫亂官災, 昏迷, 傷人		山戊己
吉凶作用			
吉作用	不動産 等으로 큰 富者가 됨. 修行者는 높은 境地에 오르게 됨.		
凶作用	林野나 建物 等 큰 不動産으로 因하여 財産의 損害 發生. 變化나 變動으로 失敗함. 魂靈으로 因하여 苦痛을 當함. 兄弟나 親戚으로 因한 困難함 發生.		

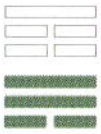

向星 ⑧ 山星 6	富貴忠義, 長壽, 孝心, 少年損傷, 抱病, 瘡腫 財山人海, 陰德, 功勳, 剋妻孤獨, 貧窮, 奢侈		山天大畜

吉凶作用	
吉作用	修行者는 높은 境地에 오르게 됨. 不動産 等으로 큰 富者가 됨. 文武를 兼備한 큰 人物 輩出.
凶作用	不動産으로 큰 損害를 當함. 遺産 相續이 不可能하게 되거나 相續받은 財産을 蕩盡함. 失踪者나 自殺者가 생김.

向星 ⑧ 山星 7	富貴忠義, 長壽, 孝心, 少年損傷, 抱病, 瘡腫 巨富得名, 武將, 興家, 盜賊橫死, 火災, 賤職		山澤損

吉凶作用	
吉作用	檢査나 辯護士 等으로 크게 成功. 不動産과 現金이 많은 財産家가 됨. 國家나 큰 團體에 諮問을 하는 名譽職에 進出.
凶作用	어린 사람이 放蕩하여 本分 妄覺. 不動産이나 現金性 財産 蕩盡. 兄弟間에 不和 發生. 異性因緣과 離別.

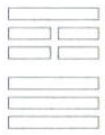

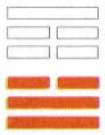

| 向星 ⑧
山星 8 | 富貴忠義, 長壽, 孝心, 少年損傷, 抱病, 瘡腫 | | 艮爲山 |

吉凶作用		
吉作用	不動産으로 因하여 큰 富者가 됨. 많은 遺産을 相續 받게 됨. 職場에서 昇進을 하거나 事業이 繁昌함.	
凶作用	不動産 投資를 잘못하여 財産의 損失 發生. 相續을 받지 못하거나 相續問題로 兄弟間에 다툼 發生. 事業이나 職場에서의 變化나 變動이 不可能.	

| 向星 ⑧
山星 9 | 富貴忠義, 長壽, 孝心, 少年損傷, 抱病, 瘡腫
科甲軍閥, 聰明, 功名, 火災吐血, 産厄, 盲人 | | 山火賁 |

吉凶作用		
吉作用	職場에서 昇進하게 됨. 좋은 婚處와 結婚이 成事됨. 財産이 蓄積되고 慶事스러운 일 發生. 相續을 받거나 家業을 물려받게 됨.	
凶作用	垈地, 林野, 建物 等의 書類나 許可上에 問題 發生. 非正常的인 생각으로 財産을 蕩盡함. 다리나 몸에 火傷을 입거나 집에 火災가 發生함. 昇進이 되지 않고 名譽가 損傷됨. 重症 患者는 死亡할 수 있음.	

| 向星 ⑨
山星 **1** | 科甲軍閥, 聰明, 功名, 火災吐血, 産厄, 盲人
智慧聰明, 出世, 文筆, 家庭不和, 酒色, 放蕩 |  火水未濟 |

吉凶作用

| 吉作用 | 特別 昇進이나 人事發令을 받게 되고, 名譽를 얻게됨.
學業成績이 向上되고 試驗에 合格함.
姙娠을 하거나 子女 出産의 慶事가 생김. |

| 凶作用 | 訴訟과 官災가 發生하여 裁判을 하게 됨.
火災나 불의 被害를 當할 수 있음.
離婚을 하거나 夫婦間에 不和 發生.
保證이나 文書로 因한 問題가 發生.
子孫으로 因하여 苦痛을 當하게 됨. |

| 向星 ⑨
山星 **2** | 科甲軍閥, 聰明, 功名, 火災吐血, 産厄, 盲人
出將入相, 女權, 巨富, 靑霜寡婦, 短命, 惡瘡 | 火地晋 |

吉凶作用

| 吉作用 | 家內에 學問이나 知性이 出衆한 人物이 나와 出世함.
藝術系統에서 成功.
抑鬱한 陋名이나 事件이 밝혀져서 解決됨. |

| 凶作用 | 눈에 疾患이나 心臟病이 發生함.
離婚을 하거나 夫婦間의 不和 發生.
잘못된 不動産 關聯 文書로 因하여 財産 損失 發生.
家庭의 問題가 訟事로 連結 됨. |

向星 ⑨ 山星 3	科甲軍閥, 聰明, 功名, 火災吐血, 産厄, 盲人 長男巨富, 才能, 事業, 盜賊亂動, 剋妻, 爭訟		火雷噬嗑
吉凶作用			
吉作用	試驗合格, 選擧當選, 公薦, 昇進 等의 慶事 發生. 새로운 領域에서 出世 하거나 成功함. 陋名에서 벗어나게 됨.		
凶作用	不法 行爲로 因하여 裁判을 받게 됨. 文書나 印鑑에 關聯된 詐欺를 當하거나 詐欺에 連累됨. 訴訟에서 敗하게 됨. 選擧나 公薦에서 脫落.		

向星 ⑨ 山星 4	科甲軍閥, 聰明, 功名, 火災吐血, 産厄, 盲人 科擧出世, 文豪, 美女, 淫蕩破産, 自殺, 中風		火風鼎
吉凶作用			
吉作用	裁判이나 訴訟에서 勝訴. 事業 繁昌. 좋은 婚處와 結婚을 하게 됨. 官職에서 昇進하고 學者로서 名聲을 얻게 됨.		
凶作用	裁判에 휘말리거나 裁判이나 訴訟에서 敗함. 事業 失敗. 特이 女性의 境遇 放蕩함과 奢侈로 因한 問題 發生. 客死나 凶事 發生.		

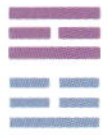

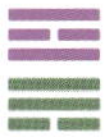

| 向星 ⑨
山星 5 | 科甲軍閥, 聰明, 功名, 火災吐血, 産厄, 盲人
奇人極貴, 禪師, 王侯, 淫亂官災, 昏迷, 傷人 | | 火戊己 |

吉凶作用

| 吉作用 | 크게 出世하거나 高位職에 오르게 됨.
宗敎界에서 크게 名聲을 날리게 됨.
※9運에 合局이 된 境遇에 該當. |

| 凶作用 | 毒藥에 依한 被害 發生.
官災를 當하거나 訴訟을 當하고 裁判에서 敗함.
文書나 印鑑을 잘못 使用해서 큰 被害 發生.
學業成績이 떨어지고 試驗에 不合格함.
中風이나 癡呆 發生. |

| 向星 ⑨
山星 6 | 科甲軍閥, 聰明, 功名, 火災吐血, 産厄, 盲人
財山人海, 陰德, 功勳, 剋妻孤獨, 貧窮, 奢侈 |  | 火天大有 |

吉凶作用

| 吉作用 | 富貴榮華를 누리며 큰 慶事가 생김.
貴人이나 職場의 上司의 補助를 받게 됨.
어려운 試驗에 合格. |

| 凶作用 | 訟事나 官災로 裁判을 받게 됨.
試驗에 不合格.
性急함으로 因한 事故 發生.
不孝하는 子女가 나옴. |

| 向星 ⑨
山星 7 | 科甲軍閥, 聰明, 功名, 火災吐血, 産厄, 盲人
巨富得名, 武將, 興家, 盜賊橫死, 火災, 賤職 | 火澤睽 |

吉凶作用

| 吉作用 | 司法考試에 合格하거나 法曹人으로 出世함.
좋은 婚處와 結婚을 하게 됨.
裁判에서 이기고 抑鬱한 陋名을 벗게 됨. |

| 凶作用 | 裁判에 敗하거나 訟事를 當함.
異性과 離別.
酒色雜技로 敗家亡身.
火災나 불에 依한 被害 發生.
藥物에 依한 被害가 發生. |

| 向星 ⑨
山星 8 | 科甲軍閥, 聰明, 功名, 火災吐血, 産厄, 盲人
富貴忠義, 長壽, 孝心, 少年損傷, 抱病, 瘡腫 | 火山旅 |

吉凶作用

| 吉作用 | 職場에서 昇進.
좋은 相對와 結婚하게 됨.
財産이 蓄積되고 名譽가 높아짐.
相續을 받거나 家業을 물려받음. |

| 凶作用 | 垈地, 林野, 建物 等에 書類나 許可上에 問題 發生.
非正常的인 생각으로 財産 蕩盡.
身體에 火傷을 입거나 住宅에 火災 發生.
重症 患者는 死亡할 수 있음. |

向星 ⑨ 山星 ❾	科甲軍閥, 聰明, 功名, 火災吐血, 産厄, 盲人	䷝	離爲火
吉凶作用			
吉作用	宗教系統이나 其他 仙道系統에서 큰 人物 輩出. 名品이나 奢侈品關聯 業種으로 큰 富者가 됨. 家內에 慶事가 계속 이어짐.		
凶作用	火傷이나 火災를 當하게 됨. 젊어서 喪妻하게 됨. 訴訟이나 裁判에 敗訴하고 罰을 받게 됨.		

제 3 부

玄空擇日曆
2009~2040
(32年間)

玄空擇日曆 使用法

1. 某年 某月 某日 某時에 山所를 쓰거나, 移葬을 하거나, 혹은 住宅을 建設할 境遇에 반드시 必要한 擇日法이다.
2. 本 擇日曆은 다음과 같은 構造로 만들어져 있다.

西紀 ①2011年 [辛卯]② 七赤金③

④1月(⑤己丑) ⑥九紫火			
陽曆	陰曆	日辰	紫白
1	27	丙辰	8
2	28	丁巳	7
3	29	戊午	6
4	⓬ ⑦	己未	5 ⑧
5	2	庚申	4
6	3	辛酉 ⑨	3
7	4	壬戌	2
8	5	癸亥 ⑩	1
9	6	甲子	1
10	7	乙丑	2
11	8	丙寅	3

2月(庚寅) 八白土			
陽曆	陰曆	日辰	紫白
1	29	丁亥	6
2	30	戊子	7
3	❶	己丑	8
4	2	庚寅	9
5	3	辛卯	1
6	4	壬辰	2
7	5	癸巳	3
8	6	甲午	4
9	7	乙未	5
10	8	丙申	6
11	9	丁酉	7

3月(辛卯) 七赤金			
陽曆	陰曆	日辰	紫白
1	27	乙卯	7
2	28	丙辰	8
3	29	丁巳	9
4	30	戊午	1
5	❷	己未	2
6	2	庚申	3
7	3	辛酉	4
8	4	壬戌	5
9	5	癸亥	6
10	6	甲子	7
11	7	乙丑	8

4	4	庚申	6
5	5	辛酉	7
6	6	壬戌	8
7	7 ⑪	癸亥	9
8	8	甲子 ⑫	9
9	9	乙丑	8
10	10	丙寅	7
11	11	丁卯	6

4	5	辛卯	9
5	6	壬辰	8
6	7	癸巳	7
7	8	甲午	6
8	9	乙未	5
9	10	丙申	4
10	11	丁酉	3
11	12	戊戌	2

4	7	壬戌	5
5	8	癸亥	4
6	9	甲子	3
7	10	乙丑	2
8	11	丙寅	1
9	12	丁卯	9
10	13	戊辰	8
11	14	己巳	7

①은 西紀의 年度이고, ②는 해당 年度의 干支이다.

③은 年紫白을 表示하고, ④는 陽曆의 月을 表示한다.

⑤는 月의 干支[月建]이고, ⑥은 月紫白이이다.

⑦은 陰曆이 시작되는 날이고, 표에서 ⓬는 陰曆 12月 1日이다.

⑧은 日紫白으로 매일의 正氣를 표시한 것으로 中宮에 숫자를 넣고 洛書의 운행법으로 排列하면 되며, ⑨는 節氣가 들어오는 날이다.

⑩은 日紫白의 順逆이 바뀌는 날을 表示한다. 표에서는 숫자 1이 두 번 나오는데 이것은 陰遁에서 陽遁으로 바뀌는 전환점이라는 것을 의미한다.

⑪은 節氣가 바뀌는 날이며, 日紫白의 順逆도 바뀌지만 節氣日과 겹쳐서 節氣를 위주로 表示했다.

⑫는 日紫白이 바뀌는 것을 의미하는데, 숫자 9가 두 번 나오는 것은 陽遁에서 陰遁으로 바뀌는 轉換點이라는 것을 의미한다.

3. 本 擇日曆을 바탕으로 삼고 날짜를 定하되 더욱 確實한 方法은 每年 出版되는 大韓民曆 중에서 日紫白이 표기된 것을 參考하는 것이 더욱 正確하다.
4. 年紫白과 月紫白을 作成하는 方法을 參考하여 正確한 擇日을 하도록 練習을 많이 해 두는 것이 誤謬를 줄이는 方法이다.
5. 本 擇日曆은 기존의 日紫白을 表記하는 方法에서 誤謬를 發見하고 모두 올바르게 修整을 한 것이다. 모 出版社에서 發行한 ○○萬歲曆을 檢討해 본 결과, 數年에 한 번씩 紫白이 變更되는 것을 補正하지 않고 그대로 표기하여 큰 誤謬를 發생시키고 있음을 알고 무척 놀랐는데, 다른 萬歲曆들도 그대로 그것을 바탕으로 삼고 製作되었음인지 같은 誤謬를 發生시키고 있는 것을 발견했다. 이러한 점을 잘 理解하고 使用하기 바란다. 그럼에도 불구하고 매년 發行되는 명문당의 大韓民曆은 誤謬를 수정하여 出版하는 것으로 보여서 함께 參考하여 보기를 권하는 것은 본 책자에서도 혹 있을지 모르는 誤謬를 방지하기 위해서이다.
6. 讀者의 理解를 돕기 위하여 太陽太陰曆의 誤差를 調節하는 方法에 대해서 說明을 한다. 이 方法을 잘 모르고 있는 경우가 많아

서 중요한 玄空法을 施行함에 있어서 자칫하면 誤謬를 범하여 본의 아니게 큰 믿음을 갖고서 의뢰한 사람에게 돌이킬 수 없는 被害를 줄 수가 있을까 念慮하는 까닭이다.

玄空擇日曆의 太陽太陰曆 調節 方法

九星은 陽遁[冬至-夏至]일 때 180日間 順行을 하고 陰遁[夏至-冬至]일 때 180日間 逆行을 한다. 陽遁과 陰遁이 교체되는 時期는 冬至나 夏至의 節氣日이 아니고 節氣日에서 가장 가까운 癸亥日에서 끝이 나고 甲子日에서 새로 시작이 된다.

1. 九宮의 日紫白 中宮數를 決定하는 法

가. 陽遁의 시작과 끝

冬至의 앞뒤에서 가장 가까운 甲子日이 陽遁의 첫째 날이 되고 中宮數는 1이 되고 2, 3, 4의 순으로 180日間 順行을 하고 마지막 180日 째의 癸亥日의 中宮數는 9가 된다.

나. 陰遁의 시작과 끝

夏至의 앞뒤에서 가장 가까운 甲子日이 陰遁의 첫째 날이 되고 中宮數는 9가 되고 8, 7, 6의 순으로 180日間 逆行을 하고 마지막 180日 째의 癸亥日의 中宮數는 1이 된다.

다. 11年 6個月마다 調節을 한다.

한국은 太陽太陰曆을 使用하고 있는데 太陽曆의 날짜와 節氣의 날짜를 附合시키기 위하여 11年 6個月마다 順逆이 변하는 時期에

60一을 추가하여 조절을 한다.

라. 陰遁에서 陽遁으로 변할 때 60日을 追加하여 調節하는 方法

陰遁은 夏至에서 시작하여 冬至에서 가까운 癸亥日까지 逆行을 하다가 甲子日부터 順行을 해야 하지만 逆行을 하는 期間이 30日이 더 追加되어 逆行의 日字가 210日이 되고, 陽遁으로 變化가 되어 順行을 하는 日字도 30日이 追加되어 210日이 된다.

예) 조절을 해야 하는 年度인 2008년 冬至기점의 境遇

2008年 陰遁의 期間인 5月 24日[甲子日]부터, 11月 19日[癸亥日]까지 180日에다가 30日間 더 逆行을 하여 12月 19日[癸巳日]에 끝이 나고, 12月 20日[甲午日]부터 陽遁으로 변하여 210日間 順行을 한다. 즉, 陰遁[逆行]에서 陽遁[順行]으로 변화되는 時期가 12月 19日[癸巳日-陰遁의 끝7]과 12月 20日[甲午日-陽遁의 始作7]이 된다.

마. 陽遁에서 陰遁으로 변할 때 60日을 追加하여 調節하는 方法

陽遁은 冬至에서 시작하여 夏至에서 가까운 癸亥日까지 順行을 하다가 甲子日부터 逆行을 해야 하지만, 順行을 하는 期間이 30日이 더 追加되어 順行의 日字가 210日이 되고, 陰遁으로 變化가 되어 逆行을 하는 日字도 30日이 追加되어 210日이 된다.

예) 조절을 해야 하는 年度인 2020年 夏至기점의 境遇

2020年 陽遁의 期間인 前年 11月 23日[甲子日]부터, 2020年 5月 20日[癸亥日]까지 180日間 順行을 한 期間에다 30日間 더 順行을 하여 6月 19日[癸巳日]에 끝이 나고, 6月 20日[甲午日]부터 陰

遁으로 변하여 210日間 逆行을 한다. 즉, 陽遁[順行]에서 陰遁[逆行]으로 變化되는 時期가 6月 19日[日紫白3]과 6月 20日[日紫白3]이 된다.

年紫白[年盤] 早見表

年度	1924	1925	1926	1927	1928	1929	1930	1931	1932	1933
中宮	4	3	2	1	9	8	7	6	5	4
太歲	甲子	乙丑	丙寅	丁卯	戊辰	己巳	庚午	辛未	壬申	癸酉
年度	1934	1935	1936	1937	1938	1939	1940	1941	1942	1943
中宮	3	2	1	9	8	7	6	5	4	3
太歲	甲戌	乙亥	丙子	丁丑	戊寅	己卯	庚辰	辛巳	壬午	癸未
年度	1944	1945	1946	1947	1948	1949	1950	1951	1952	1953
中宮	2	1	9	8	7	6	5	4	3	2
太歲	甲申	乙酉	丙戌	丁亥	戊子	己丑	庚寅	辛卯	壬辰	癸巳
年度	1954	1955	1956	1957	1958	1959	1960	1961	1962	1963
中宮	1	9	8	7	6	5	4	3	2	1
太歲	甲午	乙未	丙申	丁酉	戊戌	己亥	庚子	辛丑	壬寅	癸卯
年度	1964	1965	1966	1967	1968	1969	1970	1971	1972	1973
中宮	9	8	7	6	5	4	3	2	1	9
太歲	甲辰	乙巳	丙午	丁未	戊申	己酉	庚戌	辛亥	壬子	癸丑
年度	1974	1975	1976	1977	1978	1979	1980	1981	1982	1983
中宮	8	7	6	5	4	3	2	1	9	8
太歲	甲寅	乙卯	丙辰	丁巳	戊午	己未	庚申	辛酉	壬戌	癸亥
年度	1984	1985	1986	1987	1988	1989	1990	1991	1992	1993
中宮	7	6	5	4	3	2	1	9	8	7
太歲	甲子	乙丑	丙寅	丁卯	戊辰	己巳	庚午	辛未	壬申	癸酉
年度	1994	1995	1996	1997	1998	1999	2000	2001	2002	2003
中宮	6	5	4	3	2	1	9	8	7	6
太歲	甲戌	乙亥	丙子	丁丑	戊寅	己卯	庚辰	辛巳	壬午	癸未
年度	2004	2005	2006	2007	2008	2009	2010	2011	2012	2013
中宮	5	4	3	2	1	9	8	7	6	5
太歲	甲申	乙酉	丙戌	丁亥	戊子	己丑	庚寅	辛卯	壬辰	癸巳
年度	2014	2015	2016	2017	2018	2019	2020	2021	2022	2023
中宮	4	3	2	1	9	8	7	6	5	4
太歲	甲午	乙未	丙申	丁酉	戊戌	己亥	庚子	辛丑	壬寅	癸卯

月紫白[月盤] 早見表					
月	寅申巳亥 年	子午卯酉 年	辰戌丑未 年	起點日	陽曆
寅月	2	8	5	立春	2月初
卯月	1	7	4	驚蟄	3月初
辰月	9	6	3	淸明	4月初
巳月	8	5	2	立夏	5月初
午月	7	4	1	亡種	6月初
未月	6	3	9	小暑	7月初
申月	5	2	8	立秋	8月初
酉月	4	1	7	白露	9月初
戌月	3	9	6	寒露	10月初
亥月	2	8	5	立冬	11月初
子月	1	7	4	大雪	12月初
丑月	9	6	3	小寒	1月初

※寅申巳亥의 해의 寅月에는 中宮의 숫자가 2가 되고, 子午卯酉의 해에 寅月은 中宮의 숫자가 8이 된다. 이렇게 살펴서 대입을 하면 月의 紫白을 찾을 수가 있는데, 자칫하며 錯誤를 일으킬 수도 있으므로 擇日曆을 참고하여 誤謬가 없도록 注意하는 것이 重要하다.

時盤 作成表 [陽遁]												
時支 / 日支	子	丑	寅	卯	辰	巳	午	未	申	酉	戌	亥
寅申巳亥	7	8	9	1	2	3	4	5	6	7	8	9
子午卯酉	1	2	3	4	5	6	7	8	9	1	2	3
辰戌丑未	4	5	6	7	8	9	1	2	3	4	5	6

時盤 作成表 [陰遁]												
時支 / 日支	子	丑	寅	卯	辰	巳	午	未	申	酉	戌	亥
寅申巳亥	3	2	1	9	8	7	6	5	4	3	2	1
子午卯酉	9	8	7	6	5	4	3	2	1	9	8	7
辰戌丑未	6	5	4	3	2	1	9	8	7	6	5	4

※ 表를 보는 方法

陽遁[冬至무렵부터 夏至무렵까지]에서 寅申巳亥의 日辰에 巳時의 中宮은 3이 되고, 子午卯酉의 日辰에는 6이 되며, 辰戌丑未의 日辰에는 9가 된다. 또 陰遁[夏至무렵에서 冬至무렵까지]에서 巳時의 中宮을 보려면, 寅申巳亥의 日辰에서는 7이 되고, 子午卯酉의 日辰이면 4가 되며, 辰戌丑未의 日辰이면 1이 된다.

참고로 숫자의 배열이 맞는지를 확인하는 方法은 陽遁 亥日의 亥時가 9가 되면 다음 날인 子日의 時柱인 子時는 1이 되는 것이 올바른 순서이다. 또 陰遁의 경우에는 亥日의 亥時에 1이 되므로 다음날에 해당하는 子日의 子時는 逆行으로 進行이 되므로, 中宮의 숫자는 9가 되는 것이 올바르다. 이러한 것을 알고 있으면 혹시라도 誤謬를 미연에 방지할 수가 있을 것이다.

■時盤을 適用하는 方法 [놀라운 현공풍수 참조]

만약 移葬을 할 날을 2011年 陰曆 11月 16日로 決定을 하였으면 하관(下棺)을 하는데 가장 좋은 時間을 정해야 한다.

陰曆 11月 16日의 日辰은 萬歲曆을 보면 己亥日이 되고 陰遁으로 진행이 되고 있음을 알 수 있으며, 위의 時盤 作成表를 參考하면 된다.

陰遁 亥日의 巳時 飛星盤

8	4	6
7	**9**	2
3	5	1

陰遁 亥日의 卯時 飛星盤

6	2	4
5	**7**	9
1	3	8

陰遁 己亥日의 卯時는 中宮에 9가 들어가고 巳時에는 中宮에 7이 들어가므로 亥坐巳向으로 移葬을 할 때에 向宮과 坐宮에 좋은 氣가 있음을 알 수 있다.

卯時도 좋은 時間이기는 하지만, 새벽 5時 30分~7時 30分이 되는데, 이렇게 이른 時間에는 移葬 作業을 하기 어렵기 때문에 巳時를 選擇하는 것이 좋다.

結論적으로 亥坐巳向 下卦로 2011年 陰曆 11月 16日에 移葬을 하려고 할 때는 巳時[09:30~11:30]에 하는 것이 좋다는 것을 알 수 있다.

西紀 2009年 [己丑] 九紫火

1月(乙丑) 六白金

陽曆	陰曆	日辰	紫白
1	6	丙午	1
2	7	丁未	2
3	8	戊申	3
4	9	己酉	4
5	10	庚戌	5
6	11	辛亥	6
7	12	壬子	7
8	13	癸丑	8
9	14	甲寅	9
10	15	乙卯	1
11	16	丙辰	2
12	17	丁巳	3
13	18	戊午	4
14	19	己未	5
15	20	庚申	6
16	21	辛酉	7
17	22	壬戌	8
18	23	癸亥	9
19	24	甲子	1
20	25	乙丑	2
21	26	丙寅	3
22	27	丁卯	4
23	28	戊辰	5
24	29	己巳	6
25	30	庚午	7
26	❶	辛未	8
27	2	壬申	9
28	3	癸酉	1
29	4	甲戌	2
30	5	乙亥	3
31	6	丙子	4

2月(丙寅) 五黃土

陽曆	陰曆	日辰	紫白
1	7	丁丑	5
2	8	戊寅	6
3	9	己卯	7
4	10	庚辰	8
5	11	辛巳	9
6	12	壬午	1
7	13	癸未	2
8	14	甲申	3
9	15	乙酉	4
10	16	丙戌	5
11	17	丁亥	6
12	18	戊子	7
13	19	己丑	8
14	20	庚寅	9
15	21	辛卯	1
16	22	壬辰	2
17	23	癸巳	3
18	24	甲午	4
19	25	乙未	5
20	26	丙申	6
21	27	丁酉	7
22	28	戊戌	8
23	29	己亥	9
24	30	庚子	1
25	❷	辛丑	2
26	2	壬寅	3
27	3	癸卯	4
28	4	甲辰	5

3月(丁卯) 四綠木

陽曆	陰曆	日辰	紫白
1	5	乙巳	6
2	6	丙午	7
3	7	丁未	8
4	8	戊申	9
5	9	己酉	1
6	10	庚戌	2
7	11	辛亥	3
8	12	壬子	4
9	13	癸丑	5
10	14	甲寅	6
11	15	乙卯	7
12	16	丙辰	8
13	17	丁巳	9
14	18	戊午	1
15	19	己未	2
16	20	庚申	3
17	21	辛酉	4
18	22	壬戌	5
19	23	癸亥	6
20	24	甲子	7
21	25	乙丑	8
22	26	丙寅	9
23	27	丁卯	1
24	28	戊辰	2
25	29	己巳	3
26	30	庚午	4
27	❸	辛未	5
28	2	壬申	6
29	3	癸酉	7
30	4	甲戌	8
31	5	乙亥	9

西紀 2009年 [己丑] 九紫火

4月(戊辰) 三碧木			
陽曆	陰曆	日辰	紫白
1	6	丙子	1
2	7	丁丑	2
3	8	戊寅	3
4	9	己卯	4
5	10	庚辰	5
6	11	辛巳	6
7	12	壬午	7
8	13	癸未	8
9	14	甲申	9
10	15	乙酉	1
11	16	丙戌	2
12	17	丁亥	3
13	18	戊子	4
14	19	己丑	5
15	20	庚寅	6
16	21	辛卯	7
17	22	壬辰	8
18	23	癸巳	9
19	24	甲午	1
20	25	乙未	2
21	26	丙申	3
22	27	丁酉	4
23	28	戊戌	5
24	29	己亥	6
25	❹	庚子	7
26	2	辛丑	8
27	3	壬寅	9
28	4	癸卯	1
29	5	甲辰	2
30	6	乙巳	3

5月(己巳) 二黑土			
陽曆	陰曆	日辰	紫白
1	7	丙午	4
2	8	丁未	5
3	9	戊申	6
4	10	己酉	7
5	11	庚戌	8
6	12	辛亥	9
7	13	壬子	1
8	14	癸丑	2
9	15	甲寅	3
10	16	乙卯	4
11	17	丙辰	5
12	18	丁巳	6
13	19	戊午	7
14	20	己未	8
15	21	庚申	9
16	22	辛酉	1
17	23	壬戌	2
18	24	癸亥	3
19	25	甲子	4
20	26	乙丑	5
21	27	丙寅	6
22	28	丁卯	7
23	29	戊辰	8
24	❺	己巳	9
25	2	庚午	1
26	3	辛未	2
27	4	壬申	3
28	5	癸酉	4
29	6	甲戌	5
30	7	乙亥	6
31	8	丙子	7

6月(庚午) 一白水			
陽曆	陰曆	日辰	紫白
1	9	丁丑	8
2	10	戊寅	9
3	11	己卯	1
4	12	庚辰	2
5	13	辛巳	3
6	14	壬午	4
7	15	癸未	5
8	16	甲申	6
9	17	乙酉	7
10	18	丙戌	8
11	19	丁亥	9
12	20	戊子	1
13	21	己丑	2
14	22	庚寅	3
15	23	辛卯	4
16	24	壬辰	5
17	25	癸巳	6
18	26	甲午	7
19	27	乙未	8
20	28	丙申	9
21	29	丁酉	1
22	30	戊戌	2
23	윤5	己亥	3
24	2	庚子	4
25	3	辛丑	5
26	4	壬寅	6
27	5	癸卯	7
28	6	甲辰	8
29	7	乙巳	9
30	8	丙午	1

西紀 2009年 [己丑] 九紫火

7月(辛未) 九紫火				8月(壬申) 八白土				9月(癸酉) 七赤金			
陽曆	陰曆	日辰	紫白	陽曆	陰曆	日辰	紫白	陽曆	陰曆	日辰	紫白
1	9	丁未	2	1	11	戊寅	4	1	13	己酉	9
2	10	戊申	3	2	12	己卯	3	2	14	庚戌	8
3	11	己酉	4	3	13	庚辰	2	3	15	辛亥	7
4	12	庚戌	5	4	14	辛巳	1	4	16	壬子	6
5	13	辛亥	6	5	15	壬午	9	5	17	癸丑	5
6	14	壬子	7	6	16	癸未	8	6	18	甲寅	4
7	15	癸丑	8	7	17	甲申	7	7	19	乙卯	3
8	16	甲寅	9	8	18	乙酉	6	8	20	丙辰	2
9	17	乙卯	1	9	19	丙戌	5	9	21	丁巳	1
10	18	丙辰	2	10	20	丁亥	4	10	22	戊午	9
11	19	丁巳	3	11	21	戊子	3	11	23	己未	8
12	20	戊午	4	12	22	己丑	2	12	24	庚申	7
13	21	己未	5	13	23	庚寅	1	13	25	辛酉	6
14	22	庚申	6	14	24	辛卯	9	14	26	壬戌	5
15	23	辛酉	7	15	25	壬辰	8	15	27	癸亥	4
16	24	壬戌	8	16	26	癸巳	7	16	28	甲子	3
17	25	癸亥	9	17	27	甲午	6	17	29	乙丑	2
18	26	甲子	9	18	28	乙未	5	18	30	丙寅	1
19	27	乙丑	8	19	29	丙申	4	19	❽	丁卯	9
20	28	丙寅	7	20	❼	丁酉	3	20	2	戊辰	8
21	29	丁卯	6	21	2	戊戌	2	21	3	己巳	7
22	❻	戊辰	5	22	3	己亥	1	22	4	庚午	6
23	2	己巳	4	23	4	庚子	9	23	5	辛未	5
24	3	庚午	3	24	5	辛丑	8	24	6	壬申	4
25	4	辛未	2	25	6	壬寅	7	25	7	癸酉	3
26	5	壬申	1	26	7	癸卯	6	26	8	甲戌	2
27	6	癸酉	9	27	8	甲辰	5	27	9	乙亥	1
28	7	甲戌	8	28	9	乙巳	4	28	10	丙子	9
29	8	乙亥	7	29	10	丙午	3	29	11	丁丑	8
30	9	丙子	6	30	11	丁未	2	30	12	戊寅	7
31	10	丁丑	5	31	12	戊申	1				

西紀 2009年 [己丑] 九紫火

10月(甲戌) 六白金				11月(乙亥) 五黃土				12月(丙子) 四綠木			
陽曆	陰曆	日辰	紫白	陽曆	陰曆	日辰	紫白	陽曆	陰曆	日辰	紫白
1	13	己卯	6	1	15	庚戌	2	1	15	庚辰	8
2	14	庚辰	5	2	16	辛亥	1	2	16	辛巳	7
3	15	辛巳	4	3	17	壬子	9	3	17	壬午	6
4	16	壬午	3	4	18	癸丑	8	4	18	癸未	5
5	17	癸未	2	5	19	甲寅	7	5	19	甲申	4
6	18	甲申	1	6	20	乙卯	6	6	20	乙酉	3
7	19	乙酉	9	7	21	丙辰	5	7	21	丙戌	2
8	20	丙戌	8	8	22	丁巳	4	8	22	丁亥	1
9	21	丁亥	7	9	23	戊午	3	9	23	戊子	9
10	22	戊子	6	10	24	己未	2	10	24	己丑	8
11	23	己丑	5	11	25	庚申	1	11	25	庚寅	7
12	24	庚寅	4	12	26	辛酉	9	12	26	辛卯	6
13	25	辛卯	3	13	27	壬戌	8	13	27	壬辰	5
14	26	壬辰	2	14	28	癸亥	7	14	28	癸巳	4
15	27	癸巳	1	15	29	甲子	6	15	29	甲午	3
16	28	甲午	9	16	30	乙丑	5	16	⓫	乙未	2
17	29	乙未	8	17	❿	丙寅	4	17	2	丙申	1
18	❾	丙申	7	18	2	丁卯	3	18	3	丁酉	9
19	2	丁酉	6	19	3	戊辰	2	19	4	戊戌	8
20	3	戊戌	5	20	4	己巳	1	20	5	己亥	7
21	4	己亥	4	21	5	庚午	9	21	6	庚子	6
22	5	庚子	3	22	6	辛未	8	22	7	辛丑	5
23	6	辛丑	2	23	7	壬申	7	23	8	壬寅	4
24	7	壬寅	1	24	8	癸酉	6	24	9	癸卯	3
25	8	癸卯	9	25	9	甲戌	5	25	10	甲辰	2
26	9	甲辰	8	26	10	乙亥	4	26	11	乙巳	1
27	10	乙巳	7	27	11	丙子	3	27	12	丙午	9
28	11	丙午	6	28	12	丁丑	2	28	13	丁未	8
29	12	丁未	5	29	13	戊寅	1	29	14	戊申	7
30	13	戊申	4	30	14	己卯	9	30	15	己酉	6
31	14	己酉	3					31	16	庚戌	5

西紀 2010年 [庚寅] 八白土

1月(丁丑) 三碧木

陽曆	陰曆	日辰	紫白
1	17	辛亥	4
2	18	壬子	3
3	19	癸丑	2
4	20	甲寅	1
5	21	乙卯	9
6	22	丙辰	8
7	23	丁巳	7
8	24	戊午	6
9	25	己未	5
10	26	庚申	4
11	27	辛酉	3
12	28	壬戌	2
13	29	癸亥	1
14	30	甲子	1
15	⓬	乙丑	2
16	2	丙寅	3
17	3	丁卯	4
18	4	戊辰	5
19	5	己巳	6
20	6	庚午	7
21	7	辛未	8
22	8	壬申	9
23	9	癸酉	1
24	10	甲戌	2
25	11	乙亥	3
26	12	丙子	4
27	13	丁丑	5
28	14	戊寅	6
29	15	己卯	7
30	16	庚辰	8
31	17	辛巳	9

2月(戊寅) 二黑土

陽曆	陰曆	日辰	紫白
1	18	壬午	1
2	19	癸未	2
3	20	甲申	3
4	21	乙酉	4
5	22	丙戌	5
6	23	丁亥	6
7	24	戊子	7
8	25	己丑	8
9	26	庚寅	9
10	27	辛卯	1
11	28	壬辰	2
12	29	癸巳	3
13	30	甲午	4
14	❶	乙未	5
15	2	丙申	6
16	3	丁酉	7
17	4	戊戌	8
18	5	己亥	9
19	6	庚子	1
20	7	辛丑	2
21	8	壬寅	3
22	9	癸卯	4
23	10	甲辰	5
24	11	乙巳	6
25	12	丙午	7
26	13	丁未	8
27	14	戊申	9
28	15	己酉	1

3月(己卯) 一白水

陽曆	陰曆	日辰	紫白
1	16	庚戌	2
2	17	辛亥	3
3	18	壬子	4
4	19	癸丑	5
5	20	甲寅	6
6	21	乙卯	7
7	22	丙辰	8
8	23	丁巳	9
9	24	戊午	1
10	25	己未	2
11	26	庚申	3
12	27	辛酉	4
13	28	壬戌	5
14	29	癸亥	6
15	30	甲子	7
16	❷	乙丑	8
17	2	丙寅	9
18	3	丁卯	1
19	4	戊辰	2
20	5	己巳	3
21	6	庚午	4
22	7	辛未	5
23	8	壬申	6
24	9	癸酉	7
25	10	甲戌	8
26	11	乙亥	9
27	12	丙子	1
28	13	丁丑	2
29	14	戊寅	3
30	15	己卯	4
31	16	庚辰	5

西紀 2010年［庚寅］八白土

4月(庚辰) 九紫火					5月(辛巳) 八白土					6月(壬午) 七赤金			
陽曆	陰曆	日辰	紫白		陽曆	陰曆	日辰	紫白		陽曆	陰曆	日辰	紫白
1	17	辛巳	6		1	18	辛亥	9		1	19	壬午	4
2	18	壬午	7		2	19	壬子	1		2	20	癸未	5
3	19	癸未	8		3	20	癸丑	2		3	21	甲申	6
4	20	甲申	9		4	21	甲寅	3		4	22	乙酉	7
5	21	乙酉	1		5	22	乙卯	4		5	23	丙戌	8
6	22	丙戌	2		6	23	丙辰	5		6	24	丁亥	9
7	23	丁亥	3		7	24	丁巳	6		7	25	戊子	1
8	24	戊子	4		8	25	戊午	7		8	26	己丑	2
9	25	己丑	5		9	26	己未	8		9	27	庚寅	3
10	26	庚寅	6		10	27	庚申	9		10	28	辛卯	4
11	27	辛卯	7		11	28	辛酉	1		11	29	壬辰	5
12	28	壬辰	8		12	29	壬戌	2		12	❺	癸巳	6
13	29	癸巳	9		13	30	癸亥	3		13	2	甲午	7
14	❸	甲午	1		14	❹	甲子	4		14	3	乙未	8
15	2	乙未	2		15	2	乙丑	5		15	4	丙申	9
16	3	丙申	3		16	3	丙寅	6		16	5	丁酉	1
17	4	丁酉	4		17	4	丁卯	7		17	6	戊戌	2
18	5	戊戌	5		18	5	戊辰	8		18	7	己亥	3
19	6	己亥	6		19	6	己巳	9		19	8	庚子	4
20	7	庚子	7		20	7	庚午	1		20	9	辛丑	5
21	8	辛丑	8		21	8	辛未	2		21	10	壬寅	6
22	9	壬寅	9		22	9	壬申	3		22	11	癸卯	7
23	10	癸卯	1		23	10	癸酉	4		23	12	甲辰	8
24	11	甲辰	2		24	11	甲戌	5		24	13	乙巳	9
25	12	乙巳	3		25	12	乙亥	6		25	14	丙午	1
26	13	丙午	4		26	13	丙子	7		26	15	丁未	2
27	14	丁未	5		27	14	丁丑	8		27	16	戊申	3
28	15	戊申	6		28	15	戊寅	9		28	17	己酉	4
29	16	己酉	7		29	16	己卯	1		29	18	庚戌	5
30	17	庚戌	8		30	17	庚辰	2		30	19	辛亥	6
					31	18	辛巳	3					

玄空手册 143

西紀 2010年 [庚寅] 八白土

7月(癸未) 六白金

陽曆	陰曆	日辰	紫白
1	20	壬子	7
2	21	癸丑	8
3	22	甲寅	9
4	23	乙卯	1
5	24	丙辰	2
6	25	丁巳	3
7	26	戊午	4
8	27	己未	5
9	28	庚申	6
10	29	辛酉	7
11	30	壬戌	8
12	❻	癸亥	9
13	2	甲子	9
14	3	乙丑	8
15	4	丙寅	7
16	5	丁卯	6
17	6	戊辰	5
18	7	己巳	4
19	8	庚午	3
20	9	辛未	2
21	10	壬申	1
22	11	癸酉	9
23	12	甲戌	8
24	13	乙亥	7
25	14	丙子	6
26	15	丁丑	5
27	16	戊寅	4
28	17	己卯	3
29	18	庚辰	2
30	19	辛巳	1
31	20	壬午	9

8月(甲申) 五黃土

陽曆	陰曆	日辰	紫白
1	21	癸未	8
2	22	甲申	7
3	23	乙酉	6
4	24	丙戌	5
5	25	丁亥	4
6	26	戊子	3
7	27	己丑	2
8	28	庚寅	1
9	29	辛卯	9
10	❼	壬辰	8
11	2	癸巳	7
12	3	甲午	6
13	4	乙未	5
14	5	丙申	4
15	6	丁酉	3
16	7	戊戌	2
17	8	己亥	1
18	9	庚子	9
19	10	辛丑	8
20	11	壬寅	7
21	12	癸卯	6
22	13	甲辰	5
23	14	乙巳	4
24	15	丙午	3
25	16	丁未	2
26	17	戊申	1
27	18	己酉	9
28	19	庚戌	8
29	20	辛亥	7
30	21	壬子	6
31	22	癸丑	5

9月(乙酉) 四綠木

陽曆	陰曆	日辰	紫白
1	23	甲寅	4
2	24	乙卯	3
3	25	丙辰	2
4	26	丁巳	1
5	27	戊午	9
6	28	己未	8
7	29	庚申	7
8	❽	辛酉	6
9	2	壬戌	5
10	3	癸亥	4
11	4	甲子	3
12	5	乙丑	2
13	6	丙寅	1
14	7	丁卯	9
15	8	戊辰	8
16	9	己巳	7
17	10	庚午	6
18	11	辛未	5
19	12	壬申	4
20	13	癸酉	3
21	14	甲戌	2
22	15	乙亥	1
23	16	丙子	9
24	17	丁丑	8
25	18	戊寅	7
26	19	己卯	6
27	20	庚辰	5
28	21	辛巳	4
29	22	壬午	3
30	23	癸未	2

西紀 2010年 [庚寅] 八白土

10月(丙戌) 三碧木			
陽曆	陰曆	日辰	紫白
1	24	甲申	1
2	25	乙酉	9
3	26	丙戌	8
4	27	丁亥	7
5	28	戊子	6
6	29	己丑	5
7	30	庚寅	4
8	❾	辛卯	3
9	2	壬辰	2
10	3	癸巳	1
11	4	甲午	9
12	5	乙未	8
13	6	丙申	7
14	7	丁酉	6
15	8	戊戌	5
16	9	己亥	4
17	10	庚子	3
18	11	辛丑	2
19	12	壬寅	1
20	13	癸卯	9
21	14	甲辰	8
22	15	乙巳	7
23	16	丙午	6
24	17	丁未	5
25	18	戊申	4
26	19	己酉	3
27	20	庚戌	2
28	21	辛亥	1
29	22	壬子	9
30	23	癸丑	8
31	24	甲寅	7

11月(丁亥) 二黑土			
陽曆	陰曆	日辰	紫白
1	25	乙卯	6
2	26	丙辰	5
3	27	丁巳	4
4	28	戊午	3
5	29	己未	2
6	❿	庚申	1
7	2	辛酉	9
8	3	壬戌	8
9	4	癸亥	7
10	5	甲子	6
11	6	乙丑	5
12	7	丙寅	4
13	8	丁卯	3
14	9	戊辰	2
15	10	己巳	1
16	11	庚午	9
17	12	辛未	8
18	13	壬申	7
19	14	癸酉	6
20	15	甲戌	5
21	16	乙亥	4
22	17	丙子	3
23	18	丁丑	2
24	19	戊寅	1
25	20	己卯	9
26	21	庚辰	8
27	22	辛巳	7
28	23	壬午	6
29	24	癸未	5
30	25	甲申	4

12月(戊子) 一白水			
陽曆	陰曆	日辰	紫白
1	26	乙酉	3
2	27	丙戌	2
3	28	丁亥	1
4	29	戊子	9
5	30	己丑	8
6	⓫	庚寅	7
7	2	辛卯	6
8	3	壬辰	5
9	4	癸巳	4
10	5	甲午	3
11	6	乙未	2
12	7	丙申	1
13	8	丁酉	9
14	9	戊戌	8
15	10	己亥	7
16	11	庚子	6
17	12	辛丑	5
18	13	壬寅	4
19	14	癸卯	3
20	15	甲辰	2
21	16	乙巳	1
22	17	丙午	9
23	18	丁未	8
24	19	戊申	7
25	20	己酉	6
26	21	庚戌	5
27	22	辛亥	4
28	23	壬子	3
29	24	癸丑	2
30	25	甲寅	1
31	26	乙卯	9

西紀 2011年 [辛卯] 七赤金

1月(己丑) 九紫火

陽曆	陰曆	日辰	紫白
1	27	丙辰	8
2	28	丁巳	7
3	29	戊午	6
4	⓬	己未	5
5	2	庚申	4
6	3	辛酉	3
7	4	壬戌	2
8	5	癸亥	1
9	6	甲子	1
10	7	乙丑	2
11	8	丙寅	3
12	9	丁卯	4
13	10	戊辰	5
14	11	己巳	6
15	12	庚午	7
16	13	辛未	8
17	14	壬申	9
18	15	癸酉	1
19	16	甲戌	2
20	17	乙亥	3
21	18	丙子	4
22	19	丁丑	5
23	20	戊寅	6
24	21	己卯	7
25	22	庚辰	8
26	23	辛巳	9
27	24	壬午	1
28	25	癸未	2
29	26	甲申	3
30	27	乙酉	4
31	28	丙戌	5

2月(庚寅) 八白土

陽曆	陰曆	日辰	紫白
1	29	丁亥	6
2	30	戊子	7
3	❶	己丑	8
4	2	庚寅	9
5	3	辛卯	1
6	4	壬辰	2
7	5	癸巳	3
8	6	甲午	4
9	7	乙未	5
10	8	丙申	6
11	9	丁酉	7
12	10	戊戌	8
13	11	己亥	9
14	12	庚子	1
15	13	辛丑	2
16	14	壬寅	3
17	15	癸卯	4
18	16	甲辰	5
19	17	乙巳	6
20	18	丙午	7
21	19	丁未	8
22	20	戊申	9
23	21	己酉	1
24	22	庚戌	2
25	23	辛亥	3
26	24	壬子	4
27	25	癸丑	5
28	26	甲寅	6

3月(辛卯) 七赤金

陽曆	陰曆	日辰	紫白
1	27	乙卯	7
2	28	丙辰	8
3	29	丁巳	9
4	30	戊午	1
5	❷	己未	2
6	2	庚申	3
7	3	辛酉	4
8	4	壬戌	5
9	5	癸亥	6
10	6	甲子	7
11	7	乙丑	8
12	8	丙寅	9
13	9	丁卯	1
14	10	戊辰	2
15	11	己巳	3
16	12	庚午	4
17	13	辛未	5
18	14	壬申	6
19	15	癸酉	7
20	16	甲戌	8
21	17	乙亥	9
22	18	丙子	1
23	19	丁丑	2
24	20	戊寅	3
25	21	己卯	4
26	22	庚辰	5
27	23	辛巳	6
28	24	壬午	7
29	25	癸未	8
30	26	甲申	9
31	27	乙酉	1

西紀 2011年 [辛卯] 七赤金

4月(壬辰) 六白金

陽曆	陰曆	日辰	紫白
1	28	丙戌	2
2	29	丁亥	3
3	❸	戊子	4
4	2	己丑	5
5	3	庚寅	6
6	4	辛卯	7
7	5	壬辰	8
8	6	癸巳	9
9	7	甲午	1
10	8	乙未	2
11	9	丙申	3
12	10	丁酉	4
13	11	戊戌	5
14	12	己亥	6
15	13	庚子	7
16	14	辛丑	8
17	15	壬寅	9
18	16	癸卯	1
19	17	甲辰	2
20	18	乙巳	3
21	19	丙午	4
22	20	丁未	5
23	21	戊申	6
24	22	己酉	7
25	23	庚戌	8
26	24	辛亥	9
27	25	壬子	1
28	26	癸丑	2
29	27	甲寅	3
30	28	乙卯	4

5月(癸巳) 五黃土

陽曆	陰曆	日辰	紫白
1	29	丙辰	5
2	30	丁巳	6
3	❹	戊午	7
4	2	己未	8
5	3	庚申	9
6	4	辛酉	1
7	5	壬戌	2
8	6	癸亥	3
9	7	甲子	4
10	8	乙丑	5
11	9	丙寅	6
12	10	丁卯	7
13	11	戊辰	8
14	12	己巳	9
15	13	庚午	1
16	14	辛未	2
17	15	壬申	3
18	16	癸酉	4
19	17	甲戌	5
20	18	乙亥	6
21	19	丙子	7
22	20	丁丑	8
23	21	戊寅	9
24	22	己卯	1
25	23	庚辰	2
26	24	辛巳	3
27	25	壬午	4
28	26	癸未	5
29	27	甲申	6
30	28	乙酉	7
31	29	丙戌	8

6月(甲午) 四綠木

陽曆	陰曆	日辰	紫白
1	30	丁亥	9
2	❺	戊子	1
3	2	己丑	2
4	3	庚寅	3
5	4	辛卯	4
6	5	壬辰	5
7	6	癸巳	6
8	7	甲午	7
9	8	乙未	8
10	9	丙申	9
11	10	丁酉	1
12	11	戊戌	2
13	12	己亥	3
14	13	庚子	4
15	14	辛丑	5
16	15	壬寅	6
17	16	癸卯	7
18	17	甲辰	8
19	18	乙巳	9
20	19	丙午	1
21	20	丁未	2
22	21	戊申	3
23	22	己酉	4
24	23	庚戌	5
25	24	辛亥	6
26	25	壬子	7
27	26	癸丑	8
28	27	甲寅	9
29	28	乙卯	1
30	29	丙辰	2

西紀 2011年 [辛卯] 七赤金

7月(乙未) 三碧木

陽曆	陰曆	日辰	紫白
1	❻	丁巳	3
2	2	戊午	4
3	3	己未	5
4	4	庚申	6
5	5	辛酉	7
6	6	壬戌	8
7	7	癸亥	9
8	8	甲子	9
9	9	乙丑	8
10	10	丙寅	7
11	11	丁卯	6
12	12	戊辰	5
13	13	己巳	4
14	14	庚午	3
15	15	辛未	2
16	16	壬申	1
17	17	癸酉	9
18	18	甲戌	8
19	19	乙亥	7
20	20	丙子	6
21	21	丁丑	5
22	22	戊寅	4
23	23	己卯	3
24	24	庚辰	2
25	25	辛巳	1
26	26	壬午	9
27	27	癸未	8
28	28	甲申	7
29	29	乙酉	6
30	30	丙戌	5
31	❼	丁亥	4

8月(丙申) 二黑土

陽曆	陰曆	日辰	紫白
1	2	戊子	3
2	3	己丑	2
3	4	庚寅	1
4	5	辛卯	9
5	6	壬辰	8
6	7	癸巳	7
7	8	甲午	6
8	9	乙未	5
9	10	丙申	4
10	11	丁酉	3
11	12	戊戌	2
12	13	己亥	1
13	14	庚子	9
14	15	辛丑	8
15	16	壬寅	7
16	17	癸卯	6
17	18	甲辰	5
18	19	乙巳	4
19	20	丙午	3
20	21	丁未	2
21	22	戊申	1
22	23	己酉	9
23	24	庚戌	8
24	25	辛亥	7
25	26	壬子	6
26	27	癸丑	5
27	28	甲寅	4
28	29	乙卯	3
29	❽	丙辰	2
30	2	丁巳	1
31	3	戊午	9

9月(丁酉) 一白水

陽曆	陰曆	日辰	紫白
1	4	己未	8
2	5	庚申	7
3	6	辛酉	6
4	7	壬戌	5
5	8	癸亥	4
6	9	甲子	3
7	10	乙丑	2
8	11	丙寅	1
9	12	丁卯	9
10	13	戊辰	8
11	14	己巳	7
12	15	庚午	6
13	16	辛未	5
14	17	壬申	4
15	18	癸酉	3
16	19	甲戌	2
17	20	乙亥	1
18	21	丙子	9
19	22	丁丑	8
20	23	戊寅	7
21	24	己卯	6
22	25	庚辰	5
23	26	辛巳	4
24	27	壬午	3
25	28	癸未	2
26	29	甲申	1
27	❾	乙酉	9
28	2	丙戌	8
29	3	丁亥	7
30	4	戊子	6

西紀 2011年 [辛卯] 七赤金

10月(戊戌) 九紫火			
陽曆	陰曆	日辰	紫白
1	5	己丑	5
2	6	庚寅	4
3	7	辛卯	3
4	8	壬辰	2
5	9	癸巳	1
6	10	甲午	9
7	11	乙未	8
8	12	丙申	7
9	13	丁酉	6
10	14	戊戌	5
11	15	己亥	4
12	16	庚子	3
13	17	辛丑	2
14	18	壬寅	1
15	19	癸卯	9
16	20	甲辰	8
17	21	乙巳	7
18	22	丙午	6
19	23	丁未	5
20	24	戊申	4
21	25	己酉	3
22	26	庚戌	2
23	27	辛亥	1
24	28	壬子	9
25	29	癸丑	8
26	30	甲寅	7
27	❿	乙卯	6
28	2	丙辰	5
29	3	丁巳	4
30	4	戊午	3
31	5	己未	2

11月(己亥) 八白土			
陽曆	陰曆	日辰	紫白
1	6	庚申	1
2	7	辛酉	9
3	8	壬戌	8
4	9	癸亥	7
5	10	甲子	6
6	11	乙丑	5
7	12	丙寅	4
8	13	丁卯	3
9	14	戊辰	2
10	15	己巳	1
11	16	庚午	9
12	17	辛未	8
13	18	壬申	7
14	19	癸酉	6
15	20	甲戌	5
16	21	乙亥	4
17	22	丙子	3
18	23	丁丑	2
19	24	戊寅	1
20	25	己卯	9
21	26	庚辰	8
22	27	辛巳	7
23	28	壬午	6
24	29	癸未	5
25	⓫	甲申	4
26	2	乙酉	3
27	3	丙戌	2
28	4	丁亥	1
29	5	戊子	9
30	6	己丑	8

12月(庚子) 七赤金			
陽曆	陰曆	日辰	紫白
1	7	庚寅	7
2	8	辛卯	6
3	9	壬辰	5
4	10	癸巳	4
5	11	甲午	3
6	12	乙未	2
7	13	丙申	1
8	14	丁酉	9
9	15	戊戌	8
10	16	己亥	7
11	17	庚子	6
12	18	辛丑	5
13	19	壬寅	4
14	20	癸卯	3
15	21	甲辰	2
16	22	乙巳	1
17	23	丙午	9
18	24	丁未	8
19	25	戊申	7
20	26	己酉	6
21	27	庚戌	5
22	28	辛亥	4
23	29	壬子	3
24	30	癸丑	2
25	⓬	甲寅	1
26	2	乙卯	9
27	3	丙辰	8
28	4	丁巳	7
29	5	戊午	6
30	6	己未	5
31	7	庚申	4

西紀 2012年 [壬辰] 六白金

1月(辛丑) 六白金

陽曆	陰曆	日辰	紫白
1	8	辛酉	3
2	9	壬戌	2
3	10	癸亥	1
4	11	甲子	1
5	12	乙丑	2
6	13	丙寅	3
7	14	丁卯	4
8	15	戊辰	5
9	16	己巳	6
10	17	庚午	7
11	18	辛未	8
12	19	壬申	9
13	20	癸酉	1
14	21	甲戌	2
15	22	乙亥	3
16	23	丙子	4
17	24	丁丑	5
18	25	戊寅	6
19	26	己卯	7
20	27	庚辰	8
21	28	辛巳	9
22	29	壬午	1
23	❶	癸未	2
24	2	甲申	3
25	3	乙酉	4
26	4	丙戌	5
27	5	丁亥	6
28	6	戊子	7
29	7	己丑	8
30	8	庚寅	9
31	9	辛卯	1

2月(壬寅) 五黃土

陽曆	陰曆	日辰	紫白
1	10	壬辰	2
2	11	癸巳	3
3	12	甲午	4
4	13	乙未	5
5	14	丙申	6
6	15	丁酉	7
7	16	戊戌	8
8	17	己亥	9
9	18	庚子	1
10	19	辛丑	2
11	20	壬寅	3
12	21	癸卯	4
13	22	甲辰	5
14	23	乙巳	6
15	24	丙午	7
16	25	丁未	8
17	26	戊申	9
18	27	己酉	1
19	28	庚戌	2
20	29	辛亥	3
21	30	壬子	4
22	❷	癸丑	5
23	2	甲寅	6
24	3	乙卯	7
25	4	丙辰	8
26	5	丁巳	9
27	6	戊午	1
28	7	己未	2
29	8	庚申	3

3月(癸卯) 四綠木

陽曆	陰曆	日辰	紫白
1	9	辛酉	4
2	10	壬戌	5
3	11	癸亥	6
4	12	甲子	7
5	13	乙丑	8
6	14	丙寅	9
7	15	丁卯	1
8	16	戊辰	2
9	17	己巳	3
10	18	庚午	4
11	19	辛未	5
12	20	壬申	6
13	21	癸酉	7
14	22	甲戌	8
15	23	乙亥	9
16	24	丙子	1
17	25	丁丑	2
18	26	戊寅	3
19	27	己卯	4
20	28	庚辰	5
21	29	辛巳	6
22	❸	壬午	7
23	2	癸未	8
24	3	甲申	9
25	4	乙酉	1
26	5	丙戌	2
27	6	丁亥	3
28	7	戊子	4
29	8	己丑	5
30	9	庚寅	6
31	10	辛卯	7

西紀 2012年 [壬辰] 六白金

4月(甲辰) 三碧木			
陽曆	陰曆	日辰	紫白
1	11	壬辰	8
2	12	癸巳	9
3	13	甲午	1
4	14	乙未	2
5	15	丙申	3
6	16	丁酉	4
7	17	戊戌	5
8	18	己亥	6
9	19	庚子	7
10	20	辛丑	8
11	21	壬寅	9
12	22	癸卯	1
13	23	甲辰	2
14	24	乙巳	3
15	25	丙午	4
16	26	丁未	5
17	27	戊申	6
18	28	己酉	7
19	29	庚戌	8
20	30	辛亥	9
21	윤3	壬子	1
22	2	癸丑	2
23	3	甲寅	3
24	4	乙卯	4
25	5	丙辰	5
26	6	丁巳	6
27	7	戊午	7
28	8	己未	8
29	9	庚申	9
30	10	辛酉	1

5月(乙巳) 二黑土			
陽曆	陰曆	日辰	紫白
1	11	壬戌	2
2	12	癸亥	3
3	13	甲子	4
4	14	乙丑	5
5	15	丙寅	6
6	16	丁卯	7
7	17	戊辰	8
8	18	己巳	9
9	19	庚午	1
10	20	辛未	2
11	21	壬申	3
12	22	癸酉	4
13	23	甲戌	5
14	24	乙亥	6
15	25	丙子	7
16	26	丁丑	8
17	27	戊寅	9
18	28	己卯	1
19	29	庚辰	2
20	30	辛巳	3
21	❹	壬午	4
22	2	癸未	5
23	3	甲申	6
24	4	乙酉	7
25	5	丙戌	8
26	6	丁亥	9
27	7	戊子	1
28	8	己丑	2
29	9	庚寅	3
30	10	辛卯	4
31	11	壬辰	5

6月(丙午) 一白水			
陽曆	陰曆	日辰	紫白
1	12	癸巳	6
2	13	甲午	7
3	14	乙未	8
4	15	丙申	9
5	16	丁酉	1
6	17	戊戌	2
7	18	己亥	3
8	19	庚子	4
9	20	辛丑	5
10	21	壬寅	6
11	22	癸卯	7
12	23	甲辰	8
13	24	乙巳	9
14	25	丙午	1
15	26	丁未	2
16	27	戊申	3
17	28	己酉	4
18	29	庚戌	5
19	30	辛亥	6
20	❺	壬子	7
21	2	癸丑	8
22	3	甲寅	9
23	4	乙卯	1
24	5	丙辰	2
25	6	丁巳	3
26	7	戊午	4
27	8	己未	5
28	9	庚申	6
29	10	辛酉	7
30	11	壬戌	8

西紀 2012年 [壬辰] 六白金

7月(丁未) 九紫火			
陽曆	陰曆	日辰	紫白
1	12	癸亥	9
2	13	甲子	9
3	14	乙丑	8
4	15	丙寅	7
5	16	丁卯	6
6	17	戊辰	5
7	18	己巳	4
8	19	庚午	3
9	20	辛未	2
10	21	壬申	1
11	22	癸酉	9
12	23	甲戌	8
13	24	乙亥	7
14	25	丙子	6
15	26	丁丑	5
16	27	戊寅	4
17	28	己卯	3
18	29	庚辰	2
19	❻	辛巳	1
20	2	壬午	9
21	3	癸未	8
22	4	甲申	7
23	5	乙酉	6
24	6	丙戌	5
25	7	丁亥	4
26	8	戊子	3
27	9	己丑	2
28	10	庚寅	1
29	11	辛卯	9
30	12	壬辰	8
31	13	癸巳	7

8月(戊申) 八白土			
陽曆	陰曆	日辰	紫白
1	14	甲午	6
2	15	乙未	5
3	16	丙申	4
4	17	丁酉	3
5	18	戊戌	2
6	19	己亥	1
7	20	庚子	9
8	21	辛丑	8
9	22	壬寅	7
10	23	癸卯	6
11	24	甲辰	5
12	25	乙巳	4
13	26	丙午	3
14	27	丁未	2
15	28	戊申	1
16	29	己酉	9
17	30	庚戌	8
18	❼	辛亥	7
19	2	壬子	6
20	3	癸丑	5
21	4	甲寅	4
22	5	乙卯	3
23	6	丙辰	2
24	7	丁巳	1
25	8	戊午	9
26	9	己未	8
27	10	庚申	7
28	11	辛酉	6
29	12	壬戌	5
30	13	癸亥	4
31	14	甲子	3

9月(己酉) 七赤金			
陽曆	陰曆	日辰	紫白
1	15	乙丑	2
2	16	丙寅	1
3	17	丁卯	9
4	18	戊辰	8
5	19	己巳	7
6	20	庚午	6
7	21	辛未	5
8	22	壬申	4
9	23	癸酉	3
10	24	甲戌	2
11	25	乙亥	1
12	26	丙子	9
13	27	丁丑	8
14	28	戊寅	7
15	29	己卯	6
16	❽	庚辰	5
17	2	辛巳	4
18	3	壬午	3
19	4	癸未	2
20	5	甲申	1
21	6	乙酉	9
22	7	丙戌	8
23	8	丁亥	7
24	9	戊子	6
25	10	己丑	5
26	11	庚寅	4
27	12	辛卯	3
28	13	壬辰	2
29	14	癸巳	1
30	15	甲午	9

西紀 2012年 [壬辰] 六白金

10月(庚戌) 六白金				11月(辛亥) 五黃土				12月(壬子) 四綠木			
陽曆	陰曆	日辰	紫白	陽曆	陰曆	日辰	紫白	陽曆	陰曆	日辰	紫白
1	16	乙未	8	1	18	丙寅	4	1	18	丙申	1
2	17	丙申	7	2	19	丁卯	3	2	19	丁酉	9
3	18	丁酉	6	3	20	戊辰	2	3	20	戊戌	8
4	19	戊戌	5	4	21	己巳	1	4	21	己亥	7
5	20	己亥	4	5	22	庚午	9	5	22	庚子	6
6	21	庚子	3	6	23	辛未	8	6	23	辛丑	5
7	22	辛丑	2	7	24	壬申	7	7	24	壬寅	4
8	23	壬寅	1	8	25	癸酉	6	8	25	癸卯	3
9	24	癸卯	9	9	26	甲戌	5	9	26	甲辰	2
10	25	甲辰	8	10	27	乙亥	4	10	27	乙巳	1
11	26	乙巳	7	11	28	丙子	3	11	28	丙午	9
12	27	丙午	6	12	29	丁丑	2	12	29	丁未	8
13	28	丁未	5	13	30	戊寅	1	13	⑪	戊申	7
14	29	戊申	4	14	⑩	己卯	9	14	2	己酉	6
15	⑨	己酉	3	15	2	庚辰	8	15	3	庚戌	5
16	2	庚戌	2	16	3	辛巳	7	16	4	辛亥	4
17	3	辛亥	1	17	4	壬午	6	17	5	壬子	3
18	4	壬子	9	18	5	癸未	5	18	6	癸丑	2
19	5	癸丑	8	19	6	甲申	4	19	7	甲寅	1
20	6	甲寅	7	20	7	乙酉	3	20	8	乙卯	9
21	7	乙卯	6	21	8	丙戌	2	21	9	丙辰	8
22	8	丙辰	5	22	9	丁亥	1	22	10	丁巳	7
23	9	丁巳	4	23	10	戊子	9	23	11	戊午	6
24	10	戊午	3	24	11	己丑	8	24	12	己未	5
25	11	己未	2	25	12	庚寅	7	25	13	庚申	4
26	12	庚申	1	26	13	辛卯	6	26	14	辛酉	3
27	13	辛酉	9	27	14	壬辰	5	27	15	壬戌	2
28	14	壬戌	8	28	15	癸巳	4	28	16	癸亥	1
29	15	癸亥	7	29	16	甲午	3	29	17	甲子	1
30	16	甲子	6	30	17	乙未	2	30	18	乙丑	2
31	17	乙丑	5					31	19	丙寅	3

西紀 2013年 [癸巳] 五黃土

1月(癸丑) 三碧木

陽曆	陰曆	日辰	紫白
1	20	丁卯	4
2	21	戊辰	5
3	22	己巳	6
4	23	庚午	7
5	24	辛未	8
6	25	壬申	9
7	26	癸酉	1
8	27	甲戌	2
9	28	乙亥	3
10	29	丙子	4
11	30	丁丑	5
12	⓬	戊寅	6
13	2	己卯	7
14	3	庚辰	8
15	4	辛巳	9
16	5	壬午	1
17	6	癸未	2
18	7	甲申	3
19	8	乙酉	4
20	9	丙戌	5
21	10	丁亥	6
22	11	戊子	7
23	12	己丑	8
24	13	庚寅	9
25	14	辛卯	1
26	15	壬辰	2
27	16	癸巳	3
28	17	甲午	4
29	18	乙未	5
30	19	丙申	6
31	20	丁酉	7

2月(甲寅) 二黑土

陽曆	陰曆	日辰	紫白
1	21	戊戌	8
2	22	己亥	9
3	23	庚子	1
4	24	辛丑	2
5	25	壬寅	3
6	26	癸卯	4
7	27	甲辰	5
8	28	乙巳	6
9	29	丙午	7
10	❶	丁未	8
11	2	戊申	9
12	3	己酉	1
13	4	庚戌	2
14	5	辛亥	3
15	6	壬子	4
16	7	癸丑	5
17	8	甲寅	6
18	9	乙卯	7
19	10	丙辰	8
20	11	丁巳	9
21	12	戊午	1
22	13	己未	2
23	14	庚申	3
24	15	辛酉	4
25	16	壬戌	5
26	17	癸亥	6
27	18	甲子	7
28	19	乙丑	8

3月(乙卯) 一白水

陽曆	陰曆	日辰	紫白
1	20	丙寅	9
2	21	丁卯	1
3	22	戊辰	2
4	23	己巳	3
5	24	庚午	4
6	25	辛未	5
7	26	壬申	6
8	27	癸酉	7
9	28	甲戌	8
10	29	乙亥	9
11	30	丙子	1
12	❷	丁丑	2
13	2	戊寅	3
14	3	己卯	4
15	4	庚辰	5
16	5	辛巳	6
17	6	壬午	7
18	7	癸未	8
19	8	甲申	9
20	9	乙酉	1
21	10	丙戌	2
22	11	丁亥	3
23	12	戊子	4
24	13	己丑	5
25	14	庚寅	6
26	15	辛卯	7
27	16	壬辰	8
28	17	癸巳	9
29	18	甲午	1
30	19	乙未	2
31	20	丙申	3

西紀 2013年 [癸巳] 五黃土

4月(丙辰) 九紫火

陽曆	陰曆	日辰	紫白
1	21	丁酉	4
2	22	戊戌	5
3	23	己亥	6
4	24	庚子	7
5	25	辛丑	8
6	26	壬寅	9
7	27	癸卯	1
8	28	甲辰	2
9	29	乙巳	3
10	❸	丙午	4
11	2	丁未	5
12	3	戊申	6
13	4	己酉	7
14	5	庚戌	8
15	6	辛亥	9
16	7	壬子	1
17	8	癸丑	2
18	9	甲寅	3
19	10	乙卯	4
20	11	丙辰	5
21	12	丁巳	6
22	13	戊午	7
23	14	己未	8
24	15	庚申	9
25	16	辛酉	1
26	17	壬戌	2
27	18	癸亥	3
28	19	甲子	4
29	20	乙丑	5
30	21	丙寅	6

5月(丁巳) 八白土

陽曆	陰曆	日辰	紫白
1	22	丁卯	7
2	23	戊辰	8
3	24	己巳	9
4	25	庚午	1
5	26	辛未	2
6	27	壬申	3
7	28	癸酉	4
8	29	甲戌	5
9	30	乙亥	6
10	❹	丙子	7
11	2	丁丑	8
12	3	戊寅	9
13	4	己卯	1
14	5	庚辰	2
15	6	辛巳	3
16	7	壬午	4
17	8	癸未	5
18	9	甲申	6
19	10	乙酉	7
20	11	丙戌	8
21	12	丁亥	9
22	13	戊子	1
23	14	己丑	2
24	15	庚寅	3
25	16	辛卯	4
26	17	壬辰	5
27	18	癸巳	6
28	19	甲午	7
29	20	乙未	8
30	21	丙申	9
31	22	丁酉	1

6月(戊午) 七赤金

陽曆	陰曆	日辰	紫白
1	23	戊戌	2
2	24	己亥	3
3	25	庚子	4
4	26	辛丑	5
5	27	壬寅	6
6	28	癸卯	7
7	29	甲辰	8
8	30	乙巳	9
9	❺	丙午	1
10	2	丁未	2
11	3	戊申	3
12	4	己酉	4
13	5	庚戌	5
14	6	辛亥	6
15	7	壬子	7
16	8	癸丑	8
17	9	甲寅	9
18	10	乙卯	1
19	11	丙辰	2
20	12	丁巳	3
21	13	戊午	4
22	14	己未	5
23	15	庚申	6
24	16	辛酉	7
25	17	壬戌	8
26	18	癸亥	9
27	19	甲子	9
28	20	乙丑	8
29	21	丙寅	7
30	22	丁卯	6

西紀 2013年 [癸巳] 五黃土

7月(己未) 六白金

陽曆	陰曆	日辰	紫白
1	23	戊辰	5
2	24	己巳	4
3	25	庚午	3
4	26	辛未	2
5	27	壬申	1
6	28	癸酉	9
7	29	甲戌	8
8	❻	乙亥	7
9	2	丙子	6
10	3	丁丑	5
11	4	戊寅	4
12	5	己卯	3
13	6	庚辰	2
14	7	辛巳	1
15	8	壬午	9
16	9	癸未	8
17	10	甲申	7
18	11	乙酉	6
19	12	丙戌	5
20	13	丁亥	4
21	14	戊子	3
22	15	己丑	2
23	16	庚寅	1
24	17	辛卯	9
25	18	壬辰	8
26	19	癸巳	7
27	20	甲午	6
28	21	乙未	5
29	22	丙申	4
30	23	丁酉	3
31	24	戊戌	2

8月(庚申) 五黃土

陽曆	陰曆	日辰	紫白
1	25	己亥	1
2	26	庚子	9
3	27	辛丑	8
4	28	壬寅	7
5	29	癸卯	6
6	30	甲辰	5
7	❼	乙巳	4
8	2	丙午	3
9	3	丁未	2
10	4	戊申	1
11	5	己酉	9
12	6	庚戌	8
13	7	辛亥	7
14	8	壬子	6
15	9	癸丑	5
16	10	甲寅	4
17	11	乙卯	3
18	12	丙辰	2
19	13	丁巳	1
20	14	戊午	9
21	15	己未	8
22	16	庚申	7
23	17	辛酉	6
24	18	壬戌	5
25	19	癸亥	4
26	20	甲子	3
27	21	乙丑	2
28	22	丙寅	1
29	23	丁卯	9
30	24	戊辰	8
31	25	己巳	7

9月(辛酉) 四綠木

陽曆	陰曆	日辰	紫白
1	26	庚午	6
2	27	辛未	5
3	28	壬申	4
4	29	癸酉	3
5	❽	甲戌	2
6	2	乙亥	1
7	3	丙子	9
8	4	丁丑	8
9	5	戊寅	7
10	6	己卯	6
11	7	庚辰	5
12	8	辛巳	4
13	9	壬午	3
14	10	癸未	2
15	11	甲申	1
16	12	乙酉	9
17	13	丙戌	8
18	14	丁亥	7
19	15	戊子	6
20	16	己丑	5
21	17	庚寅	4
22	18	辛卯	3
23	19	壬辰	2
24	20	癸巳	1
25	21	甲午	9
26	22	乙未	8
27	23	丙申	7
28	24	丁酉	6
29	25	戊戌	5
30	26	己亥	4

西紀 2013年 [癸巳] 五黃土

10月(壬戌) 三碧木				11月(癸亥) 二黑土				12月(甲子) 一白水			
陽曆	陰曆	日辰	紫白	陽曆	陰曆	日辰	紫白	陽曆	陰曆	日辰	紫白
1	27	庚子	3	1	28	辛未	8	1	29	辛丑	5
2	28	辛丑	2	2	29	壬申	7	2	30	壬寅	4
3	29	壬寅	1	3	❿	癸酉	6	3	⓫	癸卯	3
4	30	癸卯	9	4	2	甲戌	5	4	2	甲辰	2
5	❾	甲辰	8	5	3	乙亥	4	5	3	乙巳	1
6	2	乙巳	7	6	4	丙子	3	6	4	丙午	9
7	3	丙午	6	7	5	丁丑	2	7	5	丁未	8
8	4	丁未	5	8	6	戊寅	1	8	6	戊申	7
9	5	戊申	4	9	7	己卯	9	9	7	己酉	6
10	6	己酉	3	10	8	庚辰	8	10	8	庚戌	5
11	7	庚戌	2	11	9	辛巳	7	11	9	辛亥	4
12	8	辛亥	1	12	10	壬午	6	12	10	壬子	3
13	9	壬子	9	13	11	癸未	5	13	11	癸丑	2
14	10	癸丑	8	14	12	甲申	4	14	12	甲寅	1
15	11	甲寅	7	15	13	乙酉	3	15	13	乙卯	9
16	12	乙卯	6	16	14	丙戌	2	16	14	丙辰	8
17	13	丙辰	5	17	15	丁亥	1	17	15	丁巳	7
18	14	丁巳	4	18	16	戊子	9	18	16	戊午	6
19	15	戊午	3	19	17	己丑	8	19	17	己未	5
20	16	己未	2	20	18	庚寅	7	20	18	庚申	4
21	17	庚申	1	21	19	辛卯	6	21	19	辛酉	3
22	18	辛酉	9	22	20	壬辰	5	22	20	壬戌	2
23	19	壬戌	8	23	21	癸巳	4	23	21	癸亥	1
24	20	癸亥	7	24	22	甲午	3	24	22	甲子	1
25	21	甲子	6	25	23	乙未	2	25	23	乙丑	2
26	22	乙丑	5	26	24	丙申	1	26	24	丙寅	3
27	23	丙寅	4	27	25	丁酉	9	27	25	丁卯	4
28	24	丁卯	3	28	26	戊戌	8	28	26	戊辰	5
29	25	戊辰	2	29	27	己亥	7	29	27	己巳	6
30	26	己巳	1	30	28	庚子	6	30	28	庚午	7
31	27	庚午	9					31	29	辛未	8

西紀 2014年 [甲午] 四綠木

1月(乙丑) 九紫火

陽曆	陰曆	日辰	紫白
1	⓬	壬申	9
2	2	癸酉	1
3	3	甲戌	2
4	4	乙亥	3
5	5	丙子	4
6	6	丁丑	5
7	7	戊寅	6
8	8	己卯	7
9	9	庚辰	8
10	10	辛巳	9
11	11	壬午	1
12	12	癸未	2
13	13	甲申	3
14	14	乙酉	4
15	15	丙戌	5
16	16	丁亥	6
17	17	戊子	7
18	18	己丑	8
19	19	庚寅	9
20	20	辛卯	1
21	21	壬辰	2
22	22	癸巳	3
23	23	甲午	4
24	24	乙未	5
25	25	丙申	6
26	26	丁酉	7
27	27	戊戌	8
28	28	己亥	9
29	29	庚子	1
30	30	辛丑	2
31	❶	壬寅	3

2月(丙寅) 八白土

陽曆	陰曆	日辰	紫白
1	2	癸卯	4
2	3	甲辰	5
3	4	乙巳	6
4	5	丙午	7
5	6	丁未	8
6	7	戊申	9
7	8	己酉	1
8	9	庚戌	2
9	10	辛亥	3
10	11	壬子	4
11	12	癸丑	5
12	13	甲寅	6
13	14	乙卯	7
14	15	丙辰	8
15	16	丁巳	9
16	17	戊午	1
17	18	己未	2
18	19	庚申	3
19	20	辛酉	4
20	21	壬戌	5
21	22	癸亥	6
22	23	甲子	7
23	24	乙丑	8
24	25	丙寅	9
25	26	丁卯	1
26	27	戊辰	2
27	28	己巳	3
28	29	庚午	4

3月(丁卯) 七赤金

陽曆	陰曆	日辰	紫白
1	❷	辛未	5
2	2	壬申	6
3	3	癸酉	7
4	4	甲戌	8
5	5	乙亥	9
6	6	丙子	1
7	7	丁丑	2
8	8	戊寅	3
9	9	己卯	4
10	10	庚辰	5
11	11	辛巳	6
12	12	壬午	7
13	13	癸未	8
14	14	甲申	9
15	15	乙酉	1
16	16	丙戌	2
17	17	丁亥	3
18	18	戊子	4
19	19	己丑	5
20	20	庚寅	6
21	21	辛卯	7
22	22	壬辰	8
23	23	癸巳	9
24	24	甲午	1
25	25	乙未	2
26	26	丙申	3
27	27	丁酉	4
28	28	戊戌	5
29	29	己亥	6
30	30	庚子	7
31	❸	辛丑	8

西紀 2014年 [甲午] 四綠木

4月(戊辰) 六白金

陽曆	陰曆	日辰	紫白
1	2	壬寅	9
2	3	癸卯	1
3	4	甲辰	2
4	5	乙巳	3
5	6	丙午	4
6	7	丁未	5
7	8	戊申	6
8	9	己酉	7
9	10	庚戌	8
10	11	辛亥	9
11	12	壬子	1
12	13	癸丑	2
13	14	甲寅	3
14	15	乙卯	4
15	16	丙辰	5
16	17	丁巳	6
17	18	戊午	7
18	19	己未	8
19	20	庚申	9
20	21	辛酉	1
21	22	壬戌	2
22	23	癸亥	3
23	24	甲子	4
24	25	乙丑	5
25	26	丙寅	6
26	27	丁卯	7
27	28	戊辰	8
28	29	己巳	9
29	❹	庚午	1
30	2	辛未	2

5月(己巳) 五黃土

陽曆	陰曆	日辰	紫白
1	3	壬申	3
2	4	癸酉	4
3	5	甲戌	5
4	6	乙亥	6
5	7	丙子	7
6	8	丁丑	8
7	9	戊寅	9
8	10	己卯	1
9	11	庚辰	2
10	12	辛巳	3
11	13	壬午	4
12	14	癸未	5
13	15	甲申	6
14	16	乙酉	7
15	17	丙戌	8
16	18	丁亥	9
17	19	戊子	1
18	20	己丑	2
19	21	庚寅	3
20	22	辛卯	4
21	23	壬辰	5
22	24	癸巳	6
23	25	甲午	7
24	26	乙未	8
25	27	丙申	9
26	28	丁酉	1
27	29	戊戌	2
28	30	己亥	3
29	❺	庚子	4
30	2	辛丑	5
31	3	壬寅	6

6月(庚午) 四綠木

陽曆	陰曆	日辰	紫白
1	4	癸卯	7
2	5	甲辰	8
3	6	乙巳	9
4	7	丙午	1
5	8	丁未	2
6	9	戊申	3
7	10	己酉	4
8	11	庚戌	5
9	12	辛亥	6
10	13	壬子	7
11	14	癸丑	8
12	15	甲寅	9
13	16	乙卯	1
14	17	丙辰	2
15	18	丁巳	3
16	19	戊午	4
17	20	己未	5
18	21	庚申	6
19	22	辛酉	7
20	23	壬戌	8
21	24	癸亥	9
22	25	甲子	9
23	26	乙丑	8
24	27	丙寅	7
25	28	丁卯	6
26	29	戊辰	5
27	❻	己巳	4
28	2	庚午	3
29	3	辛未	2
30	4	壬申	1

西紀 2014年 [甲午] 四綠木

7月(辛未) 三碧木				8月(壬申) 二黑土				9月(癸酉) 一白水			
陽曆	陰曆	日辰	紫白	陽曆	陰曆	日辰	紫白	陽曆	陰曆	日辰	紫白
1	5	癸酉	9	1	6	甲辰	5	1	8	乙亥	1
2	6	甲戌	8	2	7	乙巳	4	2	9	丙子	9
3	7	乙亥	7	3	8	丙午	3	3	10	丁丑	8
4	8	丙子	6	4	9	丁未	2	4	11	戊寅	7
5	9	丁丑	5	5	10	戊申	1	5	12	己卯	6
6	10	戊寅	4	6	11	己酉	9	6	13	庚辰	5
7	11	己卯	3	7	12	庚戌	8	7	14	辛巳	4
8	12	庚辰	2	8	13	辛亥	7	8	15	壬午	3
9	13	辛巳	1	9	14	壬子	6	9	16	癸未	2
10	14	壬午	9	10	15	癸丑	5	10	17	甲申	1
11	15	癸未	8	11	16	甲寅	4	11	18	乙酉	9
12	16	甲申	7	12	17	乙卯	3	12	19	丙戌	8
13	17	乙酉	6	13	18	丙辰	2	13	20	丁亥	7
14	18	丙戌	5	14	19	丁巳	1	14	21	戊子	6
15	19	丁亥	4	15	20	戊午	9	15	22	己丑	5
16	20	戊子	3	16	21	己未	8	16	23	庚寅	4
17	21	己丑	2	17	22	庚申	7	17	24	辛卯	3
18	22	庚寅	1	18	23	辛酉	6	18	25	壬辰	2
19	23	辛卯	9	19	24	壬戌	5	19	26	癸巳	1
20	24	壬辰	8	20	25	癸亥	4	20	27	甲午	9
21	25	癸巳	7	21	26	甲子	3	21	28	乙未	8
22	26	甲午	6	22	27	乙丑	2	22	29	丙申	7
23	27	乙未	5	23	28	丙寅	1	23	30	丁酉	6
24	28	丙申	4	24	29	丁卯	9	24	❾	戊戌	5
25	29	丁酉	3	25	❽	戊辰	8	25	2	己亥	4
26	30	戊戌	2	26	2	己巳	7	26	3	庚子	3
27	❼	己亥	1	27	3	庚午	6	27	4	辛丑	2
28	2	庚子	9	28	4	辛未	5	28	5	壬寅	1
29	3	辛丑	8	29	5	壬申	4	29	6	癸卯	9
30	4	壬寅	7	30	6	癸酉	3	30	7	甲辰	8
31	5	癸卯	6	31	7	甲戌	2				

西紀 2014年 [甲午] 四綠木

10月(甲戌) 九紫火

陽曆	陰曆	日辰	紫白
1	8	乙巳	7
2	9	丙午	6
3	10	丁未	5
4	11	戊申	4
5	12	己酉	3
6	13	庚戌	2
7	14	辛亥	1
8	15	壬子	9
9	16	癸丑	8
10	17	甲寅	7
11	18	乙卯	6
12	19	丙辰	5
13	20	丁巳	4
14	21	戊午	3
15	22	己未	2
16	23	庚申	1
17	24	辛酉	9
18	25	壬戌	8
19	26	癸亥	7
20	27	甲子	6
21	28	乙丑	5
22	29	丙寅	4
23	30	丁卯	3
24	㊤❾	戊辰	2
25	2	己巳	1
26	3	庚午	9
27	4	辛未	8
28	5	壬申	7
29	6	癸酉	6
30	7	甲戌	5
31	8	乙亥	4

11月(乙亥) 八白土

陽曆	陰曆	日辰	紫白
1	9	丙子	3
2	10	丁丑	2
3	11	戊寅	1
4	12	己卯	9
5	13	庚辰	8
6	14	辛巳	7
7	15	壬午	6
8	16	癸未	5
9	17	甲申	4
10	18	乙酉	3
11	19	丙戌	2
12	20	丁亥	1
13	21	戊子	9
14	22	己丑	8
15	23	庚寅	7
16	24	辛卯	6
17	25	壬辰	5
18	26	癸巳	4
19	27	甲午	3
20	28	乙未	2
21	29	丙申	1
22	❿	丁酉	9
23	2	戊戌	8
24	3	己亥	7
25	4	庚子	6
26	5	辛丑	5
27	6	壬寅	4
28	7	癸卯	3
29	8	甲辰	2
30	9	乙巳	1

12月(丙子) 七赤金

陽曆	陰曆	日辰	紫白
1	10	丙午	9
2	11	丁未	8
3	12	戊申	7
4	13	己酉	6
5	14	庚戌	5
6	15	辛亥	4
7	16	壬子	3
8	17	癸丑	2
9	18	甲寅	1
10	19	乙卯	9
11	20	丙辰	8
12	21	丁巳	7
13	22	戊午	6
14	23	己未	5
15	24	庚申	4
16	25	辛酉	3
17	26	壬戌	2
18	27	癸亥	1
19	28	甲子	1
20	29	乙丑	2
21	30	丙寅	3
22	⓫	丁卯	4
23	2	戊辰	5
24	3	己巳	6
25	4	庚午	7
26	5	辛未	8
27	6	壬申	9
28	7	癸酉	1
29	8	甲戌	2
30	9	乙亥	3
31	10	丙子	4

玄空手冊

西紀 2015年［乙未］三碧木

1月(丁丑) 六白金			
陽曆	陰曆	日辰	紫白
1	11	丁丑	5
2	12	戊寅	6
3	13	己卯	7
4	14	庚辰	8
5	15	辛巳	9
6	16	壬午	1
7	17	癸未	2
8	18	甲申	3
9	19	乙酉	4
10	20	丙戌	5
11	21	丁亥	6
12	22	戊子	7
13	23	己丑	8
14	24	庚寅	9
15	25	辛卯	1
16	26	壬辰	2
17	27	癸巳	3
18	28	甲午	4
19	29	乙未	5
20	⓬	丙申	6
21	2	丁酉	7
22	3	戊戌	8
23	4	己亥	9
24	5	庚子	1
25	6	辛丑	2
26	7	壬寅	3
27	8	癸卯	4
28	9	甲辰	5
29	10	乙巳	6
30	11	丙午	7
31	12	丁未	8

2月(戊寅) 五黃土			
陽曆	陰曆	日辰	紫白
1	13	戊申	9
2	14	己酉	1
3	15	庚戌	2
4	16	辛亥	3
5	17	壬子	4
6	18	癸丑	5
7	19	甲寅	6
8	20	乙卯	7
9	21	丙辰	8
10	22	丁巳	9
11	23	戊午	1
12	24	己未	2
13	25	庚申	3
14	26	辛酉	4
15	27	壬戌	5
16	28	癸亥	6
17	29	甲子	7
18	30	乙丑	8
19	❶	丙寅	9
20	2	丁卯	1
21	3	戊辰	2
22	4	己巳	3
23	5	庚午	4
24	6	辛未	5
25	7	壬申	6
26	8	癸酉	7
27	9	甲戌	8
28	10	乙亥	9

3月(己卯) 四綠木			
陽曆	陰曆	日辰	紫白
1	11	丙子	1
2	12	丁丑	2
3	13	戊寅	3
4	14	己卯	4
5	15	庚辰	5
6	16	辛巳	6
7	17	壬午	7
8	18	癸未	8
9	19	甲申	9
10	20	乙酉	1
11	21	丙戌	2
12	22	丁亥	3
13	23	戊子	4
14	24	己丑	5
15	25	庚寅	6
16	26	辛卯	7
17	27	壬辰	8
18	28	癸巳	9
19	29	甲午	1
20	❷	乙未	2
21	2	丙申	3
22	3	丁酉	4
23	4	戊戌	5
24	5	己亥	6
25	6	庚子	7
26	7	辛丑	8
27	8	壬寅	9
28	9	癸卯	1
29	10	甲辰	2
30	11	乙巳	3
31	12	丙午	4

西紀 2015年 [乙未] 三碧木

4月(庚辰) 三碧木					5月(辛巳) 二黑土					6月(壬午) 一白水			
陽曆	陰曆	日辰	紫白		陽曆	陰曆	日辰	紫白		陽曆	陰曆	日辰	紫白
1	13	丁未	5		1	13	丁丑	8		1	15	戊申	3
2	14	戊申	6		2	14	戊寅	9		2	16	己酉	4
3	15	己酉	7		3	15	己卯	1		3	17	庚戌	5
4	16	庚戌	8		4	16	庚辰	2		4	18	辛亥	6
5	17	辛亥	9		5	17	辛巳	3		5	19	壬子	7
6	18	壬子	1		6	18	壬午	4		6	20	癸丑	8
7	19	癸丑	2		7	19	癸未	5		7	21	甲寅	9
8	20	甲寅	3		8	20	甲申	6		8	22	乙卯	1
9	21	乙卯	4		9	21	乙酉	7		9	23	丙辰	2
10	22	丙辰	5		10	22	丙戌	8		10	24	丁巳	3
11	23	丁巳	6		11	23	丁亥	9		11	25	戊午	4
12	24	戊午	7		12	24	戊子	1		12	26	己未	5
13	25	己未	8		13	25	己丑	2		13	27	庚申	6
14	26	庚申	9		14	26	庚寅	3		14	28	辛酉	7
15	27	辛酉	1		15	27	辛卯	4		15	29	壬戌	8
16	28	壬戌	2		16	28	壬辰	5		16	❺	癸亥	9
17	29	癸亥	3		17	29	癸巳	6		17	2	甲子	9
18	30	甲子	4		18	❹	甲午	7		18	3	乙丑	8
19	❸	乙丑	5		19	2	乙未	8		19	4	丙寅	7
20	2	丙寅	6		20	3	丙申	9		20	5	丁卯	6
21	3	丁卯	7		21	4	丁酉	1		21	6	戊辰	5
22	4	戊辰	8		22	5	戊戌	2		22	7	己巳	4
23	5	己巳	9		23	6	己亥	3		23	8	庚午	3
24	6	庚午	1		24	7	庚子	4		24	9	辛未	2
25	7	辛未	2		25	8	辛丑	5		25	10	壬申	1
26	8	壬申	3		26	9	壬寅	6		26	11	癸酉	9
27	9	癸酉	4		27	10	癸卯	7		27	12	甲戌	8
28	10	甲戌	5		28	11	甲辰	8		28	13	乙亥	7
29	11	乙亥	6		29	12	乙巳	9		29	14	丙子	6
30	12	丙子	7		30	13	丙午	1		30	15	丁丑	5
					31	14	丁未	2					

西紀 2015年 [乙未] 三碧木

7月(癸未) 九紫火				8月(甲申) 八白土				9月(乙酉) 七赤金			
陽曆	陰曆	日辰	紫白	陽曆	陰曆	日辰	紫白	陽曆	陰曆	日辰	紫白
1	16	戊寅	4	1	17	己酉	9	1	19	庚辰	5
2	17	己卯	3	2	18	庚戌	8	2	20	辛巳	4
3	18	庚辰	2	3	19	辛亥	7	3	21	壬午	3
4	19	辛巳	1	4	20	壬子	6	4	22	癸未	2
5	20	壬午	9	5	21	癸丑	5	5	23	甲申	1
6	21	癸未	8	6	22	甲寅	4	6	24	乙酉	9
7	22	甲申	7	7	23	乙卯	3	7	25	丙戌	8
8	23	乙酉	6	8	24	丙辰	2	8	26	丁亥	7
9	24	丙戌	5	9	25	丁巳	1	9	27	戊子	6
10	25	丁亥	4	10	26	戊午	9	10	28	己丑	5
11	26	戊子	3	11	27	己未	8	11	29	庚寅	4
12	27	己丑	2	12	28	庚申	7	12	30	辛卯	3
13	28	庚寅	1	13	29	辛酉	6	13	❽	壬辰	2
14	29	辛卯	9	14	❼	壬戌	5	14	2	癸巳	1
15	30	壬辰	8	15	2	癸亥	4	15	3	甲午	9
16	❻	癸巳	7	16	3	甲子	3	16	4	乙未	8
17	2	甲午	6	17	4	乙丑	2	17	5	丙申	7
18	3	乙未	5	18	5	丙寅	1	18	6	丁酉	6
19	4	丙申	4	19	6	丁卯	9	19	7	戊戌	5
20	5	丁酉	3	20	7	戊辰	8	20	8	己亥	4
21	6	戊戌	2	21	8	己巳	7	21	9	庚子	3
22	7	己亥	1	22	9	庚午	6	22	10	辛丑	2
23	8	庚子	9	23	10	辛未	5	23	11	壬寅	1
24	9	辛丑	8	24	11	壬申	4	24	12	癸卯	9
25	10	壬寅	7	25	12	癸酉	3	25	13	甲辰	8
26	11	癸卯	6	26	13	甲戌	2	26	14	乙巳	7
27	12	甲辰	5	27	14	乙亥	1	27	15	丙午	6
28	13	乙巳	4	28	15	丙子	9	28	16	丁未	5
29	14	丙午	3	29	16	丁丑	8	29	17	戊申	4
30	15	丁未	2	30	17	戊寅	7	30	18	己酉	3
31	16	戊申	1	31	18	己卯	6				

西紀 2015年 [乙未] 三碧木

10月(丙戌) 六白金				11月(丁亥) 五黃土				12月(戊子) 四綠木			
陽曆	陰曆	日辰	紫白	陽曆	陰曆	日辰	紫白	陽曆	陰曆	日辰	紫白
1	19	庚戌	2	1	20	辛巳	7	1	20	辛亥	4
2	20	辛亥	1	2	21	壬午	6	2	21	壬子	3
3	21	壬子	9	3	22	癸未	5	3	22	癸丑	2
4	22	癸丑	8	4	23	甲申	4	4	23	甲寅	1
5	23	甲寅	7	5	24	乙酉	3	5	24	乙卯	9
6	24	乙卯	6	6	25	丙戌	2	6	25	丙辰	8
7	25	丙辰	5	7	26	丁亥	1	7	26	丁巳	7
8	26	丁巳	4	8	27	戊子	9	8	27	戊午	6
9	27	戊午	3	9	28	己丑	8	9	28	己未	5
10	28	己未	2	10	29	庚寅	7	10	29	庚申	4
11	29	庚申	1	11	30	辛卯	6	11	⑪	辛酉	3
12	30	辛酉	9	12	⑩	壬辰	5	12	2	壬戌	2
13	⑨	壬戌	8	13	2	癸巳	4	13	3	癸亥	1
14	2	癸亥	7	14	3	甲午	3	14	4	甲子	1
15	3	甲子	6	15	4	乙未	2	15	5	乙丑	2
16	4	乙丑	5	16	5	丙申	1	16	6	丙寅	3
17	5	丙寅	4	17	6	丁酉	9	17	7	丁卯	4
18	6	丁卯	3	18	7	戊戌	8	18	8	戊辰	5
19	7	戊辰	2	19	8	己亥	7	19	9	己巳	6
20	8	己巳	1	20	9	庚子	6	20	10	庚午	7
21	9	庚午	9	21	10	辛丑	5	21	11	辛未	8
22	10	辛未	8	22	11	壬寅	4	22	12	壬申	9
23	11	壬申	7	23	12	癸卯	3	23	13	癸酉	1
24	12	癸酉	6	24	13	甲辰	2	24	14	甲戌	2
25	13	甲戌	5	25	14	乙巳	1	25	15	乙亥	3
26	14	乙亥	4	26	15	丙午	9	26	16	丙子	4
27	15	丙子	3	27	16	丁未	8	27	17	丁丑	5
28	16	丁丑	2	28	17	戊申	7	28	18	戊寅	6
29	17	戊寅	1	29	18	己酉	6	29	19	己卯	7
30	18	己卯	9	30	19	庚戌	5	30	20	庚辰	8
31	19	庚辰	8					31	21	辛巳	9

西紀 2016年 [丙申] 二黑土

1月(己丑) 三碧木			
陽曆	陰曆	日辰	紫白
1	22	壬午	1
2	23	癸未	2
3	24	甲申	3
4	25	乙酉	4
5	26	丙戌	5
6	27	丁亥	6
7	28	戊子	7
8	29	己丑	8
9	30	庚寅	9
10	⓬	辛卯	1
11	2	壬辰	2
12	3	癸巳	3
13	4	甲午	4
14	5	乙未	5
15	6	丙申	6
16	7	丁酉	7
17	8	戊戌	8
18	9	己亥	9
19	10	庚子	1
20	11	辛丑	2
21	12	壬寅	3
22	13	癸卯	4
23	14	甲辰	5
24	15	乙巳	6
25	16	丙午	7
26	17	丁未	8
27	18	戊申	9
28	19	己酉	1
29	20	庚戌	2
30	21	辛亥	3
31	22	壬子	4

2月(庚寅) 二黑土			
陽曆	陰曆	日辰	紫白
1	23	癸丑	5
2	24	甲寅	6
3	25	乙卯	7
4	26	丙辰	8
5	27	丁巳	9
6	28	戊午	1
7	29	己未	2
8	❶	庚申	3
9	2	辛酉	4
10	3	壬戌	5
11	4	癸亥	6
12	5	甲子	7
13	6	乙丑	8
14	7	丙寅	9
15	8	丁卯	1
16	9	戊辰	2
17	10	己巳	3
18	11	庚午	4
19	12	辛未	5
20	13	壬申	6
21	14	癸酉	7
22	15	甲戌	8
23	16	乙亥	9
24	17	丙子	1
25	18	丁丑	2
26	19	戊寅	3
27	20	己卯	4
28	21	庚辰	5
29	22	辛巳	6

3月(辛卯) 一白水			
陽曆	陰曆	日辰	紫白
1	23	壬午	7
2	24	癸未	8
3	25	甲申	9
4	26	乙酉	1
5	27	丙戌	2
6	28	丁亥	3
7	29	戊子	4
8	30	己丑	5
9	❷	庚寅	6
10	2	辛卯	7
11	3	壬辰	8
12	4	癸巳	9
13	5	甲午	1
14	6	乙未	2
15	7	丙申	3
16	8	丁酉	4
17	9	戊戌	5
18	10	己亥	6
19	11	庚子	7
20	12	辛丑	8
21	13	壬寅	9
22	14	癸卯	1
23	15	甲辰	2
24	16	乙巳	3
25	17	丙午	4
26	18	丁未	5
27	19	戊申	6
28	20	己酉	7
29	21	庚戌	8
30	22	辛亥	9
31	23	壬子	1

西紀 2016年 [丙申] 二黑土

4月(壬辰) 九紫火

陽曆	陰曆	日辰	紫白
1	24	癸丑	2
2	25	甲寅	3
3	26	乙卯	4
4	27	丙辰	5
5	28	丁巳	6
6	29	戊午	7
7	❸	己未	8
8	2	庚申	9
9	3	辛酉	1
10	4	壬戌	2
11	5	癸亥	3
12	6	甲子	4
13	7	乙丑	5
14	8	丙寅	6
15	9	丁卯	7
16	10	戊辰	8
17	11	己巳	9
18	12	庚午	1
19	13	辛未	2
20	14	壬申	3
21	15	癸酉	4
22	16	甲戌	5
23	17	乙亥	6
24	18	丙子	7
25	19	丁丑	8
26	20	戊寅	9
27	21	己卯	1
28	22	庚辰	2
29	23	辛巳	3
30	24	壬午	4

5月(癸巳) 八白土

陽曆	陰曆	日辰	紫白
1	25	癸未	5
2	26	甲申	6
3	27	乙酉	7
4	28	丙戌	8
5	29	丁亥	9
6	30	戊子	1
7	❹	己丑	2
8	2	庚寅	3
9	3	辛卯	4
10	4	壬辰	5
11	5	癸巳	6
12	6	甲午	7
13	7	乙未	8
14	8	丙申	9
15	9	丁酉	1
16	10	戊戌	2
17	11	己亥	3
18	12	庚子	4
19	13	辛丑	5
20	14	壬寅	6
21	15	癸卯	7
22	16	甲辰	8
23	17	乙巳	9
24	18	丙午	1
25	19	丁未	2
26	20	戊申	3
27	21	己酉	4
28	22	庚戌	5
29	23	辛亥	6
30	24	壬子	7
31	25	癸丑	8

6月(甲午) 七赤金

陽曆	陰曆	日辰	紫白
1	26	甲寅	9
2	27	乙卯	1
3	28	丙辰	2
4	29	丁巳	3
5	❺	戊午	4
6	2	己未	5
7	3	庚申	6
8	4	辛酉	7
9	5	壬戌	8
10	6	癸亥	9
11	7	甲子	9
12	8	乙丑	8
13	9	丙寅	7
14	10	丁卯	6
15	11	戊辰	5
16	12	己巳	4
17	13	庚午	3
18	14	辛未	2
19	15	壬申	1
20	16	癸酉	9
21	17	甲戌	8
22	18	乙亥	7
23	19	丙子	6
24	20	丁丑	5
25	21	戊寅	4
26	22	己卯	3
27	23	庚辰	2
28	24	辛巳	1
29	25	壬午	9
30	26	癸未	8

西紀 2016年 [丙申] 二黑土

7月(乙未) 六白金

陽曆	陰曆	日辰	紫白
1	27	甲申	7
2	28	乙酉	6
3	29	丙戌	5
4	❻	丁亥	4
5	2	戊子	3
6	3	己丑	2
7	4	庚寅	1
8	5	辛卯	9
9	6	壬辰	8
10	7	癸巳	7
11	8	甲午	6
12	9	乙未	5
13	10	丙申	4
14	11	丁酉	3
15	12	戊戌	2
16	13	己亥	1
17	14	庚子	9
18	15	辛丑	8
19	16	壬寅	7
20	17	癸卯	6
21	18	甲辰	5
22	19	乙巳	4
23	20	丙午	3
24	21	丁未	2
25	22	戊申	1
26	23	己酉	9
27	24	庚戌	8
28	25	辛亥	7
29	26	壬子	6
30	27	癸丑	5
31	28	甲寅	4

8月(丙申) 五黃土

陽曆	陰曆	日辰	紫白
1	29	乙卯	3
2	30	丙辰	2
3	❼	丁巳	1
4	2	戊午	9
5	3	己未	8
6	4	庚申	7
7	5	辛酉	6
8	6	壬戌	5
9	7	癸亥	4
10	8	甲子	3
11	9	乙丑	2
12	10	丙寅	1
13	11	丁卯	9
14	12	戊辰	8
15	13	己巳	7
16	14	庚午	6
17	15	辛未	5
18	16	壬申	4
19	17	癸酉	3
20	18	甲戌	2
21	19	乙亥	1
22	20	丙子	9
23	21	丁丑	8
24	22	戊寅	7
25	23	己卯	6
26	24	庚辰	5
27	25	辛巳	4
28	26	壬午	3
29	27	癸未	2
30	28	甲申	1
31	29	乙酉	9

9月(丁酉) 四綠木

陽曆	陰曆	日辰	紫白
1	❽	丙戌	8
2	2	丁亥	7
3	3	戊子	6
4	4	己丑	5
5	5	庚寅	4
6	6	辛卯	3
7	7	壬辰	2
8	8	癸巳	1
9	9	甲午	9
10	10	乙未	8
11	11	丙申	7
12	12	丁酉	6
13	13	戊戌	5
14	14	己亥	4
15	15	庚子	3
16	16	辛丑	2
17	17	壬寅	1
18	18	癸卯	9
19	19	甲辰	8
20	20	乙巳	7
21	21	丙午	6
22	22	丁未	5
23	23	戊申	4
24	24	己酉	3
25	25	庚戌	2
26	26	辛亥	1
27	27	壬子	9
28	28	癸丑	8
29	29	甲寅	7
30	30	乙卯	6

西紀 2016年 [丙申] 二黑土

10月(戊戌) 三碧木

陽曆	陰曆	日辰	紫白
1	❾	丙辰	5
2	2	丁巳	4
3	3	戊午	3
4	4	己未	2
5	5	庚申	1
6	6	辛酉	9
7	7	壬戌	8
8	8	癸亥	7
9	9	甲子	6
10	10	乙丑	5
11	11	丙寅	4
12	12	丁卯	3
13	13	戊辰	2
14	14	己巳	1
15	15	庚午	9
16	16	辛未	8
17	17	壬申	7
18	18	癸酉	6
19	19	甲戌	5
20	20	乙亥	4
21	21	丙子	3
22	22	丁丑	2
23	23	戊寅	1
24	24	己卯	9
25	25	庚辰	8
26	26	辛巳	7
27	27	壬午	6
28	28	癸未	5
29	29	甲申	4
30	30	乙酉	3
31	❿	丙戌	2

11月(己亥) 二黑土

陽曆	陰曆	日辰	紫白
1	2	丁亥	1
2	3	戊子	9
3	4	己丑	8
4	5	庚寅	7
5	6	辛卯	6
6	7	壬辰	5
7	8	癸巳	4
8	9	甲午	3
9	10	乙未	2
10	11	丙申	1
11	12	丁酉	9
12	13	戊戌	8
13	14	己亥	7
14	15	庚子	6
15	16	辛丑	5
16	17	壬寅	4
17	18	癸卯	3
18	19	甲辰	2
19	20	乙巳	1
20	21	丙午	9
21	22	丁未	8
22	23	戊申	7
23	24	己酉	6
24	25	庚戌	5
25	26	辛亥	4
26	27	壬子	3
27	28	癸丑	2
28	29	甲寅	1
29	⓫	乙卯	9
30	2	丙辰	8

12月(庚子) 一白水

陽曆	陰曆	日辰	紫白
1	3	丁巳	7
2	4	戊午	6
3	5	己未	5
4	6	庚申	4
5	7	辛酉	3
6	8	壬戌	2
7	9	癸亥	1
8	10	甲子	1
9	11	乙丑	2
10	12	丙寅	3
11	13	丁卯	4
12	14	戊辰	5
13	15	己巳	6
14	16	庚午	7
15	17	辛未	8
16	18	壬申	9
17	19	癸酉	1
18	20	甲戌	2
19	21	乙亥	3
20	22	丙子	4
21	23	丁丑	5
22	24	戊寅	6
23	25	己卯	7
24	26	庚辰	8
25	27	辛巳	9
26	28	壬午	1
27	29	癸未	2
28	30	甲申	3
29	⓬	乙酉	4
30	2	丙戌	5
31	3	丁亥	6

西紀 2017年 [丁酉] 一白水

1月(辛丑) 九紫火

陽曆	陰曆	日辰	紫白
1	4	戊子	7
2	5	己丑	8
3	6	庚寅	9
4	7	辛卯	1
5	8	壬辰	2
6	9	癸巳	3
7	10	甲午	4
8	11	乙未	5
9	12	丙申	6
10	13	丁酉	7
11	14	戊戌	8
12	15	己亥	9
13	16	庚子	1
14	17	辛丑	2
15	18	壬寅	3
16	19	癸卯	4
17	20	甲辰	5
18	21	乙巳	6
19	22	丙午	7
20	23	丁未	8
21	24	戊申	9
22	25	己酉	1
23	26	庚戌	2
24	27	辛亥	3
25	28	壬子	4
26	29	癸丑	5
27	30	甲寅	6
28	❶	乙卯	7
29	2	丙辰	8
30	3	丁巳	9
31	4	戊午	1

2月(壬寅) 八白土

陽曆	陰曆	日辰	紫白
1	5	己未	2
2	6	庚申	3
3	7	辛酉	4
4	8	壬戌	5
5	9	癸亥	6
6	10	甲子	7
7	11	乙丑	8
8	12	丙寅	9
9	13	丁卯	1
10	14	戊辰	2
11	15	己巳	3
12	16	庚午	4
13	17	辛未	5
14	18	壬申	6
15	19	癸酉	7
16	20	甲戌	8
17	21	乙亥	9
18	22	丙子	1
19	23	丁丑	2
20	24	戊寅	3
21	25	己卯	4
22	26	庚辰	5
23	27	辛巳	6
24	28	壬午	7
25	29	癸未	8
26	❷	甲申	9
27	2	乙酉	1
28	3	丙戌	2

3月(癸卯) 七赤金

陽曆	陰曆	日辰	紫白
1	4	丁亥	3
2	5	戊子	4
3	6	己丑	5
4	7	庚寅	6
5	8	辛卯	7
6	9	壬辰	8
7	10	癸巳	9
8	11	甲午	1
9	12	乙未	2
10	13	丙申	3
11	14	丁酉	4
12	15	戊戌	5
13	16	己亥	6
14	17	庚子	7
15	18	辛丑	8
16	19	壬寅	9
17	20	癸卯	1
18	21	甲辰	2
19	22	乙巳	3
20	23	丙午	4
21	24	丁未	5
22	25	戊申	6
23	26	己酉	7
24	27	庚戌	8
25	28	辛亥	9
26	29	壬子	1
27	30	癸丑	2
28	❸	甲寅	3
29	2	乙卯	4
30	3	丙辰	5
31	4	丁巳	6

西紀 2017年 [丁酉] 一白水

4月(甲辰) 六白金

陽曆	陰曆	日辰	紫白
1	5	戊午	7
2	6	己未	8
3	7	庚申	9
4	8	辛酉	1
5	9	壬戌	2
6	10	癸亥	3
7	11	甲子	4
8	12	乙丑	5
9	13	丙寅	6
10	14	丁卯	7
11	15	戊辰	8
12	16	己巳	9
13	17	庚午	1
14	18	辛未	2
15	19	壬申	3
16	20	癸酉	4
17	21	甲戌	5
18	22	乙亥	6
19	23	丙子	7
20	24	丁丑	8
21	25	戊寅	9
22	26	己卯	1
23	27	庚辰	2
24	28	辛巳	3
25	29	壬午	4
26	❹	癸未	5
27	2	甲申	6
28	3	乙酉	7
29	4	丙戌	8
30	5	丁亥	9

5月(乙巳) 五黃土

陽曆	陰曆	日辰	紫白
1	6	戊子	1
2	7	己丑	2
3	8	庚寅	3
4	9	辛卯	4
5	10	壬辰	5
6	11	癸巳	6
7	12	甲午	7
8	13	乙未	8
9	14	丙申	9
10	15	丁酉	1
11	16	戊戌	2
12	17	己亥	3
13	18	庚子	4
14	19	辛丑	5
15	20	壬寅	6
16	21	癸卯	7
17	22	甲辰	8
18	23	乙巳	9
19	24	丙午	1
20	25	丁未	2
21	26	戊申	3
22	27	己酉	4
23	28	庚戌	5
24	29	辛亥	6
25	30	壬子	7
26	❺	癸丑	8
27	2	甲寅	9
28	3	乙卯	1
29	4	丙辰	2
30	5	丁巳	3
31	6	戊午	4

6月(丙午) 四綠木

陽曆	陰曆	日辰	紫白
1	7	己未	5
2	8	庚申	6
3	9	辛酉	7
4	10	壬戌	8
5	11	癸亥	9
6	12	甲子	9
7	13	乙丑	8
8	14	丙寅	7
9	15	丁卯	6
10	16	戊辰	5
11	17	己巳	4
12	18	庚午	3
13	19	辛未	2
14	20	壬申	1
15	21	癸酉	9
16	22	甲戌	8
17	23	乙亥	7
18	24	丙子	6
19	25	丁丑	5
20	26	戊寅	4
21	27	己卯	3
22	28	庚辰	2
23	29	辛巳	1
24	⚓5	壬午	9
25	2	癸未	8
26	3	甲申	7
27	4	乙酉	6
28	5	丙戌	5
29	6	丁亥	4
30	7	戊子	3

玄空手册

西紀 2017年 [丁酉] 一白水

7月(丁未) 三碧木					8月(戊申) 二黑土					9月(己酉) 一白水		
陽曆	陰曆	日辰	紫白	陽曆	陰曆	日辰	紫白	陽曆	陰曆	日辰	紫白
1	8	己丑	2	1	10	庚申	7	1	11	辛卯	3
2	9	庚寅	1	2	11	辛酉	6	2	12	壬辰	2
3	10	辛卯	9	3	12	壬戌	5	3	13	癸巳	1
4	11	壬辰	8	4	13	癸亥	4	4	14	甲午	9
5	12	癸巳	7	5	14	甲子	3	5	15	乙未	8
6	13	甲午	6	6	15	乙丑	2	6	16	丙申	7
7	14	乙未	5	7	16	丙寅	1	7	17	丁酉	6
8	15	丙申	4	8	17	丁卯	9	8	18	戊戌	5
9	16	丁酉	3	9	18	戊辰	8	9	19	己亥	4
10	17	戊戌	2	10	19	己巳	7	10	20	庚子	3
11	18	己亥	1	11	20	庚午	6	11	21	辛丑	2
12	19	庚子	9	12	21	辛未	5	12	22	壬寅	1
13	20	辛丑	8	13	22	壬申	4	13	23	癸卯	9
14	21	壬寅	7	14	23	癸酉	3	14	24	甲辰	8
15	22	癸卯	6	15	24	甲戌	2	15	25	乙巳	7
16	23	甲辰	5	16	25	乙亥	1	16	26	丙午	6
17	24	乙巳	4	17	26	丙子	9	17	27	丁未	5
18	25	丙午	3	18	27	丁丑	8	18	28	戊申	4
19	26	丁未	2	19	28	戊寅	7	19	29	己酉	3
20	27	戊申	1	20	29	己卯	6	20	❽	庚戌	2
21	28	己酉	9	21	30	庚辰	5	21	2	辛亥	1
22	29	庚戌	8	22	❼	辛巳	4	22	3	壬子	9
23	❻	辛亥	7	23	2	壬午	3	23	4	癸丑	8
24	2	壬子	6	24	3	癸未	2	24	5	甲寅	7
25	3	癸丑	5	25	4	甲申	1	25	6	乙卯	6
26	4	甲寅	4	26	5	乙酉	9	26	7	丙辰	5
27	5	乙卯	3	27	6	丙戌	8	27	8	丁巳	4
28	6	丙辰	2	28	7	丁亥	7	28	9	戊午	3
29	7	丁巳	1	29	8	戊子	6	29	10	己未	2
30	8	戊午	9	30	9	己丑	5	30	11	庚申	1
31	9	己未	8	31	10	庚寅	4				

西紀 2017年 [丁酉] 一白水

10月(庚戌) 九紫火

陽曆	陰曆	日辰	紫白
1	12	辛酉	9
2	13	壬戌	8
3	14	癸亥	7
4	15	甲子	6
5	16	乙丑	5
6	17	丙寅	4
7	18	丁卯	3
8	19	戊辰	2
9	20	己巳	1
10	21	庚午	9
11	22	辛未	8
12	23	壬申	7
13	24	癸酉	6
14	25	甲戌	5
15	26	乙亥	4
16	27	丙子	3
17	28	丁丑	2
18	29	戊寅	1
19	30	己卯	9
20	❾	庚辰	8
21	2	辛巳	7
22	3	壬午	6
23	4	癸未	5
24	5	甲申	4
25	6	乙酉	3
26	7	丙戌	2
27	8	丁亥	1
28	9	戊子	9
29	10	己丑	8
30	11	庚寅	7
31	12	辛卯	6

11月(辛亥) 八白土

陽曆	陰曆	日辰	紫白
1	13	壬辰	5
2	14	癸巳	4
3	15	甲午	3
4	16	乙未	2
5	17	丙申	1
6	18	丁酉	9
7	19	戊戌	8
8	20	己亥	7
9	21	庚子	6
10	22	辛丑	5
11	23	壬寅	4
12	24	癸卯	3
13	25	甲辰	2
14	26	乙巳	1
15	27	丙午	9
16	28	丁未	8
17	29	戊申	7
18	❿	己酉	6
19	2	庚戌	5
20	3	辛亥	4
21	4	壬子	3
22	5	癸丑	2
23	6	甲寅	1
24	7	乙卯	9
25	8	丙辰	8
26	9	丁巳	7
27	10	戊午	6
28	11	己未	5
29	12	庚申	4
30	13	辛酉	3

12月(壬子) 七赤金

陽曆	陰曆	日辰	紫白
1	14	壬戌	2
2	15	癸亥	1
3	16	甲子	1
4	17	乙丑	2
5	18	丙寅	3
6	19	丁卯	4
7	20	戊辰	5
8	21	己巳	6
9	22	庚午	7
10	23	辛未	8
11	24	壬申	9
12	25	癸酉	1
13	26	甲戌	2
14	27	乙亥	3
15	28	丙子	4
16	29	丁丑	5
17	30	戊寅	6
18	⓫	己卯	7
19	2	庚辰	8
20	3	辛巳	9
21	4	壬午	1
22	5	癸未	2
23	6	甲申	3
24	7	乙酉	4
25	8	丙戌	5
26	9	丁亥	6
27	10	戊子	7
28	11	己丑	8
29	12	庚寅	9
30	13	辛卯	1
31	14	壬辰	2

西紀 2018年［戊戌］九紫火

1月(癸丑) 六白金			
陽曆	陰曆	日辰	紫白
1	15	癸巳	3
2	16	甲午	4
3	17	乙未	5
4	18	丙申	6
5	19	丁酉	7
6	20	戊戌	8
7	21	己亥	9
8	22	庚子	1
9	23	辛丑	2
10	24	壬寅	3
11	25	癸卯	4
12	26	甲辰	5
13	27	乙巳	6
14	28	丙午	7
15	29	丁未	8
16	30	戊申	9
17	⓬	己酉	1
18	2	庚戌	2
19	3	辛亥	3
20	4	壬子	4
21	5	癸丑	5
22	6	甲寅	6
23	7	乙卯	7
24	8	丙辰	8
25	9	丁巳	9
26	10	戊午	1
27	11	己未	2
28	12	庚申	3
29	13	辛酉	4
30	14	壬戌	5
31	15	癸亥	6

2月(甲寅) 五黃土			
陽曆	陰曆	日辰	紫白
1	16	甲子	7
2	17	乙丑	8
3	18	丙寅	9
4	19	丁卯	1
5	20	戊辰	2
6	21	己巳	3
7	22	庚午	4
8	23	辛未	5
9	24	壬申	6
10	25	癸酉	7
11	26	甲戌	8
12	27	乙亥	9
13	28	丙子	1
14	29	丁丑	2
15	30	戊寅	3
16	❶	己卯	4
17	2	庚辰	5
18	3	辛巳	6
19	4	壬午	7
20	5	癸未	8
21	6	甲申	9
22	7	乙酉	1
23	8	丙戌	2
24	9	丁亥	3
25	10	戊子	4
26	11	己丑	5
27	12	庚寅	6
28	13	辛卯	7

3月(乙卯) 四綠木			
陽曆	陰曆	日辰	紫白
1	14	壬辰	8
2	15	癸巳	9
3	16	甲午	1
4	17	乙未	2
5	18	丙申	3
6	19	丁酉	4
7	20	戊戌	5
8	21	己亥	6
9	22	庚子	7
10	23	辛丑	8
11	24	壬寅	9
12	25	癸卯	1
13	26	甲辰	2
14	27	乙巳	3
15	28	丙午	4
16	29	丁未	5
17	❷	戊申	6
18	2	己酉	7
19	3	庚戌	8
20	4	辛亥	9
21	5	壬子	1
22	6	癸丑	2
23	7	甲寅	3
24	8	乙卯	4
25	9	丙辰	5
26	10	丁巳	6
27	11	戊午	7
28	12	己未	8
29	13	庚申	9
30	14	辛酉	1
31	15	壬戌	2

西紀 2018年 [戊戌] 九紫火

4月(丙辰) 三碧木

陽曆	陰曆	日辰	紫白
1	16	癸亥	3
2	17	甲子	4
3	18	乙丑	5
4	19	丙寅	6
5	20	丁卯	7
6	21	戊辰	8
7	22	己巳	9
8	23	庚午	1
9	24	辛未	2
10	25	壬申	3
11	26	癸酉	4
12	27	甲戌	5
13	28	乙亥	6
14	29	丙子	7
15	30	丁丑	8
16	❸	戊寅	9
17	2	己卯	1
18	3	庚辰	2
19	4	辛巳	3
20	5	壬午	4
21	6	癸未	5
22	7	甲申	6
23	8	乙酉	7
24	9	丙戌	8
25	10	丁亥	9
26	11	戊子	1
27	12	己丑	2
28	13	庚寅	3
29	14	辛卯	4
30	15	壬辰	5

5月(丁巳) 二黑土

陽曆	陰曆	日辰	紫白
1	16	癸巳	6
2	17	甲午	7
3	18	乙未	8
4	19	丙申	9
5	20	丁酉	1
6	21	戊戌	2
7	22	己亥	3
8	23	庚子	4
9	24	辛丑	5
10	25	壬寅	6
11	26	癸卯	7
12	27	甲辰	8
13	28	乙巳	9
14	29	丙午	1
15	❹	丁未	2
16	2	戊申	3
17	3	己酉	4
18	4	庚戌	5
19	5	辛亥	6
20	6	壬子	7
21	7	癸丑	8
22	8	甲寅	9
23	9	乙卯	1
24	10	丙辰	2
25	11	丁巳	3
26	12	戊午	4
27	13	己未	5
28	14	庚申	6
29	15	辛酉	7
30	16	壬戌	8
31	17	癸亥	9

6月(戊午) 一白水

陽曆	陰曆	日辰	紫白
1	18	甲子	9
2	19	乙丑	8
3	20	丙寅	7
4	21	丁卯	6
5	22	戊辰	5
6	23	己巳	4
7	24	庚午	3
8	25	辛未	2
9	26	壬申	1
10	27	癸酉	9
11	28	甲戌	8
12	29	乙亥	7
13	30	丙子	6
14	❺	丁丑	5
15	2	戊寅	4
16	3	己卯	3
17	4	庚辰	2
18	5	辛巳	1
19	6	壬午	9
20	7	癸未	8
21	8	甲申	7
22	9	乙酉	6
23	10	丙戌	5
24	11	丁亥	4
25	12	戊子	3
26	13	己丑	2
27	14	庚寅	1
28	15	辛卯	9
29	16	壬辰	8
30	17	癸巳	7

玄空手册

西紀 2018年［戊戌］九紫火

7月(己未) 九紫火

陽曆	陰曆	日辰	紫白
1	18	甲午	6
2	19	乙未	5
3	20	丙申	4
4	21	丁酉	3
5	22	戊戌	2
6	23	己亥	1
7	24	庚子	9
8	25	辛丑	8
9	26	壬寅	7
10	27	癸卯	6
11	28	甲辰	5
12	29	乙巳	4
13	❻	丙午	3
14	2	丁未	2
15	3	戊申	1
16	4	己酉	9
17	5	庚戌	8
18	6	辛亥	7
19	7	壬子	6
20	8	癸丑	5
21	9	甲寅	4
22	10	乙卯	3
23	11	丙辰	2
24	12	丁巳	1
25	13	戊午	9
26	14	己未	8
27	15	庚申	7
28	16	辛酉	6
29	17	壬戌	5
30	18	癸亥	4
31	19	甲子	3

8月(庚申) 八白土

陽曆	陰曆	日辰	紫白
1	20	乙丑	2
2	21	丙寅	1
3	22	丁卯	9
4	23	戊辰	8
5	24	己巳	7
6	25	庚午	6
7	26	辛未	5
8	27	壬申	4
9	28	癸酉	3
10	29	甲戌	2
11	❼	乙亥	1
12	2	丙子	9
13	3	丁丑	8
14	4	戊寅	7
15	5	己卯	6
16	6	庚辰	5
17	7	辛巳	4
18	8	壬午	3
19	9	癸未	2
20	10	甲申	1
21	11	乙酉	9
22	12	丙戌	8
23	13	丁亥	7
24	14	戊子	6
25	15	己丑	5
26	16	庚寅	4
27	17	辛卯	3
28	18	壬辰	2
29	19	癸巳	1
30	20	甲午	9
31	21	乙未	8

9月(辛酉) 七赤金

陽曆	陰曆	日辰	紫白
1	22	丙申	7
2	23	丁酉	6
3	24	戊戌	5
4	25	己亥	4
5	26	庚子	3
6	27	辛丑	2
7	28	壬寅	1
8	29	癸卯	9
9	30	甲辰	8
10	❽	乙巳	7
11	2	丙午	6
12	3	丁未	5
13	4	戊申	4
14	5	己酉	3
15	6	庚戌	2
16	7	辛亥	1
17	8	壬子	9
18	9	癸丑	8
19	10	甲寅	7
20	11	乙卯	6
21	12	丙辰	5
22	13	丁巳	4
23	14	戊午	3
24	15	己未	2
25	16	庚申	1
26	17	辛酉	9
27	18	壬戌	8
28	19	癸亥	7
29	20	甲子	6
30	21	乙丑	5

西紀 2018年［戊戌］九紫火

10月(壬戌) 六白金

陽曆	陰曆	日辰	紫白
1	22	丙寅	4
2	23	丁卯	3
3	24	戊辰	2
4	25	己巳	1
5	26	庚午	9
6	27	辛未	8
7	28	壬申	7
8	29	癸酉	6
9	❾	甲戌	5
10	2	乙亥	4
11	3	丙子	3
12	4	丁丑	2
13	5	戊寅	1
14	6	己卯	9
15	7	庚辰	8
16	8	辛巳	7
17	9	壬午	6
18	10	癸未	5
19	11	甲申	4
20	12	乙酉	3
21	13	丙戌	2
22	14	丁亥	1
23	15	戊子	9
24	16	己丑	8
25	17	庚寅	7
26	18	辛卯	6
27	19	壬辰	5
28	20	癸巳	4
29	21	甲午	3
30	22	乙未	2
31	23	丙申	1

11月(癸亥) 五黃土

陽曆	陰曆	日辰	紫白
1	24	丁酉	9
2	25	戊戌	8
3	26	己亥	7
4	27	庚子	6
5	28	辛丑	5
6	29	壬寅	4
7	30	癸卯	3
8	❿	甲辰	2
9	2	乙巳	1
10	3	丙午	9
11	4	丁未	8
12	5	戊申	7
13	6	己酉	6
14	7	庚戌	5
15	8	辛亥	4
16	9	壬子	3
17	10	癸丑	2
18	11	甲寅	1
19	12	乙卯	9
20	13	丙辰	8
21	14	丁巳	7
22	15	戊午	6
23	16	己未	5
24	17	庚申	4
25	18	辛酉	3
26	19	壬戌	2
27	20	癸亥	1
28	21	甲子	1
29	22	乙丑	2
30	23	丙寅	3

12月(甲子) 四綠木

陽曆	陰曆	日辰	紫白
1	24	丁卯	4
2	25	戊辰	5
3	26	己巳	6
4	27	庚午	7
5	28	辛未	8
6	29	壬申	9
7	⓫	癸酉	1
8	2	甲戌	2
9	3	乙亥	3
10	4	丙子	4
11	5	丁丑	5
12	6	戊寅	6
13	7	己卯	7
14	8	庚辰	8
15	9	辛巳	9
16	10	壬午	1
17	11	癸未	2
18	12	甲申	3
19	13	乙酉	4
20	14	丙戌	5
21	15	丁亥	6
22	16	戊子	7
23	17	己丑	8
24	18	庚寅	9
25	19	辛卯	1
26	20	壬辰	2
27	21	癸巳	3
28	22	甲午	4
29	23	乙未	5
30	24	丙申	6
31	25	丁酉	7

西紀 2019年 [己亥] 八白土

1月(乙丑) 三碧木			
陽曆	陰曆	日辰	紫白
1	26	戊戌	8
2	27	己亥	9
3	28	庚子	1
4	29	辛丑	2
5	30	壬寅	3
6	⓬	癸卯	4
7	2	甲辰	5
8	3	乙巳	6
9	4	丙午	7
10	5	丁未	8
11	6	戊申	9
12	7	己酉	1
13	8	庚戌	2
14	9	辛亥	3
15	10	壬子	4
16	11	癸丑	5
17	12	甲寅	6
18	13	乙卯	7
19	14	丙辰	8
20	15	丁巳	9
21	16	戊午	1
22	17	己未	2
23	18	庚申	3
24	19	辛酉	4
25	20	壬戌	5
26	21	癸亥	6
27	22	甲子	7
28	23	乙丑	8
29	24	丙寅	9
30	25	丁卯	1
31	26	戊辰	2

2月(丙寅) 二黑土			
陽曆	陰曆	日辰	紫白
1	27	己巳	3
2	28	庚午	4
3	29	辛未	5
4	30	壬申	6
5	❶	癸酉	7
6	2	甲戌	8
7	3	乙亥	9
8	4	丙子	1
9	5	丁丑	2
10	6	戊寅	3
11	7	己卯	4
12	8	庚辰	5
13	9	辛巳	6
14	10	壬午	7
15	11	癸未	8
16	12	甲申	9
17	13	乙酉	1
18	14	丙戌	2
19	15	丁亥	3
20	16	戊子	4
21	17	己丑	5
22	18	庚寅	6
23	19	辛卯	7
24	20	壬辰	8
25	21	癸巳	9
26	22	甲午	1
27	23	乙未	2
28	24	丙申	3

3月(丁卯) 一白水			
陽曆	陰曆	日辰	紫白
1	25	丁酉	4
2	26	戊戌	5
3	27	己亥	6
4	28	庚子	7
5	29	辛丑	8
6	30	壬寅	9
7	❷	癸卯	1
8	2	甲辰	2
9	3	乙巳	3
10	4	丙午	4
11	5	丁未	5
12	6	戊申	6
13	7	己酉	7
14	8	庚戌	8
15	9	辛亥	9
16	10	壬子	1
17	11	癸丑	2
18	12	甲寅	3
19	13	乙卯	4
20	14	丙辰	5
21	15	丁巳	6
22	16	戊午	7
23	17	己未	8
24	18	庚申	9
25	19	辛酉	1
26	20	壬戌	2
27	21	癸亥	3
28	22	甲子	4
29	23	乙丑	5
30	24	丙寅	6
31	25	丁卯	7

西紀 2019年 [己亥] 八白土

4月(戊辰) 九紫火

陽曆	陰曆	日辰	紫白
1	26	戊辰	8
2	27	己巳	9
3	28	庚午	1
4	29	辛未	2
5	❸	壬申	3
6	2	癸酉	4
7	3	甲戌	5
8	4	乙亥	6
9	5	丙子	7
10	6	丁丑	8
11	7	戊寅	9
12	8	己卯	1
13	9	庚辰	2
14	10	辛巳	3
15	11	壬午	4
16	12	癸未	5
17	13	甲申	6
18	14	乙酉	7
19	15	丙戌	8
20	16	丁亥	9
21	17	戊子	1
22	18	己丑	2
23	19	庚寅	3
24	20	辛卯	4
25	21	壬辰	5
26	22	癸巳	6
27	23	甲午	7
28	24	乙未	8
29	25	丙申	9
30	26	丁酉	1

5月(己巳) 八白土

陽曆	陰曆	日辰	紫白
1	27	戊戌	2
2	28	己亥	3
3	29	庚子	4
4	30	辛丑	5
5	❹	壬寅	6
6	2	癸卯	7
7	3	甲辰	8
8	4	乙巳	9
9	5	丙午	1
10	6	丁未	2
11	7	戊申	3
12	8	己酉	4
13	9	庚戌	5
14	10	辛亥	6
15	11	壬子	7
16	12	癸丑	8
17	13	甲寅	9
18	14	乙卯	1
19	15	丙辰	2
20	16	丁巳	3
21	17	戊午	4
22	18	己未	5
23	19	庚申	6
24	20	辛酉	7
25	21	壬戌	8
26	22	癸亥	9
27	23	甲子	9
28	24	乙丑	8
29	25	丙寅	7
30	26	丁卯	6
31	27	戊辰	5

6月(庚午) 七赤金

陽曆	陰曆	日辰	紫白
1	28	己巳	4
2	29	庚午	3
3	❺	辛未	2
4	2	壬申	1
5	3	癸酉	9
6	4	甲戌	8
7	5	乙亥	7
8	6	丙子	6
9	7	丁丑	5
10	8	戊寅	4
11	9	己卯	3
12	10	庚辰	2
13	11	辛巳	1
14	12	壬午	9
15	13	癸未	8
16	14	甲申	7
17	15	乙酉	6
18	16	丙戌	5
19	17	丁亥	4
20	18	戊子	3
21	19	己丑	2
22	20	庚寅	1
23	21	辛卯	9
24	22	壬辰	8
25	23	癸巳	7
26	24	甲午	6
27	25	乙未	5
28	26	丙申	4
29	27	丁酉	3
30	28	戊戌	2

西紀 2019年 [己亥] 八白土

7月(辛未) 六白金

陽曆	陰曆	日辰	紫白
1	29	己亥	1
2	30	庚子	9
3	❻	辛丑	8
4	2	壬寅	7
5	3	癸卯	6
6	4	甲辰	5
7	5	乙巳	4
8	6	丙午	3
9	7	丁未	2
10	8	戊申	1
11	9	己酉	9
12	10	庚戌	8
13	11	辛亥	7
14	12	壬子	6
15	13	癸丑	5
16	14	甲寅	4
17	15	乙卯	3
18	16	丙辰	2
19	17	丁巳	1
20	18	戊午	9
21	19	己未	8
22	20	庚申	7
23	21	辛酉	6
24	22	壬戌	5
25	23	癸亥	4
26	24	甲子	3
27	25	乙丑	2
28	26	丙寅	1
29	27	丁卯	9
30	28	戊辰	8
31	29	己巳	7

8月(壬申) 五黃土

陽曆	陰曆	日辰	紫白
1	❼	庚午	6
2	2	辛未	5
3	3	壬申	4
4	4	癸酉	3
5	5	甲戌	2
6	6	乙亥	1
7	7	丙子	9
8	8	丁丑	8
9	9	戊寅	7
10	10	己卯	6
11	11	庚辰	5
12	12	辛巳	4
13	13	壬午	3
14	14	癸未	2
15	15	甲申	1
16	16	乙酉	9
17	17	丙戌	8
18	18	丁亥	7
19	19	戊子	6
20	20	己丑	5
21	21	庚寅	4
22	22	辛卯	3
23	23	壬辰	2
24	24	癸巳	1
25	25	甲午	9
26	26	乙未	8
27	27	丙申	7
28	28	丁酉	6
29	29	戊戌	5
30	❽	己亥	4
31	2	庚子	3

9月(癸酉) 四綠木

陽曆	陰曆	日辰	紫白
1	3	辛丑	2
2	4	壬寅	1
3	5	癸卯	9
4	6	甲辰	8
5	7	乙巳	7
6	8	丙午	6
7	9	丁未	5
8	10	戊申	4
9	11	己酉	3
10	12	庚戌	2
11	13	辛亥	1
12	14	壬子	9
13	15	癸丑	8
14	16	甲寅	7
15	17	乙卯	6
16	18	丙辰	5
17	19	丁巳	4
18	20	戊午	3
19	21	己未	2
20	22	庚申	1
21	23	辛酉	9
22	24	壬戌	8
23	25	癸亥	7
24	26	甲子	6
25	27	乙丑	5
26	28	丙寅	4
27	29	丁卯	3
28	30	戊辰	2
29	❾	己巳	1
30	2	庚午	9

西紀 2019年 [己亥] 八白土

10月(甲戌) 三碧木

陽曆	陰曆	日辰	紫白
1	3	辛未	8
2	4	壬申	7
3	5	癸酉	6
4	6	甲戌	5
5	7	乙亥	4
6	8	丙子	3
7	9	丁丑	2
8	10	戊寅	1
9	11	己卯	9
10	12	庚辰	8
11	13	辛巳	7
12	14	壬午	6
13	15	癸未	5
14	16	甲申	4
15	17	乙酉	3
16	18	丙戌	2
17	19	丁亥	1
18	20	戊子	9
19	21	己丑	8
20	22	庚寅	7
21	23	辛卯	6
22	24	壬辰	5
23	25	癸巳	4
24	26	甲午	3
25	27	乙未	2
26	28	丙申	1
27	29	丁酉	9
28	❿	戊戌	8
29	2	己亥	7
30	3	庚子	6
31	4	辛丑	5

11月(乙亥) 二黑土

陽曆	陰曆	日辰	紫白
1	5	壬寅	4
2	6	癸卯	3
3	7	甲辰	2
4	8	乙巳	1
5	9	丙午	9
6	10	丁未	8
7	11	戊申	7
8	12	己酉	6
9	13	庚戌	5
10	14	辛亥	4
11	15	壬子	3
12	16	癸丑	2
13	17	甲寅	1
14	18	乙卯	9
15	19	丙辰	8
16	20	丁巳	7
17	21	戊午	6
18	22	己未	5
19	23	庚申	4
20	24	辛酉	3
21	25	壬戌	2
22	26	癸亥	1
23	27	甲子	1
24	28	乙丑	2
25	29	丙寅	3
26	30	丁卯	4
27	⓫	戊辰	5
28	2	己巳	6
29	3	庚午	7
30	4	辛未	8

12月(丙子) 一白水

陽曆	陰曆	日辰	紫白
1	5	壬申	9
2	6	癸酉	1
3	7	甲戌	2
4	8	乙亥	3
5	9	丙子	4
6	10	丁丑	5
7	11	戊寅	6
8	12	己卯	7
9	13	庚辰	8
10	14	辛巳	9
11	15	壬午	1
12	16	癸未	2
13	17	甲申	3
14	18	乙酉	4
15	19	丙戌	5
16	20	丁亥	6
17	21	戊子	7
18	22	己丑	8
19	23	庚寅	9
20	24	辛卯	1
21	25	壬辰	2
22	26	癸巳	3
23	27	甲午	4
24	28	乙未	5
25	29	丙申	6
26	⓬	丁酉	7
27	2	戊戌	8
28	3	己亥	9
29	4	庚子	1
30	5	辛丑	2
31	6	壬寅	3

西紀 2020年 [庚子] 七赤金

1月(丁丑) 九紫火

陽曆	陰曆	日辰	紫白
1	7	癸卯	4
2	8	甲辰	5
3	9	乙巳	6
4	10	丙午	7
5	11	丁未	8
6	12	戊申	9
7	13	己酉	1
8	14	庚戌	2
9	15	辛亥	3
10	16	壬子	4
11	17	癸丑	5
12	18	甲寅	6
13	19	乙卯	7
14	20	丙辰	8
15	21	丁巳	9
16	22	戊午	1
17	23	己未	2
18	24	庚申	3
19	25	辛酉	4
20	26	壬戌	5
21	27	癸亥	6
22	28	甲子	7
23	29	乙丑	8
24	30	丙寅	9
25	❶	丁卯	1
26	2	戊辰	2
27	3	己巳	3
28	4	庚午	4
29	5	辛未	5
30	6	壬申	6
31	7	癸酉	7

2月(戊寅) 八白土

陽曆	陰曆	日辰	紫白
1	8	甲戌	8
2	9	乙亥	9
3	10	丙子	1
4	11	丁丑	2
5	12	戊寅	3
6	13	己卯	4
7	14	庚辰	5
8	15	辛巳	6
9	16	壬午	7
10	17	癸未	8
11	18	甲申	9
12	19	乙酉	1
13	20	丙戌	2
14	21	丁亥	3
15	22	戊子	4
16	23	己丑	5
17	24	庚寅	6
18	25	辛卯	7
19	26	壬辰	8
20	27	癸巳	9
21	28	甲午	1
22	29	乙未	2
23	30	丙申	3
24	❷	丁酉	4
25	2	戊戌	5
26	3	己亥	6
27	4	庚子	7
28	5	辛丑	8
29	6	壬寅	9

3月(己卯) 七赤金

陽曆	陰曆	日辰	紫白
1	7	癸卯	1
2	8	甲辰	2
3	9	乙巳	3
4	10	丙午	4
5	11	丁未	5
6	12	戊申	6
7	13	己酉	7
8	14	庚戌	8
9	15	辛亥	9
10	16	壬子	1
11	17	癸丑	2
12	18	甲寅	3
13	19	乙卯	4
14	20	丙辰	5
15	21	丁巳	6
16	22	戊午	7
17	23	己未	8
18	24	庚申	9
19	25	辛酉	1
20	26	壬戌	2
21	27	癸亥	3
22	28	甲子	4
23	29	乙丑	5
24	❸	丙寅	6
25	2	丁卯	7
26	3	戊辰	8
27	4	己巳	9
28	5	庚午	1
29	6	辛未	2
30	7	壬申	3
31	8	癸酉	4

西紀 2020年［庚子］七赤金

4月(庚辰) 六白金

陽曆	陰曆	日辰	紫白
1	9	甲戌	5
2	10	乙亥	6
3	11	丙子	7
4	12	丁丑	8
5	13	戊寅	9
6	14	己卯	1
7	15	庚辰	2
8	16	辛巳	3
9	17	壬午	4
10	18	癸未	5
11	19	甲申	6
12	20	乙酉	7
13	21	丙戌	8
14	22	丁亥	9
15	23	戊子	1
16	24	己丑	2
17	25	庚寅	3
18	26	辛卯	4
19	27	壬辰	5
20	28	癸巳	6
21	29	甲午	7
22	30	乙未	8
23	❹	丙申	9
24	2	丁酉	1
25	3	戊戌	2
26	4	己亥	3
27	5	庚子	4
28	6	辛丑	5
29	7	壬寅	6
30	8	癸卯	7

5月(辛巳) 五黃土

陽曆	陰曆	日辰	紫白
1	9	甲辰	8
2	10	乙巳	9
3	11	丙午	1
4	12	丁未	2
5	13	戊申	3
6	14	己酉	4
7	15	庚戌	5
8	16	辛亥	6
9	17	壬子	7
10	18	癸丑	8
11	19	甲寅	9
12	20	乙卯	1
13	21	丙辰	2
14	22	丁巳	3
15	23	戊午	4
16	24	己未	5
17	25	庚申	6
18	26	辛酉	7
19	27	壬戌	8
20	28	癸亥	9
21	29	甲子	1
22	30	乙丑	2
23	㊄윤4	丙寅	3
24	2	丁卯	4
25	3	戊辰	5
26	4	己巳	6
27	5	庚午	7
28	6	辛未	8
29	7	壬申	9
30	8	癸酉	1
31	9	甲戌	2

6月(壬午) 四綠木

陽曆	陰曆	日辰	紫白
1	10	乙亥	3
2	11	丙子	4
3	12	丁丑	5
4	13	戊寅	6
5	14	己卯	7
6	15	庚辰	8
7	16	辛巳	9
8	17	壬午	1
9	18	癸未	2
10	19	甲申	3
11	20	乙酉	4
12	21	丙戌	5
13	22	丁亥	6
14	23	戊子	7
15	24	己丑	8
16	25	庚寅	9
17	26	辛卯	1
18	27	壬辰	2
19	28	癸巳	3
20	29	甲午	3
21	❺	乙未	2
22	2	丙申	1
23	3	丁酉	9
24	4	戊戌	8
25	5	己亥	7
26	6	庚子	6
27	7	辛丑	5
28	8	壬寅	4
29	9	癸卯	3
30	10	甲辰	2

西紀 2020年［庚子］七赤金

7月(癸未) 三碧木			
陽曆	陰曆	日辰	紫白
1	11	乙巳	1
2	12	丙午	9
3	13	丁未	8
4	14	戊申	7
5	15	己酉	6
6	16	庚戌	5
7	17	辛亥	4
8	18	壬子	3
9	19	癸丑	2
10	20	甲寅	1
11	21	乙卯	9
12	22	丙辰	8
13	23	丁巳	7
14	24	戊午	6
15	25	己未	5
16	26	庚申	4
17	27	辛酉	3
18	28	壬戌	2
19	29	癸亥	1
20	30	甲子	9
21	❻	乙丑	8
22	2	丙寅	7
23	3	丁卯	6
24	4	戊辰	5
25	5	己巳	4
26	6	庚午	3
27	7	辛未	2
28	8	壬申	1
29	9	癸酉	9
30	10	甲戌	8
31	11	乙亥	7

8月(甲申) 二黑土			
陽曆	陰曆	日辰	紫白
1	12	丙子	6
2	13	丁丑	5
3	14	戊寅	4
4	15	己卯	3
5	16	庚辰	2
6	17	辛巳	1
7	18	壬午	9
8	19	癸未	8
9	20	甲申	7
10	21	乙酉	6
11	22	丙戌	5
12	23	丁亥	4
13	24	戊子	3
14	25	己丑	2
15	26	庚寅	1
16	27	辛卯	9
17	28	壬辰	8
18	29	癸巳	7
19	❼	甲午	6
20	2	乙未	5
21	3	丙申	4
22	4	丁酉	3
23	5	戊戌	2
24	6	己亥	1
25	7	庚子	9
26	8	辛丑	8
27	9	壬寅	7
28	10	癸卯	6
29	11	甲辰	5
30	12	乙巳	4
31	13	丙午	3

9月(乙酉) 一白水			
陽曆	陰曆	日辰	紫白
1	14	丁未	2
2	15	戊申	1
3	16	己酉	9
4	17	庚戌	8
5	18	辛亥	7
6	19	壬子	6
7	20	癸丑	5
8	21	甲寅	4
9	22	乙卯	3
10	23	丙辰	2
11	24	丁巳	1
12	25	戊午	9
13	26	己未	8
14	27	庚申	7
15	28	辛酉	6
16	29	壬戌	5
17	❽	癸亥	4
18	2	甲子	3
19	3	乙丑	2
20	4	丙寅	1
21	5	丁卯	9
22	6	戊辰	8
23	7	己巳	7
24	8	庚午	6
25	9	辛未	5
26	10	壬申	4
27	11	癸酉	3
28	12	甲戌	2
29	13	乙亥	1
30	14	丙子	9

西紀 2020年［庚子］七赤金

10月(丙戌) 九紫火

陽曆	陰曆	日辰	紫白
1	15	丁丑	8
2	16	戊寅	7
3	17	己卯	6
4	18	庚辰	5
5	19	辛巳	4
6	20	壬午	3
7	21	癸未	2
8	22	甲申	1
9	23	乙酉	9
10	24	丙戌	8
11	25	丁亥	7
12	26	戊子	6
13	27	己丑	5
14	28	庚寅	4
15	29	辛卯	3
16	30	壬辰	2
17	❾	癸巳	1
18	2	甲午	9
19	3	乙未	8
20	4	丙申	7
21	5	丁酉	6
22	6	戊戌	5
23	7	己亥	4
24	8	庚子	3
25	9	辛丑	2
26	10	壬寅	1
27	11	癸卯	9
28	12	甲辰	8
29	13	乙巳	7
30	14	丙午	6
31	15	丁未	5

11月(丁亥) 八白土

陽曆	陰曆	日辰	紫白
1	16	戊申	4
2	17	己酉	3
3	18	庚戌	2
4	19	辛亥	1
5	20	壬子	9
6	21	癸丑	8
7	22	甲寅	7
8	23	乙卯	6
9	24	丙辰	5
10	25	丁巳	4
11	26	戊午	3
12	27	己未	2
13	28	庚申	1
14	29	辛酉	9
15	❿	壬戌	8
16	2	癸亥	7
17	3	甲子	6
18	4	乙丑	5
19	5	丙寅	4
20	6	丁卯	3
21	7	戊辰	2
22	8	己巳	1
23	9	庚午	9
24	10	辛未	8
25	11	壬申	7
26	12	癸酉	6
27	13	甲戌	5
28	14	乙亥	4
29	15	丙子	3
30	16	丁丑	2

12月(戊子) 七赤金

陽曆	陰曆	日辰	紫白
1	17	戊寅	1
2	18	己卯	9
3	19	庚辰	8
4	20	辛巳	7
5	21	壬午	6
6	22	癸未	5
7	23	甲申	4
8	24	乙酉	3
9	25	丙戌	2
10	26	丁亥	1
11	27	戊子	9
12	28	己丑	8
13	29	庚寅	7
14	30	辛卯	6
15	⓫	壬辰	5
16	2	癸巳	4
17	3	甲午	3
18	4	乙未	2
19	5	丙申	1
20	6	丁酉	9
21	7	戊戌	8
22	8	己亥	7
23	9	庚子	6
24	10	辛丑	5
25	11	壬寅	4
26	12	癸卯	3
27	13	甲辰	2
28	14	乙巳	1
29	15	丙午	9
30	16	丁未	8
31	17	戊申	7

西紀 2021年 [辛丑] 六白金

1月(己丑) 六白金

陽曆	陰曆	日辰	紫白
1	18	己酉	6
2	19	庚戌	5
3	20	辛亥	4
4	21	壬子	3
5	22	癸丑	2
6	23	甲寅	1
7	24	乙卯	9
8	25	丙辰	8
9	26	丁巳	7
10	27	戊午	6
11	28	己未	5
12	29	庚申	4
13	⓬	辛酉	3
14	2	壬戌	2
15	3	癸亥	1
16	4	甲子	1
17	5	乙丑	2
18	6	丙寅	3
19	7	丁卯	4
20	8	戊辰	5
21	9	己巳	6
22	10	庚午	7
23	11	辛未	8
24	12	壬申	9
25	13	癸酉	1
26	14	甲戌	2
27	15	乙亥	3
28	16	丙子	4
29	17	丁丑	5
30	18	戊寅	6
31	19	己卯	7

2月(庚寅) 五黃土

陽曆	陰曆	日辰	紫白
1	20	庚辰	8
2	21	辛巳	9
3	22	壬午	1
4	23	癸未	2
5	24	甲申	3
6	25	乙酉	4
7	26	丙戌	5
8	27	丁亥	6
9	28	戊子	7
10	29	己丑	8
11	30	庚寅	9
12	❶	辛卯	1
13	2	壬辰	2
14	3	癸巳	3
15	4	甲午	4
16	5	乙未	5
17	6	丙申	6
18	7	丁酉	7
19	8	戊戌	8
20	9	己亥	9
21	10	庚子	1
22	11	辛丑	2
23	12	壬寅	3
24	13	癸卯	4
25	14	甲辰	5
26	15	乙巳	6
27	16	丙午	7
28	17	丁未	8

3月(辛卯) 四綠木

陽曆	陰曆	日辰	紫白
1	18	戊申	9
2	19	己酉	1
3	20	庚戌	2
4	21	辛亥	3
5	22	壬子	4
6	23	癸丑	5
7	24	甲寅	6
8	25	乙卯	7
9	26	丙辰	8
10	27	丁巳	9
11	28	戊午	1
12	29	己未	2
13	❷	庚申	3
14	2	辛酉	4
15	3	壬戌	5
16	4	癸亥	6
17	5	甲子	7
18	6	乙丑	8
19	7	丙寅	9
20	8	丁卯	1
21	9	戊辰	2
22	10	己巳	3
23	11	庚午	4
24	12	辛未	5
25	13	壬申	6
26	14	癸酉	7
27	15	甲戌	8
28	16	乙亥	9
29	17	丙子	1
30	18	丁丑	2
31	19	戊寅	3

西紀 2021年 [辛丑] 六白金

4月(壬辰) 三碧木

陽曆	陰曆	日辰	紫白
1	20	己卯	4
2	21	庚辰	5
3	22	辛巳	6
4	23	壬午	7
5	24	癸未	8
6	25	甲申	9
7	26	乙酉	1
8	27	丙戌	2
9	28	丁亥	3
10	29	戊子	4
11	30	己丑	5
12	❸	庚寅	6
13	2	辛卯	7
14	3	壬辰	8
15	4	癸巳	9
16	5	甲午	1
17	6	乙未	2
18	7	丙申	3
19	8	丁酉	4
20	9	戊戌	5
21	10	己亥	6
22	11	庚子	7
23	12	辛丑	8
24	13	壬寅	9
25	14	癸卯	1
26	15	甲辰	2
27	16	乙巳	3
28	17	丙午	4
29	18	丁未	5
30	19	戊申	6

5月(癸巳) 二黑土

陽曆	陰曆	日辰	紫白
1	20	己酉	7
2	21	庚戌	8
3	22	辛亥	9
4	23	壬子	1
5	24	癸丑	2
6	25	甲寅	3
7	26	乙卯	4
8	27	丙辰	5
9	28	丁巳	6
10	29	戊午	7
11	30	己未	8
12	❹	庚申	9
13	2	辛酉	1
14	3	壬戌	2
15	4	癸亥	3
16	5	甲子	4
17	6	乙丑	5
18	7	丙寅	6
19	8	丁卯	7
20	9	戊辰	8
21	10	己巳	9
22	11	庚午	1
23	12	辛未	2
24	13	壬申	3
25	14	癸酉	4
26	15	甲戌	5
27	16	乙亥	6
28	17	丙子	7
29	18	丁丑	8
30	19	戊寅	9
31	20	己卯	1

6月(甲午) 一白水

陽曆	陰曆	日辰	紫白
1	21	庚辰	2
2	22	辛巳	3
3	23	壬午	4
4	24	癸未	5
5	25	甲申	6
6	26	乙酉	7
7	27	丙戌	8
8	28	丁亥	9
9	29	戊子	1
10	❺	己丑	2
11	2	庚寅	3
12	3	辛卯	4
13	4	壬辰	5
14	5	癸巳	6
15	6	甲午	7
16	7	乙未	8
17	8	丙申	9
18	9	丁酉	1
19	10	戊戌	2
20	11	己亥	3
21	12	庚子	4
22	13	辛丑	5
23	14	壬寅	6
24	15	癸卯	7
25	16	甲辰	8
26	17	乙巳	9
27	18	丙午	1
28	19	丁未	2
29	20	戊申	3
30	21	己酉	4

西紀 2021年 [辛丑] 六白金

7月(乙未) 九紫火

陽曆	陰曆	日辰	紫白
1	22	庚戌	5
2	23	辛亥	6
3	24	壬子	7
4	25	癸丑	8
5	26	甲寅	9
6	27	乙卯	1
7	28	丙辰	2
8	29	丁巳	3
9	30	戊午	4
10	❻	己未	5
11	2	庚申	6
12	3	辛酉	7
13	4	壬戌	8
14	5	癸亥	9
15	6	甲子	9
16	7	乙丑	8
17	8	丙寅	7
18	9	丁卯	6
19	10	戊辰	5
20	11	己巳	4
21	12	庚午	3
22	13	辛未	2
23	14	壬申	1
24	15	癸酉	9
25	16	甲戌	8
26	17	乙亥	7
27	18	丙子	6
28	19	丁丑	5
29	20	戊寅	4
30	21	己卯	3
31	22	庚辰	2

8月(丙申) 八白土

陽曆	陰曆	日辰	紫白
1	23	辛巳	1
2	24	壬午	9
3	25	癸未	8
4	26	甲申	7
5	27	乙酉	6
6	28	丙戌	5
7	29	丁亥	4
8	❼	戊子	3
9	2	己丑	2
10	3	庚寅	1
11	4	辛卯	9
12	5	壬辰	8
13	6	癸巳	7
14	7	甲午	6
15	8	乙未	5
16	9	丙申	4
17	10	丁酉	3
18	11	戊戌	2
19	12	己亥	1
20	13	庚子	9
21	14	辛丑	8
22	15	壬寅	7
23	16	癸卯	6
24	17	甲辰	5
25	18	乙巳	4
26	19	丙午	3
27	20	丁未	2
28	21	戊申	1
29	22	己酉	9
30	23	庚戌	8
31	24	辛亥	7

9月(丁酉) 七赤金

陽曆	陰曆	日辰	紫白
1	25	壬子	6
2	26	癸丑	5
3	27	甲寅	4
4	28	乙卯	3
5	29	丙辰	2
6	30	丁巳	1
7	❽	戊午	9
8	2	己未	8
9	3	庚申	7
10	4	辛酉	6
11	5	壬戌	5
12	6	癸亥	4
13	7	甲子	3
14	8	乙丑	2
15	9	丙寅	1
16	10	丁卯	9
17	11	戊辰	8
18	12	己巳	7
19	13	庚午	6
20	14	辛未	5
21	15	壬申	4
22	16	癸酉	3
23	17	甲戌	2
24	18	乙亥	1
25	19	丙子	9
26	20	丁丑	8
27	21	戊寅	7
28	22	己卯	6
29	23	庚辰	5
30	24	辛巳	4

西紀 2021年 [辛丑] 六白金

10月(戊戌) 六白金

陽曆	陰曆	日辰	紫白
1	25	壬午	3
2	26	癸未	2
3	27	甲申	1
4	28	乙酉	9
5	29	丙戌	8
6	❾	丁亥	7
7	2	戊子	6
8	3	己丑	5
9	4	庚寅	4
10	5	辛卯	3
11	6	壬辰	2
12	7	癸巳	1
13	8	甲午	9
14	9	乙未	8
15	10	丙申	7
16	11	丁酉	6
17	12	戊戌	5
18	13	己亥	4
19	14	庚子	3
20	15	辛丑	2
21	16	壬寅	1
22	17	癸卯	9
23	18	甲辰	8
24	19	乙巳	7
25	20	丙午	6
26	21	丁未	5
27	22	戊申	4
28	23	己酉	3
29	24	庚戌	2
30	25	辛亥	1
31	26	壬子	9

11月(己亥) 五黃土

陽曆	陰曆	日辰	紫白
1	27	癸丑	8
2	28	甲寅	7
3	29	乙卯	6
4	30	丙辰	5
5	❿	丁巳	4
6	2	戊午	3
7	3	己未	2
8	4	庚申	1
9	5	辛酉	9
10	6	壬戌	8
11	7	癸亥	7
12	8	甲子	6
13	9	乙丑	5
14	10	丙寅	4
15	11	丁卯	3
16	12	戊辰	2
17	13	己巳	1
18	14	庚午	9
19	15	辛未	8
20	16	壬申	7
21	17	癸酉	6
22	18	甲戌	5
23	19	乙亥	4
24	20	丙子	3
25	21	丁丑	2
26	22	戊寅	1
27	23	己卯	9
28	24	庚辰	8
29	25	辛巳	7
30	26	壬午	6

12月(庚子) 四綠木

陽曆	陰曆	日辰	紫白
1	27	癸未	5
2	28	甲申	4
3	29	乙酉	3
4	⓫	丙戌	2
5	2	丁亥	1
6	3	戊子	9
7	4	己丑	8
8	5	庚寅	7
9	6	辛卯	6
10	7	壬辰	5
11	8	癸巳	4
12	9	甲午	3
13	10	乙未	2
14	11	丙申	1
15	12	丁酉	9
16	13	戊戌	8
17	14	己亥	7
18	15	庚子	6
19	16	辛丑	5
20	17	壬寅	4
21	18	癸卯	3
22	19	甲辰	2
23	20	乙巳	1
24	21	丙午	9
25	22	丁未	8
26	23	戊申	7
27	24	己酉	6
28	25	庚戌	5
29	26	辛亥	4
30	27	壬子	3
31	28	癸丑	2

西紀 2022年［壬寅］五黃土

1月(辛丑) 三碧木			
陽曆	陰曆	日辰	紫白
1	29	甲寅	1
2	30	乙卯	9
3	⑫	丙辰	8
4	2	丁巳	7
5	3	戊午	6
6	4	己未	5
7	5	庚申	4
8	6	辛酉	3
9	7	壬戌	2
10	8	癸亥	1
11	9	甲子	1
12	10	乙丑	2
13	11	丙寅	3
14	12	丁卯	4
15	13	戊辰	5
16	14	己巳	6
17	15	庚午	7
18	16	辛未	8
19	17	壬申	9
20	18	癸酉	1
21	19	甲戌	2
22	20	乙亥	3
23	21	丙子	4
24	22	丁丑	5
25	23	戊寅	6
26	24	己卯	7
27	25	庚辰	8
28	26	辛巳	9
29	27	壬午	1
30	28	癸未	2
31	29	甲申	3

2月(壬寅) 二黑土			
陽曆	陰曆	日辰	紫白
1	❶	乙酉	4
2	2	丙戌	5
3	3	丁亥	6
4	4	戊子	7
5	5	己丑	8
6	6	庚寅	9
7	7	辛卯	1
8	8	壬辰	2
9	9	癸巳	3
10	10	甲午	4
11	11	乙未	5
12	12	丙申	6
13	13	丁酉	7
14	14	戊戌	8
15	15	己亥	9
16	16	庚子	1
17	17	辛丑	2
18	18	壬寅	3
19	19	癸卯	4
20	20	甲辰	5
21	21	乙巳	6
22	22	丙午	7
23	23	丁未	8
24	24	戊申	9
25	25	己酉	1
26	26	庚戌	2
27	27	辛亥	3
28	28	壬子	4

3月(癸卯) 一白水			
陽曆	陰曆	日辰	紫白
1	29	癸丑	5
2	30	甲寅	6
3	❷	乙卯	7
4	2	丙辰	8
5	3	丁巳	9
6	4	戊午	1
7	5	己未	2
8	6	庚申	3
9	7	辛酉	4
10	8	壬戌	5
11	9	癸亥	6
12	10	甲子	7
13	11	乙丑	8
14	12	丙寅	9
15	13	丁卯	1
16	14	戊辰	2
17	15	己巳	3
18	16	庚午	4
19	17	辛未	5
20	18	壬申	6
21	19	癸酉	7
22	20	甲戌	8
23	21	乙亥	9
24	22	丙子	1
25	23	丁丑	2
26	24	戊寅	3
27	25	己卯	4
28	26	庚辰	5
29	27	辛巳	6
30	28	壬午	7
31	29	癸未	8

西紀 2022年［壬寅］五黃土

4月(甲辰) 九紫火

陽曆	陰曆	日辰	紫白
1	❸	甲申	9
2	2	乙酉	1
3	3	丙戌	2
4	4	丁亥	3
5	5	戊子	4
6	6	己丑	5
7	7	庚寅	6
8	8	辛卯	7
9	9	壬辰	8
10	10	癸巳	9
11	11	甲午	1
12	12	乙未	2
13	13	丙申	3
14	14	丁酉	4
15	15	戊戌	5
16	16	己亥	6
17	17	庚子	7
18	18	辛丑	8
19	19	壬寅	9
20	20	癸卯	1
21	21	甲辰	2
22	22	乙巳	3
23	23	丙午	4
24	24	丁未	5
25	25	戊申	6
26	26	己酉	7
27	27	庚戌	8
28	28	辛亥	9
29	29	壬子	1
30	30	癸丑	2

5月(乙巳) 八白土

陽曆	陰曆	日辰	紫白
1	❹	甲寅	3
2	2	乙卯	4
3	3	丙辰	5
4	4	丁巳	6
5	5	戊午	7
6	6	己未	8
7	7	庚申	9
8	8	辛酉	1
9	9	壬戌	2
10	10	癸亥	3
11	11	甲子	4
12	12	乙丑	5
13	13	丙寅	6
14	14	丁卯	7
15	15	戊辰	8
16	16	己巳	9
17	17	庚午	1
18	18	辛未	2
19	19	壬申	3
20	20	癸酉	4
21	21	甲戌	5
22	22	乙亥	6
23	23	丙子	7
24	24	丁丑	8
25	25	戊寅	9
26	26	己卯	1
27	27	庚辰	2
28	28	辛巳	3
29	29	壬午	4
30	❺	癸未	5
31	2	甲申	6

6月(丙午) 七赤金

陽曆	陰曆	日辰	紫白
1	3	乙酉	7
2	4	丙戌	8
3	5	丁亥	9
4	6	戊子	1
5	7	己丑	2
6	8	庚寅	3
7	9	辛卯	4
8	10	壬辰	5
9	11	癸巳	6
10	12	甲午	7
11	13	乙未	8
12	14	丙申	9
13	15	丁酉	1
14	16	戊戌	2
15	17	己亥	3
16	18	庚子	4
17	19	辛丑	5
18	20	壬寅	6
19	21	癸卯	7
20	22	甲辰	8
21	23	乙巳	9
22	24	丙午	1
23	25	丁未	2
24	26	戊申	3
25	27	己酉	4
26	28	庚戌	5
27	29	辛亥	6
28	30	壬子	7
29	❻	癸丑	8
30	2	甲寅	9

西紀 2022年 [壬寅] 五黃土

7月(丁未) 六白金

陽曆	陰曆	日辰	紫白
1	3	乙卯	1
2	4	丙辰	2
3	5	丁巳	3
4	6	戊午	4
5	7	己未	5
6	8	庚申	6
7	9	辛酉	7
8	10	壬戌	8
9	11	癸亥	9
10	12	甲子	9
11	13	乙丑	8
12	14	丙寅	7
13	15	丁卯	6
14	16	戊辰	5
15	17	己巳	4
16	18	庚午	3
17	19	辛未	2
18	20	壬申	1
19	21	癸酉	9
20	22	甲戌	8
21	23	乙亥	7
22	24	丙子	6
23	25	丁丑	5
24	26	戊寅	4
25	27	己卯	3
26	28	庚辰	2
27	29	辛巳	1
28	30	壬午	9
29	❼	癸未	8
30	2	甲申	7
31	3	乙酉	6

8月(戊申) 五黃土

陽曆	陰曆	日辰	紫白
1	4	丙戌	5
2	5	丁亥	4
3	6	戊子	3
4	7	己丑	2
5	8	庚寅	1
6	9	辛卯	9
7	10	壬辰	8
8	11	癸巳	7
9	12	甲午	6
10	13	乙未	5
11	14	丙申	4
12	15	丁酉	3
13	16	戊戌	2
14	17	己亥	1
15	18	庚子	9
16	19	辛丑	8
17	20	壬寅	7
18	21	癸卯	6
19	22	甲辰	5
20	23	乙巳	4
21	24	丙午	3
22	25	丁未	2
23	26	戊申	1
24	27	己酉	9
25	28	庚戌	8
26	29	辛亥	7
27	❽	壬子	6
28	2	癸丑	5
29	3	甲寅	4
30	4	乙卯	3
31	5	丙辰	2

9月(己酉) 四綠木

陽曆	陰曆	日辰	紫白
1	6	丁巳	1
2	7	戊午	9
3	8	己未	8
4	9	庚申	7
5	10	辛酉	6
6	11	壬戌	5
7	12	癸亥	4
8	13	甲子	3
9	14	乙丑	2
10	15	丙寅	1
11	16	丁卯	9
12	17	戊辰	8
13	18	己巳	7
14	19	庚午	6
15	20	辛未	5
16	21	壬申	4
17	22	癸酉	3
18	23	甲戌	2
19	24	乙亥	1
20	25	丙子	9
21	26	丁丑	8
22	27	戊寅	7
23	28	己卯	6
24	29	庚辰	5
25	30	辛巳	4
26	❾	壬午	3
27	2	癸未	2
28	3	甲申	1
29	4	乙酉	9
30	5	丙戌	8

西紀 2022年 [壬寅] 五黃土

10月(庚戌) 三碧木				11月(辛亥) 二黑土				12月(壬子) 一白水			
陽曆	陰曆	日辰	紫白	陽曆	陰曆	日辰	紫白	陽曆	陰曆	日辰	紫白
1	6	丁亥	7	1	8	戊午	3	1	8	戊子	9
2	7	戊子	6	2	9	己未	2	2	9	己丑	8
3	8	己丑	5	3	10	庚申	1	3	10	庚寅	7
4	9	庚寅	4	4	11	辛酉	9	4	11	辛卯	6
5	10	辛卯	3	5	12	壬戌	8	5	12	壬辰	5
6	11	壬辰	2	6	13	癸亥	7	6	13	癸巳	4
7	12	癸巳	1	7	14	甲子	6	7	14	甲午	3
8	13	甲午	9	8	15	乙丑	5	8	15	乙未	2
9	14	乙未	8	9	16	丙寅	4	9	16	丙申	1
10	15	丙申	7	10	17	丁卯	3	10	17	丁酉	9
11	16	丁酉	6	11	18	戊辰	2	11	18	戊戌	8
12	17	戊戌	5	12	19	己巳	1	12	19	己亥	7
13	18	己亥	4	13	20	庚午	9	13	20	庚子	6
14	19	庚子	3	14	21	辛未	8	14	21	辛丑	5
15	20	辛丑	2	15	22	壬申	7	15	22	壬寅	4
16	21	壬寅	1	16	23	癸酉	6	16	23	癸卯	3
17	22	癸卯	9	17	24	甲戌	5	17	24	甲辰	2
18	23	甲辰	8	18	25	乙亥	4	18	25	乙巳	1
19	24	乙巳	7	19	26	丙子	3	19	26	丙午	9
20	25	丙午	6	20	27	丁丑	2	20	27	丁未	8
21	26	丁未	5	21	28	戊寅	1	21	28	戊申	7
22	27	戊申	4	22	29	己卯	9	22	29	己酉	6
23	28	己酉	3	23	30	庚辰	8	23	⑫	庚戌	5
24	29	庚戌	2	24	⑪	辛巳	7	24	2	辛亥	4
25	⑩	辛亥	1	25	2	壬午	6	25	3	壬子	3
26	2	壬子	9	26	3	癸未	5	26	4	癸丑	2
27	3	癸丑	8	27	4	甲申	4	27	5	甲寅	1
28	4	甲寅	7	28	5	乙酉	3	28	6	乙卯	9
29	5	乙卯	6	29	6	丙戌	2	29	7	丙辰	8
30	6	丙辰	5	30	7	丁亥	1	30	8	丁巳	7
31	7	丁巳	4					31	9	戊午	6

西紀 2023年［癸卯］四綠木

1月(癸丑) 九紫火			
陽曆	陰曆	日辰	紫白
1	10	己未	5
2	11	庚申	4
3	12	辛酉	3
4	13	壬戌	2
5	14	癸亥	1
6	15	甲子	1
7	16	乙丑	2
8	17	丙寅	3
9	18	丁卯	4
10	19	戊辰	5
11	20	己巳	6
12	21	庚午	7
13	22	辛未	8
14	23	壬申	9
15	24	癸酉	1
16	25	甲戌	2
17	26	乙亥	3
18	27	丙子	4
19	28	丁丑	5
20	29	戊寅	6
21	30	己卯	7
22	❶	庚辰	8
23	2	辛巳	9
24	3	壬午	1
25	4	癸未	2
26	5	甲申	3
27	6	乙酉	4
28	7	丙戌	5
29	8	丁亥	6
30	9	戊子	7
31	10	己丑	8

2月(甲寅) 八白土			
陽曆	陰曆	日辰	紫白
1	11	庚寅	9
2	12	辛卯	1
3	13	壬辰	2
4	14	癸巳	3
5	15	甲午	4
6	16	乙未	5
7	17	丙申	6
8	18	丁酉	7
9	19	戊戌	8
10	20	己亥	9
11	21	庚子	1
12	22	辛丑	2
13	23	壬寅	3
14	24	癸卯	4
15	25	甲辰	5
16	26	乙巳	6
17	27	丙午	7
18	28	丁未	8
19	29	戊申	9
20	❷	己酉	1
21	2	庚戌	2
22	3	辛亥	3
23	4	壬子	4
24	5	癸丑	5
25	6	甲寅	6
26	7	乙卯	7
27	8	丙辰	8
28	9	丁巳	9

3月(乙卯) 七赤金			
陽曆	陰曆	日辰	紫白
1	10	戊午	1
2	11	己未	2
3	12	庚申	3
4	13	辛酉	4
5	14	壬戌	5
6	15	癸亥	6
7	16	甲子	7
8	17	乙丑	8
9	18	丙寅	9
10	19	丁卯	1
11	20	戊辰	2
12	21	己巳	3
13	22	庚午	4
14	23	辛未	5
15	24	壬申	6
16	25	癸酉	7
17	26	甲戌	8
18	27	乙亥	9
19	28	丙子	1
20	29	丁丑	2
21	30	戊寅	3
22	❷	己卯	4
23	2	庚辰	5
24	3	辛巳	6
25	4	壬午	7
26	5	癸未	8
27	6	甲申	9
28	7	乙酉	1
29	8	丙戌	2
30	9	丁亥	3
31	10	戊子	4

西紀 2023年 [癸卯] 四綠木

4月(丙辰) 六白金

陽曆	陰曆	日辰	紫白
1	11	己丑	5
2	12	庚寅	6
3	13	辛卯	7
4	14	壬辰	8
5	15	癸巳	9
6	16	甲午	1
7	17	乙未	2
8	18	丙申	3
9	19	丁酉	4
10	20	戊戌	5
11	21	己亥	6
12	22	庚子	7
13	23	辛丑	8
14	24	壬寅	9
15	25	癸卯	1
16	26	甲辰	2
17	27	乙巳	3
18	28	丙午	4
19	29	丁未	5
20	❸	戊申	6
21	2	己酉	7
22	3	庚戌	8
23	4	辛亥	9
24	5	壬子	1
25	6	癸丑	2
26	7	甲寅	3
27	8	乙卯	4
28	9	丙辰	5
29	10	丁巳	6
30	11	戊午	7

5月(丁巳) 五黃土

陽曆	陰曆	日辰	紫白
1	12	己未	8
2	13	庚申	9
3	14	辛酉	1
4	15	壬戌	2
5	16	癸亥	3
6	17	甲子	4
7	18	乙丑	5
8	19	丙寅	6
9	20	丁卯	7
10	21	戊辰	8
11	22	己巳	9
12	23	庚午	1
13	24	辛未	2
14	25	壬申	3
15	26	癸酉	4
16	27	甲戌	5
17	28	乙亥	6
18	29	丙子	7
19	30	丁丑	8
20	❹	戊寅	9
21	2	己卯	1
22	3	庚辰	2
23	4	辛巳	3
24	5	壬午	4
25	6	癸未	5
26	7	甲申	6
27	8	乙酉	7
28	9	丙戌	8
29	10	丁亥	9
30	11	戊子	1
31	12	己丑	2

6月(戊午) 四綠木

陽曆	陰曆	日辰	紫白
1	13	庚寅	3
2	14	辛卯	4
3	15	壬辰	5
4	16	癸巳	6
5	17	甲午	7
6	18	乙未	8
7	19	丙申	9
8	20	丁酉	1
9	21	戊戌	2
10	22	己亥	3
11	23	庚子	4
12	24	辛丑	5
13	25	壬寅	6
14	26	癸卯	7
15	27	甲辰	8
16	28	乙巳	9
17	29	丙午	1
18	❺	丁未	2
19	2	戊申	3
20	3	己酉	4
21	4	庚戌	5
22	5	辛亥	6
23	6	壬子	7
24	7	癸丑	8
25	8	甲寅	9
26	9	乙卯	1
27	10	丙辰	2
28	11	丁巳	3
29	12	戊午	4
30	13	己未	5

西紀 2023年 [癸卯] 四綠木

7月(己未) 三碧木

陽曆	陰曆	日辰	紫白
1	14	庚申	6
2	15	辛酉	7
3	16	壬戌	8
4	17	癸亥	9
5	18	甲子	9
6	19	乙丑	8
7	20	丙寅	7
8	21	丁卯	6
9	22	戊辰	5
10	23	己巳	4
11	24	庚午	3
12	25	辛未	2
13	26	壬申	1
14	27	癸酉	9
15	28	甲戌	8
16	29	乙亥	7
17	30	丙子	6
18	❻	丁丑	5
19	2	戊寅	4
20	3	己卯	3
21	4	庚辰	2
22	5	辛巳	1
23	6	壬午	9
24	7	癸未	8
25	8	甲申	7
26	9	乙酉	6
27	10	丙戌	5
28	11	丁亥	4
29	12	戊子	3
30	13	己丑	2
31	14	庚寅	1

8月(庚申) 二黑土

陽曆	陰曆	日辰	紫白
1	15	辛卯	9
2	16	壬辰	8
3	17	癸巳	7
4	18	甲午	6
5	19	乙未	5
6	20	丙申	4
7	21	丁酉	3
8	22	戊戌	2
9	23	己亥	1
10	24	庚子	9
11	25	辛丑	8
12	26	壬寅	7
13	27	癸卯	6
14	28	甲辰	5
15	29	乙巳	4
16	❼	丙午	3
17	2	丁未	2
18	3	戊申	1
19	4	己酉	9
20	5	庚戌	8
21	6	辛亥	7
22	7	壬子	6
23	8	癸丑	5
24	9	甲寅	4
25	10	乙卯	3
26	11	丙辰	2
27	12	丁巳	1
28	13	戊午	9
29	14	己未	8
30	15	庚申	7
31	16	辛酉	6

9月(辛酉) 一白水

陽曆	陰曆	日辰	紫白
1	17	壬戌	5
2	18	癸亥	4
3	19	甲子	3
4	20	乙丑	2
5	21	丙寅	1
6	22	丁卯	9
7	23	戊辰	8
8	24	己巳	7
9	25	庚午	6
10	26	辛未	5
11	27	壬申	4
12	28	癸酉	3
13	29	甲戌	2
14	30	乙亥	1
15	❽	丙子	9
16	2	丁丑	8
17	3	戊寅	7
18	4	己卯	6
19	5	庚辰	5
20	6	辛巳	4
21	7	壬午	3
22	8	癸未	2
23	9	甲申	1
24	10	乙酉	9
25	11	丙戌	8
26	12	丁亥	7
27	13	戊子	6
28	14	己丑	5
29	15	庚寅	4
30	16	辛卯	3

西紀 2023年［癸卯］四綠木

10月(壬戌) 九紫火			
陽曆	陰曆	日辰	紫白
1	17	壬辰	2
2	18	癸巳	1
3	19	甲午	9
4	20	乙未	8
5	21	丙申	7
6	22	丁酉	6
7	23	戊戌	5
8	24	己亥	4
9	25	庚子	3
10	26	辛丑	2
11	27	壬寅	1
12	28	癸卯	9
13	29	甲辰	8
14	30	乙巳	7
15	❾	丙午	6
16	2	丁未	5
17	3	戊申	4
18	4	己酉	3
19	5	庚戌	2
20	6	辛亥	1
21	7	壬子	9
22	8	癸丑	8
23	9	甲寅	7
24	10	乙卯	6
25	11	丙辰	5
26	12	丁巳	4
27	13	戊午	3
28	14	己未	2
29	15	庚申	1
30	16	辛酉	9
31	17	壬戌	8

11月(癸亥) 八白土			
陽曆	陰曆	日辰	紫白
1	18	癸亥	7
2	19	甲子	6
3	20	乙丑	5
4	21	丙寅	4
5	22	丁卯	3
6	23	戊辰	2
7	24	己巳	1
8	25	庚午	9
9	26	辛未	8
10	27	壬申	7
11	28	癸酉	6
12	29	甲戌	5
13	❿	乙亥	4
14	2	丙子	3
15	3	丁丑	2
16	4	戊寅	1
17	5	己卯	9
18	6	庚辰	8
19	7	辛巳	7
20	8	壬午	6
21	9	癸未	5
22	10	甲申	4
23	11	乙酉	3
24	12	丙戌	2
25	13	丁亥	1
26	14	戊子	9
27	15	己丑	8
28	16	庚寅	7
29	17	辛卯	6
30	18	壬辰	5

12月(甲子) 七赤金			
陽曆	陰曆	日辰	紫白
1	19	癸巳	4
2	20	甲午	3
3	21	乙未	2
4	22	丙申	1
5	23	丁酉	9
6	24	戊戌	8
7	25	己亥	7
8	26	庚子	6
9	27	辛丑	5
10	28	壬寅	4
11	29	癸卯	3
12	30	甲辰	2
13	⓫	乙巳	1
14	2	丙午	9
15	3	丁未	8
16	4	戊申	7
17	5	己酉	6
18	6	庚戌	5
19	7	辛亥	4
20	8	壬子	3
21	9	癸丑	2
22	10	甲寅	1
23	11	乙卯	9
24	12	丙辰	8
25	13	丁巳	7
26	14	戊午	6
27	15	己未	5
28	16	庚申	4
29	17	辛酉	3
30	18	壬戌	2
31	19	癸亥	1

西紀 2024年 [甲辰] 三碧木

1月(乙丑) 六白金				2月(丙寅) 五黃土				3月(丁卯) 四綠木			
陽曆	陰曆	日辰	紫白	陽曆	陰曆	日辰	紫白	陽曆	陰曆	日辰	紫白
1	20	甲子	1	1	22	乙未	5	1	21	甲子	7
2	21	乙丑	2	2	23	丙申	6	2	22	乙丑	8
3	22	丙寅	3	3	24	丁酉	7	3	23	丙寅	9
4	23	丁卯	4	4	25	戊戌	8	4	24	丁卯	1
5	24	戊辰	5	5	26	己亥	9	5	25	戊辰	2
6	25	己巳	6	6	27	庚子	1	6	26	己巳	3
7	26	庚午	7	7	28	辛丑	2	7	27	庚午	4
8	27	辛未	8	8	29	壬寅	3	8	28	辛未	5
9	28	壬申	9	9	30	癸卯	4	9	29	壬申	6
10	29	癸酉	1	10	❶	甲辰	5	10	❷	癸酉	7
11	⓬	甲戌	2	11	2	乙巳	6	11	2	甲戌	8
12	2	乙亥	3	12	3	丙午	7	12	3	乙亥	9
13	3	丙子	4	13	4	丁未	8	13	4	丙子	1
14	4	丁丑	5	14	5	戊申	9	14	5	丁丑	2
15	5	戊寅	6	15	6	己酉	1	15	6	戊寅	3
16	6	己卯	7	16	7	庚戌	2	16	7	己卯	4
17	7	庚辰	8	17	8	辛亥	3	17	8	庚辰	5
18	8	辛巳	9	18	9	壬子	4	18	9	辛巳	6
19	9	壬午	1	19	10	癸丑	5	19	10	壬午	7
20	10	癸未	2	20	11	甲寅	6	20	11	癸未	8
21	11	甲申	3	21	12	乙卯	7	21	12	甲申	9
22	12	乙酉	4	22	13	丙辰	8	22	13	乙酉	1
23	13	丙戌	5	23	14	丁巳	9	23	14	丙戌	2
24	14	丁亥	6	24	15	戊午	1	24	15	丁亥	3
25	15	戊子	7	25	16	己未	2	25	16	戊子	4
26	16	己丑	8	26	17	庚申	3	26	17	己丑	5
27	17	庚寅	9	27	18	辛酉	4	27	18	庚寅	6
28	18	辛卯	1	28	19	壬戌	5	28	19	辛卯	7
29	19	壬辰	2	29	20	癸亥	6	29	20	壬辰	8
30	20	癸巳	3					30	21	癸巳	9
31	21	甲午	4					31	22	甲午	1

西紀 2024年 [甲辰] 三碧木

4月(戊辰) 三碧木

陽曆	陰曆	日辰	紫白
1	23	乙未	2
2	24	丙申	3
3	25	丁酉	4
4	26	戊戌	5
5	27	己亥	6
6	28	庚子	7
7	29	辛丑	8
8	30	壬寅	9
9	❸	癸卯	1
10	2	甲辰	2
11	3	乙巳	3
12	4	丙午	4
13	5	丁未	5
14	6	戊申	6
15	7	己酉	7
16	8	庚戌	8
17	9	辛亥	9
18	10	壬子	1
19	11	癸丑	2
20	12	甲寅	3
21	13	乙卯	4
22	14	丙辰	5
23	15	丁巳	6
24	16	戊午	7
25	17	己未	8
26	18	庚申	9
27	19	辛酉	1
28	20	壬戌	2
29	21	癸亥	3
30	22	甲子	4

5月(己巳) 二黑土

陽曆	陰曆	日辰	紫白
1	23	乙丑	5
2	24	丙寅	6
3	25	丁卯	7
4	26	戊辰	8
5	27	己巳	9
6	28	庚午	1
7	29	辛未	2
8	❹	壬申	3
9	2	癸酉	4
10	3	甲戌	5
11	4	乙亥	6
12	5	丙子	7
13	6	丁丑	8
14	7	戊寅	9
15	8	己卯	1
16	9	庚辰	2
17	10	辛巳	3
18	11	壬午	4
19	12	癸未	5
20	13	甲申	6
21	14	乙酉	7
22	15	丙戌	8
23	16	丁亥	9
24	17	戊子	1
25	18	己丑	2
26	19	庚寅	3
27	20	辛卯	4
28	21	壬辰	5
29	22	癸巳	6
30	23	甲午	7
31	24	乙未	8

6月(庚午) 一白水

陽曆	陰曆	日辰	紫白
1	25	丙申	9
2	26	丁酉	1
3	27	戊戌	2
4	28	己亥	3
5	29	庚子	4
6	❺	辛丑	5
7	2	壬寅	6
8	3	癸卯	7
9	4	甲辰	8
10	5	乙巳	9
11	6	丙午	1
12	7	丁未	2
13	8	戊申	3
14	9	己酉	4
15	10	庚戌	5
16	11	辛亥	6
17	12	壬子	7
18	13	癸丑	8
19	14	甲寅	9
20	15	乙卯	1
21	16	丙辰	2
22	17	丁巳	3
23	18	戊午	4
24	19	己未	5
25	20	庚申	6
26	21	辛酉	7
27	22	壬戌	8
28	23	癸亥	9
29	24	甲子	9
30	25	乙丑	8

西紀 2024年［甲辰］三碧木

7月(辛未) 九紫火			
陽曆	陰曆	日辰	紫白
1	26	丙寅	7
2	27	丁卯	6
3	28	戊辰	5
4	29	己巳	4
5	30	庚午	3
6	❻	辛未	2
7	2	壬申	1
8	3	癸酉	9
9	4	甲戌	8
10	5	乙亥	7
11	6	丙子	6
12	7	丁丑	5
13	8	戊寅	4
14	9	己卯	3
15	10	庚辰	2
16	11	辛巳	1
17	12	壬午	9
18	13	癸未	8
19	14	甲申	7
20	15	乙酉	6
21	16	丙戌	5
22	17	丁亥	4
23	18	戊子	3
24	19	己丑	2
25	20	庚寅	1
26	21	辛卯	9
27	22	壬辰	8
28	23	癸巳	7
29	24	甲午	6
30	25	乙未	5
31	26	丙申	4

8月(壬申) 八白土			
陽曆	陰曆	日辰	紫白
1	27	丁酉	3
2	28	戊戌	2
3	29	己亥	1
4	❼	庚子	9
5	2	辛丑	8
6	3	壬寅	7
7	4	癸卯	6
8	5	甲辰	5
9	6	乙巳	4
10	7	丙午	3
11	8	丁未	2
12	9	戊申	1
13	10	己酉	9
14	11	庚戌	8
15	12	辛亥	7
16	13	壬子	6
17	14	癸丑	5
18	15	甲寅	4
19	16	乙卯	3
20	17	丙辰	2
21	18	丁巳	1
22	19	戊午	9
23	20	己未	8
24	21	庚申	7
25	22	辛酉	6
26	23	壬戌	5
27	24	癸亥	4
28	25	甲子	3
29	26	乙丑	2
30	27	丙寅	1
31	28	丁卯	9

9月(癸酉) 七赤金			
陽曆	陰曆	日辰	紫白
1	29	戊辰	8
2	30	己巳	7
3	❽	庚午	6
4	2	辛未	5
5	3	壬申	4
6	4	癸酉	3
7	5	甲戌	2
8	6	乙亥	1
9	7	丙子	9
10	8	丁丑	8
11	9	戊寅	7
12	10	己卯	6
13	11	庚辰	5
14	12	辛巳	4
15	13	壬午	3
16	14	癸未	2
17	15	甲申	1
18	16	乙酉	9
19	17	丙戌	8
20	18	丁亥	7
21	19	戊子	6
22	20	己丑	5
23	21	庚寅	4
24	22	辛卯	3
25	23	壬辰	2
26	24	癸巳	1
27	25	甲午	9
28	26	乙未	8
29	27	丙申	7
30	28	丁酉	6

西紀 2024年 [甲辰] 三碧木

10月(甲戌) 六白金

陽曆	陰曆	日辰	紫白
1	29	戊戌	5
2	30	己亥	4
3	❾	庚子	3
4	2	辛丑	2
5	3	壬寅	1
6	4	癸卯	9
7	5	甲辰	8
8	6	乙巳	7
9	7	丙午	6
10	8	丁未	5
11	9	戊申	4
12	10	己酉	3
13	11	庚戌	2
14	12	辛亥	1
15	13	壬子	9
16	14	癸丑	8
17	15	甲寅	7
18	16	乙卯	6
19	17	丙辰	5
20	18	丁巳	4
21	19	戊午	3
22	20	己未	2
23	21	庚申	1
24	22	辛酉	9
25	23	壬戌	8
26	24	癸亥	7
27	25	甲子	6
28	26	乙丑	5
29	27	丙寅	4
30	28	丁卯	3
31	29	戊辰	2

11月(乙亥) 五黃土

陽曆	陰曆	日辰	紫白
1	❿	己巳	1
2	2	庚午	9
3	3	辛未	8
4	4	壬申	7
5	5	癸酉	6
6	6	甲戌	5
7	7	乙亥	4
8	8	丙子	3
9	9	丁丑	2
10	10	戊寅	1
11	11	己卯	9
12	12	庚辰	8
13	13	辛巳	7
14	14	壬午	6
15	15	癸未	5
16	16	甲申	4
17	17	乙酉	3
18	18	丙戌	2
19	19	丁亥	1
20	20	戊子	9
21	21	己丑	8
22	22	庚寅	7
23	23	辛卯	6
24	24	壬辰	5
25	25	癸巳	4
26	26	甲午	3
27	27	乙未	2
28	28	丙申	1
29	29	丁酉	9
30	30	戊戌	8

12月(丙子) 四綠木

陽曆	陰曆	日辰	紫白
1	⓫	己亥	7
2	2	庚子	6
3	3	辛丑	5
4	4	壬寅	4
5	5	癸卯	3
6	6	甲辰	2
7	7	乙巳	1
8	8	丙午	9
9	9	丁未	8
10	10	戊申	7
11	11	己酉	6
12	12	庚戌	5
13	13	辛亥	4
14	14	壬子	3
15	15	癸丑	2
16	16	甲寅	1
17	17	乙卯	9
18	18	丙辰	8
19	19	丁巳	7
20	20	戊午	6
21	21	己未	5
22	22	庚申	4
23	23	辛酉	3
24	24	壬戌	2
25	25	癸亥	1
26	26	甲子	1
27	27	乙丑	2
28	28	丙寅	3
29	29	丁卯	4
30	30	戊辰	5
31	⓬	己巳	6

西紀 2025年 [乙巳] 二黑土

1月(丁丑) 三碧木

陽曆	陰曆	日辰	紫白
1	2	庚午	7
2	3	辛未	8
3	4	壬申	9
4	5	癸酉	1
5	6	甲戌	2
6	7	乙亥	3
7	8	丙子	4
8	9	丁丑	5
9	10	戊寅	6
10	11	己卯	7
11	12	庚辰	8
12	13	辛巳	9
13	14	壬午	1
14	15	癸未	2
15	16	甲申	3
16	17	乙酉	4
17	18	丙戌	5
18	19	丁亥	6
19	20	戊子	7
20	21	己丑	8
21	22	庚寅	9
22	23	辛卯	1
23	24	壬辰	2
24	25	癸巳	3
25	26	甲午	4
26	27	乙未	5
27	28	丙申	6
28	29	丁酉	7
29	❶	戊戌	8
30	2	己亥	9
31	3	庚子	1

2月(戊寅) 二黑土

陽曆	陰曆	日辰	紫白
1	4	辛丑	2
2	5	壬寅	3
3	6	癸卯	4
4	7	甲辰	5
5	8	乙巳	6
6	9	丙午	7
7	10	丁未	8
8	11	戊申	9
9	12	己酉	1
10	13	庚戌	2
11	14	辛亥	3
12	15	壬子	4
13	16	癸丑	5
14	17	甲寅	6
15	18	乙卯	7
16	19	丙辰	8
17	20	丁巳	9
18	21	戊午	1
19	22	己未	2
20	23	庚申	3
21	24	辛酉	4
22	25	壬戌	5
23	26	癸亥	6
24	27	甲子	7
25	28	乙丑	8
26	29	丙寅	9
27	30	丁卯	1
28	❷	戊辰	2

3月(己卯) 一白水

陽曆	陰曆	日辰	紫白
1	2	己巳	3
2	3	庚午	4
3	4	辛未	5
4	5	壬申	6
5	6	癸酉	7
6	7	甲戌	8
7	8	乙亥	9
8	9	丙子	1
9	10	丁丑	2
10	11	戊寅	3
11	12	己卯	4
12	13	庚辰	5
13	14	辛巳	6
14	15	壬午	7
15	16	癸未	8
16	17	甲申	9
17	18	乙酉	1
18	19	丙戌	2
19	20	丁亥	3
20	21	戊子	4
21	22	己丑	5
22	23	庚寅	6
23	24	辛卯	7
24	25	壬辰	8
25	26	癸巳	9
26	27	甲午	1
27	28	乙未	2
28	29	丙申	3
29	❸	丁酉	4
30	2	戊戌	5
31	3	己亥	6

西紀 2025年［乙巳］二黑土

4月(庚辰) 九紫火			
陽曆	陰曆	日辰	紫白
1	4	庚子	7
2	5	辛丑	8
3	6	壬寅	9
4	7	癸卯	1
5	8	甲辰	2
6	9	乙巳	3
7	10	丙午	4
8	11	丁未	5
9	12	戊申	6
10	13	己酉	7
11	14	庚戌	8
12	15	辛亥	9
13	16	壬子	1
14	17	癸丑	2
15	18	甲寅	3
16	19	乙卯	4
17	20	丙辰	5
18	21	丁巳	6
19	22	戊午	7
20	23	己未	8
21	24	庚申	9
22	25	辛酉	1
23	26	壬戌	2
24	27	癸亥	3
25	28	甲子	4
26	29	乙丑	5
27	30	丙寅	6
28	❹	丁卯	7
29	2	戊辰	8
30	3	己巳	9

5月(辛巳) 八白土			
陽曆	陰曆	日辰	紫白
1	4	庚午	1
2	5	辛未	2
3	6	壬申	3
4	7	癸酉	4
5	8	甲戌	5
6	9	乙亥	6
7	10	丙子	7
8	11	丁丑	8
9	12	戊寅	9
10	13	己卯	1
11	14	庚辰	2
12	15	辛巳	3
13	16	壬午	4
14	17	癸未	5
15	18	甲申	6
16	19	乙酉	7
17	20	丙戌	8
18	21	丁亥	9
19	22	戊子	1
20	23	己丑	2
21	24	庚寅	3
22	25	辛卯	4
23	26	壬辰	5
24	27	癸巳	6
25	28	甲午	7
26	29	乙未	8
27	❺	丙申	9
28	2	丁酉	1
29	3	戊戌	2
30	4	己亥	3
31	5	庚子	4

6月(壬午) 七赤金			
陽曆	陰曆	日辰	紫白
1	6	辛丑	5
2	7	壬寅	6
3	8	癸卯	7
4	9	甲辰	8
5	10	乙巳	9
6	11	丙午	1
7	12	丁未	2
8	13	戊申	3
9	14	己酉	4
10	15	庚戌	5
11	16	辛亥	6
12	17	壬子	7
13	18	癸丑	8
14	19	甲寅	9
15	20	乙卯	1
16	21	丙辰	2
17	22	丁巳	3
18	23	戊午	4
19	24	己未	5
20	25	庚申	6
21	26	辛酉	7
22	27	壬戌	8
23	28	癸亥	9
24	29	甲子	9
25	❻	乙丑	8
26	2	丙寅	7
27	3	丁卯	6
28	4	戊辰	5
29	5	己巳	4
30	6	庚午	3

西紀 2025年 [乙巳] 二黑土

7月(癸未) 六白金

陽曆	陰曆	日辰	紫白
1	7	辛未	2
2	8	壬申	1
3	9	癸酉	9
4	10	甲戌	8
5	11	乙亥	7
6	12	丙子	6
7	13	丁丑	5
8	14	戊寅	4
9	15	己卯	3
10	16	庚辰	2
11	17	辛巳	1
12	18	壬午	9
13	19	癸未	8
14	20	甲申	7
15	21	乙酉	6
16	22	丙戌	5
17	23	丁亥	4
18	24	戊子	3
19	25	己丑	2
20	26	庚寅	1
21	27	辛卯	9
22	28	壬辰	8
23	29	癸巳	7
24	30	甲午	6
25	(윤)6	乙未	5
26	2	丙申	4
27	3	丁酉	3
28	4	戊戌	2
29	5	己亥	1
30	6	庚子	9
31	7	辛丑	8

8月(甲申) 五黃土

陽曆	陰曆	日辰	紫白
1	8	壬寅	7
2	9	癸卯	6
3	10	甲辰	5
4	11	乙巳	4
5	12	丙午	3
6	13	丁未	2
7	14	戊申	1
8	15	己酉	9
9	16	庚戌	8
10	17	辛亥	7
11	18	壬子	6
12	19	癸丑	5
13	20	甲寅	4
14	21	乙卯	3
15	22	丙辰	2
16	23	丁巳	1
17	24	戊午	9
18	25	己未	8
19	26	庚申	7
20	27	辛酉	6
21	28	壬戌	5
22	29	癸亥	4
23	❼	甲子	3
24	2	乙丑	2
25	3	丙寅	1
26	4	丁卯	9
27	5	戊辰	8
28	6	己巳	7
29	7	庚午	6
30	8	辛未	5
31	9	壬申	4

9月(乙酉) 四綠木

陽曆	陰曆	日辰	紫白
1	10	癸酉	3
2	11	甲戌	2
3	12	乙亥	1
4	13	丙子	9
5	14	丁丑	8
6	15	戊寅	7
7	16	己卯	6
8	17	庚辰	5
9	18	辛巳	4
10	19	壬午	3
11	20	癸未	2
12	21	甲申	1
13	22	乙酉	9
14	23	丙戌	8
15	24	丁亥	7
16	25	戊子	6
17	26	己丑	5
18	27	庚寅	4
19	28	辛卯	3
20	29	壬辰	2
21	30	癸巳	1
22	❽	甲午	9
23	2	乙未	8
24	3	丙申	7
25	4	丁酉	6
26	5	戊戌	5
27	6	己亥	4
28	7	庚子	3
29	8	辛丑	2
30	9	壬寅	1

西紀 2025年 [乙巳] 二黑土

10月(丙戌) 三碧木

陽曆	陰曆	日辰	紫白
1	10	癸卯	9
2	11	甲辰	8
3	12	乙巳	7
4	13	丙午	6
5	14	丁未	5
6	15	戊申	4
7	16	己酉	3
8	17	庚戌	2
9	18	辛亥	1
10	19	壬子	9
11	20	癸丑	8
12	21	甲寅	7
13	22	乙卯	6
14	23	丙辰	5
15	24	丁巳	4
16	25	戊午	3
17	26	己未	2
18	27	庚申	1
19	28	辛酉	9
20	29	壬戌	8
21	❾	癸亥	7
22	2	甲子	6
23	3	乙丑	5
24	4	丙寅	4
25	5	丁卯	3
26	6	戊辰	2
27	7	己巳	1
28	8	庚午	9
29	9	辛未	8
30	10	壬申	7
31	11	癸酉	6

11月(丁亥) 二黑土

陽曆	陰曆	日辰	紫白
1	12	甲戌	5
2	13	乙亥	4
3	14	丙子	3
4	15	丁丑	2
5	16	戊寅	1
6	17	己卯	9
7	18	庚辰	8
8	19	辛巳	7
9	20	壬午	6
10	21	癸未	5
11	22	甲申	4
12	23	乙酉	3
13	24	丙戌	2
14	25	丁亥	1
15	26	戊子	9
16	27	己丑	8
17	28	庚寅	7
18	29	辛卯	6
19	30	壬辰	5
20	❿	癸巳	4
21	2	甲午	3
22	3	乙未	2
23	4	丙申	1
24	5	丁酉	9
25	6	戊戌	8
26	7	己亥	7
27	8	庚子	6
28	9	辛丑	5
29	10	壬寅	4
30	11	癸卯	3

12月(戊子) 一白水

陽曆	陰曆	日辰	紫白
1	12	甲辰	2
2	13	乙巳	1
3	14	丙午	9
4	15	丁未	8
5	16	戊申	7
6	17	己酉	6
7	18	庚戌	5
8	19	辛亥	4
9	20	壬子	3
10	21	癸丑	2
11	22	甲寅	1
12	23	乙卯	9
13	24	丙辰	8
14	25	丁巳	7
15	26	戊午	6
16	27	己未	5
17	28	庚申	4
18	29	辛酉	3
19	30	壬戌	2
20	⓫	癸亥	1
21	2	甲子	1
22	3	乙丑	2
23	4	丙寅	3
24	5	丁卯	4
25	6	戊辰	5
26	7	己巳	6
27	8	庚午	7
28	9	辛未	8
29	10	壬申	9
30	11	癸酉	1
31	12	甲戌	2

西紀 2026年［丙午］一白水

1月(己丑) 九紫火

陽暦	陰暦	日辰	紫白
1	13	乙亥	3
2	14	丙子	4
3	15	丁丑	5
4	16	戊寅	6
5	17	己卯	7
6	18	庚辰	8
7	19	辛巳	9
8	20	壬午	1
9	21	癸未	2
10	22	甲申	3
11	23	乙酉	4
12	24	丙戌	5
13	25	丁亥	6
14	26	戊子	7
15	27	己丑	8
16	28	庚寅	9
17	29	辛卯	1
18	30	壬辰	2
19	⓬	癸巳	3
20	2	甲午	4
21	3	乙未	5
22	4	丙申	6
23	5	丁酉	7
24	6	戊戌	8
25	7	己亥	9
26	8	庚子	1
27	9	辛丑	2
28	10	壬寅	3
29	11	癸卯	4
30	12	甲辰	5
31	13	乙巳	6

2月(庚寅) 八白土

陽暦	陰暦	日辰	紫白
1	14	丙午	7
2	15	丁未	8
3	16	戊申	9
4	17	己酉	1
5	18	庚戌	2
6	19	辛亥	3
7	20	壬子	4
8	21	癸丑	5
9	22	甲寅	6
10	23	乙卯	7
11	24	丙辰	8
12	25	丁巳	9
13	26	戊午	1
14	27	己未	2
15	28	庚申	3
16	29	辛酉	4
17	❶	壬戌	5
18	2	癸亥	6
19	3	甲子	7
20	4	乙丑	8
21	5	丙寅	9
22	6	丁卯	1
23	7	戊辰	2
24	8	己巳	3
25	9	庚午	4
26	10	辛未	5
27	11	壬申	6
28	12	癸酉	7

3月(辛卯) 七赤金

陽暦	陰暦	日辰	紫白
1	13	甲戌	8
2	14	乙亥	9
3	15	丙子	1
4	16	丁丑	2
5	17	戊寅	3
6	18	己卯	4
7	19	庚辰	5
8	20	辛巳	6
9	21	壬午	7
10	22	癸未	8
11	23	甲申	9
12	24	乙酉	1
13	25	丙戌	2
14	26	丁亥	3
15	27	戊子	4
16	28	己丑	5
17	29	庚寅	6
18	30	辛卯	7
19	❷	壬辰	8
20	2	癸巳	9
21	3	甲午	1
22	4	乙未	2
23	5	丙申	3
24	6	丁酉	4
25	7	戊戌	5
26	8	己亥	6
27	9	庚子	7
28	10	辛丑	8
29	11	壬寅	9
30	12	癸卯	1
31	13	甲辰	2

西紀 2026年［丙午］一白水

4月(壬辰) 六白金			
陽曆	陰曆	日辰	紫白
1	14	乙巳	3
2	15	丙午	4
3	16	丁未	5
4	17	戊申	6
5	18	己酉	7
6	19	庚戌	8
7	20	辛亥	9
8	21	壬子	1
9	22	癸丑	2
10	23	甲寅	3
11	24	乙卯	4
12	25	丙辰	5
13	26	丁巳	6
14	27	戊午	7
15	28	己未	8
16	29	庚申	9
17	❸	辛酉	1
18	2	壬戌	2
19	3	癸亥	3
20	4	甲子	4
21	5	乙丑	5
22	6	丙寅	6
23	7	丁卯	7
24	8	戊辰	8
25	9	己巳	9
26	10	庚午	1
27	11	辛未	2
28	12	壬申	3
29	13	癸酉	4
30	14	甲戌	5

5月(癸巳) 五黃土			
陽曆	陰曆	日辰	紫白
1	15	乙亥	6
2	16	丙子	7
3	17	丁丑	8
4	18	戊寅	9
5	19	己卯	1
6	20	庚辰	2
7	21	辛巳	3
8	22	壬午	4
9	23	癸未	5
10	24	甲申	6
11	25	乙酉	7
12	26	丙戌	8
13	27	丁亥	9
14	28	戊子	1
15	29	己丑	2
16	30	庚寅	3
17	❹	辛卯	4
18	2	壬辰	5
19	3	癸巳	6
20	4	甲午	7
21	5	乙未	8
22	6	丙申	9
23	7	丁酉	1
24	8	戊戌	2
25	9	己亥	3
26	10	庚子	4
27	11	辛丑	5
28	12	壬寅	6
29	13	癸卯	7
30	14	甲辰	8
31	15	乙巳	9

6月(甲午) 四綠木			
陽曆	陰曆	日辰	紫白
1	16	丙午	1
2	17	丁未	2
3	18	戊申	3
4	19	己酉	4
5	20	庚戌	5
6	21	辛亥	6
7	22	壬子	7
8	23	癸丑	8
9	24	甲寅	9
10	25	乙卯	1
11	26	丙辰	2
12	27	丁巳	3
13	28	戊午	4
14	29	己未	5
15	❺	庚申	6
16	2	辛酉	7
17	3	壬戌	8
18	4	癸亥	9
19	5	甲子	9
20	6	乙丑	8
21	7	丙寅	7
22	8	丁卯	6
23	9	戊辰	5
24	10	己巳	4
25	11	庚午	3
26	12	辛未	2
27	13	壬申	1
28	14	癸酉	9
29	15	甲戌	8
30	16	乙亥	7

西紀 2026年［丙午］一白水

7月(乙未) 三碧木			
陽曆	陰曆	日辰	紫白
1	17	丙子	6
2	18	丁丑	5
3	19	戊寅	4
4	20	己卯	3
5	21	庚辰	2
6	22	辛巳	1
7	23	壬午	9
8	24	癸未	8
9	25	甲申	7
10	26	乙酉	6
11	27	丙戌	5
12	28	丁亥	4
13	29	戊子	3
14	❻	己丑	2
15	2	庚寅	1
16	3	辛卯	9
17	4	壬辰	8
18	5	癸巳	7
19	6	甲午	6
20	7	乙未	5
21	8	丙申	4
22	9	丁酉	3
23	10	戊戌	2
24	11	己亥	1
25	12	庚子	9
26	13	辛丑	8
27	14	壬寅	7
28	15	癸卯	6
29	16	甲辰	5
30	17	乙巳	4
31	18	丙午	3

8月(丙申) 二黑土			
陽曆	陰曆	日辰	紫白
1	19	丁未	2
2	20	戊申	1
3	21	己酉	9
4	22	庚戌	8
5	23	辛亥	7
6	24	壬子	6
7	25	癸丑	5
8	26	甲寅	4
9	27	乙卯	3
10	28	丙辰	2
11	29	丁巳	1
12	30	戊午	9
13	❼	己未	8
14	2	庚申	7
15	3	辛酉	6
16	4	壬戌	5
17	5	癸亥	4
18	6	甲子	3
19	7	乙丑	2
20	8	丙寅	1
21	9	丁卯	9
22	10	戊辰	8
23	11	己巳	7
24	12	庚午	6
25	13	辛未	5
26	14	壬申	4
27	15	癸酉	3
28	16	甲戌	2
29	17	乙亥	1
30	18	丙子	9
31	19	丁丑	8

9月(丁酉) 一白水			
陽曆	陰曆	日辰	紫白
1	20	戊寅	7
2	21	己卯	6
3	22	庚辰	5
4	23	辛巳	4
5	24	壬午	3
6	25	癸未	2
7	26	甲申	1
8	27	乙酉	9
9	28	丙戌	8
10	29	丁亥	7
11	❽	戊子	6
12	2	己丑	5
13	3	庚寅	4
14	4	辛卯	3
15	5	壬辰	2
16	6	癸巳	1
17	7	甲午	9
18	8	乙未	8
19	9	丙申	7
20	10	丁酉	6
21	11	戊戌	5
22	12	己亥	4
23	13	庚子	3
24	14	辛丑	2
25	15	壬寅	1
26	16	癸卯	9
27	17	甲辰	8
28	18	乙巳	7
29	19	丙午	6
30	20	丁未	5

西紀 2026年［丙午］一白水

10月(戊戌) 九紫火

陽曆	陰曆	日辰	紫白
1	21	戊申	4
2	22	己酉	3
3	23	庚戌	2
4	24	辛亥	1
5	25	壬子	9
6	26	癸丑	8
7	27	甲寅	7
8	28	乙卯	6
9	29	丙辰	5
10	30	丁巳	4
11	❾	戊午	3
12	2	己未	2
13	3	庚申	1
14	4	辛酉	9
15	5	壬戌	8
16	6	癸亥	7
17	7	甲子	6
18	8	乙丑	5
19	9	丙寅	4
20	10	丁卯	3
21	11	戊辰	2
22	12	己巳	1
23	13	庚午	9
24	14	辛未	8
25	15	壬申	7
26	16	癸酉	6
27	17	甲戌	5
28	18	乙亥	4
29	19	丙子	3
30	20	丁丑	2
31	21	戊寅	1

11月(己亥) 八白土

陽曆	陰曆	日辰	紫白
1	22	己卯	9
2	23	庚辰	8
3	24	辛巳	7
4	25	壬午	6
5	26	癸未	5
6	27	甲申	4
7	28	乙酉	3
8	29	丙戌	2
9	❿	丁亥	1
10	2	戊子	9
11	3	己丑	8
12	4	庚寅	7
13	5	辛卯	6
14	6	壬辰	5
15	7	癸巳	4
16	8	甲午	3
17	9	乙未	2
18	10	丙申	1
19	11	丁酉	9
20	12	戊戌	8
21	13	己亥	7
22	14	庚子	6
23	15	辛丑	5
24	16	壬寅	4
25	17	癸卯	3
26	18	甲辰	2
27	19	乙巳	1
28	20	丙午	9
29	21	丁未	8
30	22	戊申	7

12月(庚子) 七赤金

陽曆	陰曆	日辰	紫白
1	23	己酉	6
2	24	庚戌	5
3	25	辛亥	4
4	26	壬子	3
5	27	癸丑	2
6	28	甲寅	1
7	29	乙卯	9
8	30	丙辰	8
9	⓫	丁巳	7
10	2	戊午	6
11	3	己未	5
12	4	庚申	4
13	5	辛酉	3
14	6	壬戌	2
15	7	癸亥	1
16	8	甲子	1
17	9	乙丑	2
18	10	丙寅	3
19	11	丁卯	4
20	12	戊辰	5
21	13	己巳	6
22	14	庚午	7
23	15	辛未	8
24	16	壬申	9
25	17	癸酉	1
26	18	甲戌	2
27	19	乙亥	3
28	20	丙子	4
29	21	丁丑	5
30	22	戊寅	6
31	23	己卯	7

西紀 2027年［丁未］九紫火

1月(辛丑) 六白金

陽曆	陰曆	日辰	紫白
1	24	庚辰	8
2	25	辛巳	9
3	26	壬午	1
4	27	癸未	2
5	28	甲申	3
6	29	乙酉	4
7	30	丙戌	5
8	⓬	丁亥	6
9	2	戊子	7
10	3	己丑	8
11	4	庚寅	9
12	5	辛卯	1
13	6	壬辰	2
14	7	癸巳	3
15	8	甲午	4
16	9	乙未	5
17	10	丙申	6
18	11	丁酉	7
19	12	戊戌	8
20	13	己亥	9
21	14	庚子	1
22	15	辛丑	2
23	16	壬寅	3
24	17	癸卯	4
25	18	甲辰	5
26	19	乙巳	6
27	20	丙午	7
28	21	丁未	8
29	22	戊申	9
30	23	己酉	1
31	24	庚戌	2

2月(壬寅) 五黃土

陽曆	陰曆	日辰	紫白
1	25	辛亥	3
2	26	壬子	4
3	27	癸丑	5
4	28	甲寅	6
5	29	乙卯	7
6	30	丙辰	8
7	❶	丁巳	9
8	2	戊午	1
9	3	己未	2
10	4	庚申	3
11	5	辛酉	4
12	6	壬戌	5
13	7	癸亥	6
14	8	甲子	7
15	9	乙丑	8
16	10	丙寅	9
17	11	丁卯	1
18	12	戊辰	2
19	13	己巳	3
20	14	庚午	4
21	15	辛未	5
22	16	壬申	6
23	17	癸酉	7
24	18	甲戌	8
25	19	乙亥	9
26	20	丙子	1
27	21	丁丑	2
28	22	戊寅	3

3月(癸卯) 四綠木

陽曆	陰曆	日辰	紫白
1	23	己卯	4
2	24	庚辰	5
3	25	辛巳	6
4	26	壬午	7
5	27	癸未	8
6	28	甲申	9
7	29	乙酉	1
8	❷	丙戌	2
9	2	丁亥	3
10	3	戊子	4
11	4	己丑	5
12	5	庚寅	6
13	6	辛卯	7
14	7	壬辰	8
15	8	癸巳	9
16	9	甲午	1
17	10	乙未	2
18	11	丙申	3
19	12	丁酉	4
20	13	戊戌	5
21	14	己亥	6
22	15	庚子	7
23	16	辛丑	8
24	17	壬寅	9
25	18	癸卯	1
26	19	甲辰	2
27	20	乙巳	3
28	21	丙午	4
29	22	丁未	5
30	23	戊申	6
31	24	己酉	7

西紀 2027年 [丁未] 九紫火

4月(甲辰) 三碧木

陽曆	陰曆	日辰	紫白
1	25	庚戌	8
2	26	辛亥	9
3	27	壬子	1
4	28	癸丑	2
5	29	甲寅	3
6	30	乙卯	4
7	❸	丙辰	5
8	2	丁巳	6
9	3	戊午	7
10	4	己未	8
11	5	庚申	9
12	6	辛酉	1
13	7	壬戌	2
14	8	癸亥	3
15	9	甲子	4
16	10	乙丑	5
17	11	丙寅	6
18	12	丁卯	7
19	13	戊辰	8
20	14	己巳	9
21	15	庚午	1
22	16	辛未	2
23	17	壬申	3
24	18	癸酉	4
25	19	甲戌	5
26	20	乙亥	6
27	21	丙子	7
28	22	丁丑	8
29	23	戊寅	9
30	24	己卯	1

5月(乙巳) 二黑土

陽曆	陰曆	日辰	紫白
1	25	庚辰	2
2	26	辛巳	3
3	27	壬午	4
4	28	癸未	5
5	29	甲申	6
6	❹	乙酉	7
7	2	丙戌	8
8	3	丁亥	9
9	4	戊子	1
10	5	己丑	2
11	6	庚寅	3
12	7	辛卯	4
13	8	壬辰	5
14	9	癸巳	6
15	10	甲午	7
16	11	乙未	8
17	12	丙申	9
18	13	丁酉	1
19	14	戊戌	2
20	15	己亥	3
21	16	庚子	4
22	17	辛丑	5
23	18	壬寅	6
24	19	癸卯	7
25	20	甲辰	8
26	21	乙巳	9
27	22	丙午	1
28	23	丁未	2
29	24	戊申	3
30	25	己酉	4
31	26	庚戌	5

6月(丙午) 一白水

陽曆	陰曆	日辰	紫白
1	27	辛亥	6
2	28	壬子	7
3	29	癸丑	8
4	30	甲寅	9
5	❺	乙卯	1
6	2	丙辰	2
7	3	丁巳	3
8	4	戊午	4
9	5	己未	5
10	6	庚申	6
11	7	辛酉	7
12	8	壬戌	8
13	9	癸亥	9
14	10	甲子	9
15	11	乙丑	8
16	12	丙寅	7
17	13	丁卯	6
18	14	戊辰	5
19	15	己巳	4
20	16	庚午	3
21	17	辛未	2
22	18	壬申	1
23	19	癸酉	9
24	20	甲戌	8
25	21	乙亥	7
26	22	丙子	6
27	23	丁丑	5
28	24	戊寅	4
29	25	己卯	3
30	26	庚辰	2

西紀 2027年［丁未］九紫火

7月(丁未) 九紫火			
陽曆	陰曆	日辰	紫白
1	27	辛巳	1
2	28	壬午	9
3	29	癸未	8
4	❻	甲申	7
5	2	乙酉	6
6	3	丙戌	5
7	4	丁亥	4
8	5	戊子	3
9	6	己丑	2
10	7	庚寅	1
11	8	辛卯	9
12	9	壬辰	8
13	10	癸巳	7
14	11	甲午	6
15	12	乙未	5
16	13	丙申	4
17	14	丁酉	3
18	15	戊戌	2
19	16	己亥	1
20	17	庚子	9
21	18	辛丑	8
22	19	壬寅	7
23	20	癸卯	6
24	21	甲辰	5
25	22	乙巳	4
26	23	丙午	3
27	24	丁未	2
28	25	戊申	1
29	26	己酉	9
30	27	庚戌	8
31	28	辛亥	7

8月(戊申) 八白土			
陽曆	陰曆	日辰	紫白
1	29	壬子	6
2	❼	癸丑	5
3	2	甲寅	4
4	3	乙卯	3
5	4	丙辰	2
6	5	丁巳	1
7	6	戊午	9
8	7	己未	8
9	8	庚申	7
10	9	辛酉	6
11	10	壬戌	5
12	11	癸亥	4
13	12	甲子	3
14	13	乙丑	2
15	14	丙寅	1
16	15	丁卯	9
17	16	戊辰	8
18	17	己巳	7
19	18	庚午	6
20	19	辛未	5
21	20	壬申	4
22	21	癸酉	3
23	22	甲戌	2
24	23	乙亥	1
25	24	丙子	9
26	25	丁丑	8
27	26	戊寅	7
28	27	己卯	6
29	28	庚辰	5
30	29	辛巳	4
31	30	壬午	3

9月(己酉) 七赤金			
陽曆	陰曆	日辰	紫白
1	❽	癸未	2
2	2	甲申	1
3	3	乙酉	9
4	4	丙戌	8
5	5	丁亥	7
6	6	戊子	6
7	7	己丑	5
8	8	庚寅	4
9	9	辛卯	3
10	10	壬辰	2
11	11	癸巳	1
12	12	甲午	9
13	13	乙未	8
14	14	丙申	7
15	15	丁酉	6
16	16	戊戌	5
17	17	己亥	4
18	18	庚子	3
19	19	辛丑	2
20	20	壬寅	1
21	21	癸卯	9
22	22	甲辰	8
23	23	乙巳	7
24	24	丙午	6
25	25	丁未	5
26	26	戊申	4
27	27	己酉	3
28	28	庚戌	2
29	29	辛亥	1
30	❾	壬子	9

西紀 2027年 [丁未] 九紫火

10月(庚戌) 六白金

陽曆	陰曆	日辰	紫白
1	2	癸丑	8
2	3	甲寅	7
3	4	乙卯	6
4	5	丙辰	5
5	6	丁巳	4
6	7	戊午	3
7	8	己未	2
8	9	庚申	1
9	10	辛酉	9
10	11	壬戌	8
11	12	癸亥	7
12	13	甲子	6
13	14	乙丑	5
14	15	丙寅	4
15	16	丁卯	3
16	17	戊辰	2
17	18	己巳	1
18	19	庚午	9
19	20	辛未	8
20	21	壬申	7
21	22	癸酉	6
22	23	甲戌	5
23	24	乙亥	4
24	25	丙子	3
25	26	丁丑	2
26	27	戊寅	1
27	28	己卯	9
28	29	庚辰	8
29	❿	辛巳	7
30	2	壬午	6
31	3	癸未	5

11月(辛亥) 五黃土

陽曆	陰曆	日辰	紫白
1	4	甲申	4
2	5	乙酉	3
3	6	丙戌	2
4	7	丁亥	1
5	8	戊子	9
6	9	己丑	8
7	10	庚寅	7
8	11	辛卯	6
9	12	壬辰	5
10	13	癸巳	4
11	14	甲午	3
12	15	乙未	2
13	16	丙申	1
14	17	丁酉	9
15	18	戊戌	8
16	19	己亥	7
17	20	庚子	6
18	21	辛丑	5
19	22	壬寅	4
20	23	癸卯	3
21	24	甲辰	2
22	25	乙巳	1
23	26	丙午	9
24	27	丁未	8
25	28	戊申	7
26	29	己酉	6
27	30	庚戌	5
28	⓫	辛亥	4
29	2	壬子	3
30	3	癸丑	2

12月(壬子) 四綠木

陽曆	陰曆	日辰	紫白
1	4	甲寅	1
2	5	乙卯	9
3	6	丙辰	8
4	7	丁巳	7
5	8	戊午	6
6	9	己未	5
7	10	庚申	4
8	11	辛酉	3
9	12	壬戌	2
10	13	癸亥	1
11	14	甲子	1
12	15	乙丑	2
13	16	丙寅	3
14	17	丁卯	4
15	18	戊辰	5
16	19	己巳	6
17	20	庚午	7
18	21	辛未	8
19	22	壬申	9
20	23	癸酉	1
21	24	甲戌	2
22	25	乙亥	3
23	26	丙子	4
24	27	丁丑	5
25	28	戊寅	6
26	29	己卯	7
27	30	庚辰	8
28	⓬	辛巳	9
29	2	壬午	1
30	3	癸未	2
31	4	甲申	3

西紀 2028年 [戊申] 八白土

1月(癸丑) 三碧木

陽曆	陰曆	日辰	紫白
1	5	乙酉	4
2	6	丙戌	5
3	7	丁亥	6
4	8	戊子	7
5	9	己丑	8
6	10	庚寅	9
7	11	辛卯	1
8	12	壬辰	2
9	13	癸巳	3
10	14	甲午	4
11	15	乙未	5
12	16	丙申	6
13	17	丁酉	7
14	18	戊戌	8
15	19	己亥	9
16	20	庚子	1
17	21	辛丑	2
18	22	壬寅	3
19	23	癸卯	4
20	24	甲辰	5
21	25	乙巳	6
22	26	丙午	7
23	27	丁未	8
24	28	戊申	9
25	29	己酉	1
26	30	庚戌	2
27	❶	辛亥	3
28	2	壬子	4
29	3	癸丑	5
30	4	甲寅	6
31	5	乙卯	7

2月(甲寅) 二黑土

陽曆	陰曆	日辰	紫白
1	6	丙辰	8
2	7	丁巳	9
3	8	戊午	1
4	9	己未	2
5	10	庚申	3
6	11	辛酉	4
7	12	壬戌	5
8	13	癸亥	6
9	14	甲子	7
10	15	乙丑	8
11	16	丙寅	9
12	17	丁卯	1
13	18	戊辰	2
14	19	己巳	3
15	20	庚午	4
16	21	辛未	5
17	22	壬申	6
18	23	癸酉	7
19	24	甲戌	8
20	25	乙亥	9
21	26	丙子	1
22	27	丁丑	2
23	28	戊寅	3
24	29	己卯	4
25	❷	庚辰	5
26	2	辛巳	6
27	3	壬午	7
28	4	癸未	8
29	5	甲申	9

3月(乙卯) 一白水

陽曆	陰曆	日辰	紫白
1	6	乙酉	1
2	7	丙戌	2
3	8	丁亥	3
4	9	戊子	4
5	10	己丑	5
6	11	庚寅	6
7	12	辛卯	7
8	13	壬辰	8
9	14	癸巳	9
10	15	甲午	1
11	16	乙未	2
12	17	丙申	3
13	18	丁酉	4
14	19	戊戌	5
15	20	己亥	6
16	21	庚子	7
17	22	辛丑	8
18	23	壬寅	9
19	24	癸卯	1
20	25	甲辰	2
21	26	乙巳	3
22	27	丙午	4
23	28	丁未	5
24	29	戊申	6
25	30	己酉	7
26	❸	庚戌	8
27	2	辛亥	9
28	3	壬子	1
29	4	癸丑	2
30	5	甲寅	3
31	6	乙卯	4

西紀 2028年 [戊申] 八白土

4月(丙辰) 九紫火				5月(丁巳) 八白土				6月(戊午) 七赤金			
陽曆	陰曆	日辰	紫白	陽曆	陰曆	日辰	紫白	陽曆	陰曆	日辰	紫白
1	7	丙辰	5	1	7	丙戌	8	1	9	丁巳	3
2	8	丁巳	6	2	8	丁亥	9	2	10	戊午	4
3	9	戊午	7	3	9	戊子	1	3	11	己未	5
4	10	己未	8	4	10	己丑	2	4	12	庚申	6
5	11	庚申	9	5	11	庚寅	3	5	13	辛酉	7
6	12	辛酉	1	6	12	辛卯	4	6	14	壬戌	8
7	13	壬戌	2	7	13	壬辰	5	7	15	癸亥	9
8	14	癸亥	3	8	14	癸巳	6	8	16	甲子	9
9	15	甲子	4	9	15	甲午	7	9	17	乙丑	8
10	16	乙丑	5	10	16	乙未	8	10	18	丙寅	7
11	17	丙寅	6	11	17	丙申	9	11	19	丁卯	6
12	18	丁卯	7	12	18	丁酉	1	12	20	戊辰	5
13	19	戊辰	8	13	19	戊戌	2	13	21	己巳	4
14	20	己巳	9	14	20	己亥	3	14	22	庚午	3
15	21	庚午	1	15	21	庚子	4	15	23	辛未	2
16	22	辛未	2	16	22	辛丑	5	16	24	壬申	1
17	23	壬申	3	17	23	壬寅	6	17	25	癸酉	9
18	24	癸酉	4	18	24	癸卯	7	18	26	甲戌	8
19	25	甲戌	5	19	25	甲辰	8	19	27	乙亥	7
20	26	乙亥	6	20	26	乙巳	9	20	28	丙子	6
21	27	丙子	7	21	27	丙午	1	21	29	丁丑	5
22	28	丁丑	8	22	28	丁未	2	22	30	戊寅	4
23	29	戊寅	9	23	29	戊申	3	23	윤5	己卯	3
24	30	己卯	1	24	❺	己酉	4	24	2	庚辰	2
25	❹	庚辰	2	25	2	庚戌	5	25	3	辛巳	1
26	2	辛巳	3	26	3	辛亥	6	26	4	壬午	9
27	3	壬午	4	27	4	壬子	7	27	5	癸未	8
28	4	癸未	5	28	5	癸丑	8	28	6	甲申	7
29	5	甲申	6	29	6	甲寅	9	29	7	乙酉	6
30	6	乙酉	7	30	7	乙卯	1	30	8	丙戌	5
				31	8	丙辰	2				

西紀 2028年 [戊申] 八白土

| 7月(己未) 六白金 |||| 8月(庚申) 五黃土 |||| 9月(辛酉) 四綠木 ||||
陽曆	陰曆	日辰	紫白	陽曆	陰曆	日辰	紫白	陽曆	陰曆	日辰	紫白
1	9	丁亥	4	1	11	戊午	9	1	13	己丑	5
2	10	戊子	3	2	12	己未	8	2	14	庚寅	4
3	11	己丑	2	3	13	庚申	7	3	15	辛卯	3
4	12	庚寅	1	4	14	辛酉	6	4	16	壬辰	2
5	13	辛卯	9	5	15	壬戌	5	5	17	癸巳	1
6	14	壬辰	8	6	16	癸亥	4	6	18	甲午	9
7	15	癸巳	7	7	17	甲子	3	7	19	乙未	8
8	16	甲午	6	8	18	乙丑	2	8	20	丙申	7
9	17	乙未	5	9	19	丙寅	1	9	21	丁酉	6
10	18	丙申	4	10	20	丁卯	9	10	22	戊戌	5
11	19	丁酉	3	11	21	戊辰	8	11	23	己亥	4
12	20	戊戌	2	12	22	己巳	7	12	24	庚子	3
13	21	己亥	1	13	23	庚午	6	13	25	辛丑	2
14	22	庚子	9	14	24	辛未	5	14	26	壬寅	1
15	23	辛丑	8	15	25	壬申	4	15	27	癸卯	9
16	24	壬寅	7	16	26	癸酉	3	16	28	甲辰	8
17	25	癸卯	6	17	27	甲戌	2	17	29	乙巳	7
18	26	甲辰	5	18	28	乙亥	1	18	30	丙午	6
19	27	乙巳	4	19	29	丙子	9	19	❽	丁未	5
20	28	丙午	3	20	❼	丁丑	8	20	2	戊申	4
21	29	丁未	2	21	2	戊寅	7	21	3	己酉	3
22	❻	戊申	1	22	3	己卯	6	22	4	庚戌	2
23	2	己酉	9	23	4	庚辰	5	23	5	辛亥	1
24	3	庚戌	8	24	5	辛巳	4	24	6	壬子	9
25	4	辛亥	7	25	6	壬午	3	25	7	癸丑	8
26	5	壬子	6	26	7	癸未	2	26	8	甲寅	7
27	6	癸丑	5	27	8	甲申	1	27	9	乙卯	6
28	7	甲寅	4	28	9	乙酉	9	28	10	丙辰	5
29	8	乙卯	3	29	10	丙戌	8	29	11	丁巳	4
30	9	丙辰	2	30	11	丁亥	7	30	12	戊午	3
31	10	丁巳	1	31	12	戊子	6				

西紀 2028年［戊申］八白土

10月(壬戌) 三碧木			
陽曆	陰曆	日辰	紫白
1	13	己未	2
2	14	庚申	1
3	15	辛酉	9
4	16	壬戌	8
5	17	癸亥	7
6	18	甲子	6
7	19	乙丑	5
8	20	丙寅	4
9	21	丁卯	3
10	22	戊辰	2
11	23	己巳	1
12	24	庚午	9
13	25	辛未	8
14	26	壬申	7
15	27	癸酉	6
16	28	甲戌	5
17	29	乙亥	4
18	❾	丙子	3
19	2	丁丑	2
20	3	戊寅	1
21	4	己卯	9
22	5	庚辰	8
23	6	辛巳	7
24	7	壬午	6
25	8	癸未	5
26	9	甲申	4
27	10	乙酉	3
28	11	丙戌	2
29	12	丁亥	1
30	13	戊子	9
31	14	己丑	8

11月(癸亥) 二黑土			
陽曆	陰曆	日辰	紫白
1	15	庚寅	7
2	16	辛卯	6
3	17	壬辰	5
4	18	癸巳	4
5	19	甲午	3
6	20	乙未	2
7	21	丙申	1
8	22	丁酉	9
9	23	戊戌	8
10	24	己亥	7
11	25	庚子	6
12	26	辛丑	5
13	27	壬寅	4
14	28	癸卯	3
15	29	甲辰	2
16	❿	乙巳	1
17	2	丙午	9
18	3	丁未	8
19	4	戊申	7
20	5	己酉	6
21	6	庚戌	5
22	7	辛亥	4
23	8	壬子	3
24	9	癸丑	2
25	10	甲寅	1
26	11	乙卯	9
27	12	丙辰	8
28	13	丁巳	7
29	14	戊午	6
30	15	己未	5

12月(甲子) 一白水			
陽曆	陰曆	日辰	紫白
1	16	庚申	4
2	17	辛酉	3
3	18	壬戌	2
4	19	癸亥	1
5	20	甲子	1
6	21	乙丑	2
7	22	丙寅	3
8	23	丁卯	4
9	24	戊辰	5
10	25	己巳	6
11	26	庚午	7
12	27	辛未	8
13	28	壬申	9
14	29	癸酉	1
15	30	甲戌	2
16	⓫	乙亥	3
17	2	丙子	4
18	3	丁丑	5
19	4	戊寅	6
20	5	己卯	7
21	6	庚辰	8
22	7	辛巳	9
23	8	壬午	1
24	9	癸未	2
25	10	甲申	3
26	11	乙酉	4
27	12	丙戌	5
28	13	丁亥	6
29	14	戊子	7
30	15	己丑	8
31	16	庚寅	9

西紀 2029年［己酉］七赤金

1月(乙丑) 九紫火			
陽曆	陰曆	日辰	紫白
1	17	辛卯	1
2	18	壬辰	2
3	19	癸巳	3
4	20	甲午	4
5	21	乙未	5
6	22	丙申	6
7	23	丁酉	7
8	24	戊戌	8
9	25	己亥	9
10	26	庚子	1
11	27	辛丑	2
12	28	壬寅	3
13	29	癸卯	4
14	30	甲辰	5
15	⓬	乙巳	6
16	2	丙午	7
17	3	丁未	8
18	4	戊申	9
19	5	己酉	1
20	6	庚戌	2
21	7	辛亥	3
22	8	壬子	4
23	9	癸丑	5
24	10	甲寅	6
25	11	乙卯	7
26	12	丙辰	8
27	13	丁巳	9
28	14	戊午	1
29	15	己未	2
30	16	庚申	3
31	17	辛酉	4

2月(丙寅) 八白土			
陽曆	陰曆	日辰	紫白
1	18	壬戌	5
2	19	癸亥	6
3	20	甲子	7
4	21	乙丑	8
5	22	丙寅	9
6	23	丁卯	1
7	24	戊辰	2
8	25	己巳	3
9	26	庚午	4
10	27	辛未	5
11	28	壬申	6
12	29	癸酉	7
13	❶	甲戌	8
14	2	乙亥	9
15	3	丙子	1
16	4	丁丑	2
17	5	戊寅	3
18	6	己卯	4
19	7	庚辰	5
20	8	辛巳	6
21	9	壬午	7
22	10	癸未	8
23	11	甲申	9
24	12	乙酉	1
25	13	丙戌	2
26	14	丁亥	3
27	15	戊子	4
28	16	己丑	5

3月(丁卯) 七赤金			
陽曆	陰曆	日辰	紫白
1	17	庚寅	6
2	18	辛卯	7
3	19	壬辰	8
4	20	癸巳	9
5	21	甲午	1
6	22	乙未	2
7	23	丙申	3
8	24	丁酉	4
9	25	戊戌	5
10	26	己亥	6
11	27	庚子	7
12	28	辛丑	8
13	29	壬寅	9
14	30	癸卯	1
15	❷	甲辰	2
16	2	乙巳	3
17	3	丙午	4
18	4	丁未	5
19	5	戊申	6
20	6	己酉	7
21	7	庚戌	8
22	8	辛亥	9
23	9	壬子	1
24	10	癸丑	2
25	11	甲寅	3
26	12	乙卯	4
27	13	丙辰	5
28	14	丁巳	6
29	15	戊午	7
30	16	己未	8
31	17	庚申	9

西紀 2029年［己酉］七赤金

4月(戊辰) 六白金			
陽暦	陰暦	日辰	紫白
1	18	辛酉	1
2	19	壬戌	2
3	20	癸亥	3
4	21	甲子	4
5	22	乙丑	5
6	23	丙寅	6
7	24	丁卯	7
8	25	戊辰	8
9	26	己巳	9
10	27	庚午	1
11	28	辛未	2
12	29	壬申	3
13	30	癸酉	4
14	❸	甲戌	5
15	2	乙亥	6
16	3	丙子	7
17	4	丁丑	8
18	5	戊寅	9
19	6	己卯	1
20	7	庚辰	2
21	8	辛巳	3
22	9	壬午	4
23	10	癸未	5
24	11	甲申	6
25	12	乙酉	7
26	13	丙戌	8
27	14	丁亥	9
28	15	戊子	1
29	16	己丑	2
30	17	庚寅	3

5月(己巳) 五黃土			
陽暦	陰暦	日辰	紫白
1	18	辛卯	4
2	19	壬辰	5
3	20	癸巳	6
4	21	甲午	7
5	22	乙未	8
6	23	丙申	9
7	24	丁酉	1
8	25	戊戌	2
9	26	己亥	3
10	27	庚子	4
11	28	辛丑	5
12	29	壬寅	6
13	❹	癸卯	7
14	2	甲辰	8
15	3	乙巳	9
16	4	丙午	1
17	5	丁未	2
18	6	戊申	3
19	7	己酉	4
20	8	庚戌	5
21	9	辛亥	6
22	10	壬子	7
23	11	癸丑	8
24	12	甲寅	9
25	13	乙卯	1
26	14	丙辰	2
27	15	丁巳	3
28	16	戊午	4
29	17	己未	5
30	18	庚申	6
31	19	辛酉	7

6月(庚午) 四綠木			
陽暦	陰暦	日辰	紫白
1	20	壬戌	8
2	21	癸亥	9
3	22	甲子	9
4	23	乙丑	8
5	24	丙寅	7
6	25	丁卯	6
7	26	戊辰	5
8	27	己巳	4
9	28	庚午	3
10	29	辛未	2
11	30	壬申	1
12	❺	癸酉	9
13	2	甲戌	8
14	3	乙亥	7
15	4	丙子	6
16	5	丁丑	5
17	6	戊寅	4
18	7	己卯	3
19	8	庚辰	2
20	9	辛巳	1
21	10	壬午	9
22	11	癸未	8
23	12	甲申	7
24	13	乙酉	6
25	14	丙戌	5
26	15	丁亥	4
27	16	戊子	3
28	17	己丑	2
29	18	庚寅	1
30	19	辛卯	9

西紀 2029年 [己酉] 七赤金

7月(辛未) 三碧木

陽曆	陰曆	日辰	紫白
1	20	壬辰	8
2	21	癸巳	7
3	22	甲午	6
4	23	乙未	5
5	24	丙申	4
6	25	丁酉	3
7	26	戊戌	2
8	27	己亥	1
9	28	庚子	9
10	29	辛丑	8
11	30	壬寅	7
12	❻	癸卯	6
13	2	甲辰	5
14	3	乙巳	4
15	4	丙午	3
16	5	丁未	2
17	6	戊申	1
18	7	己酉	9
19	8	庚戌	8
20	9	辛亥	7
21	10	壬子	6
22	11	癸丑	5
23	12	甲寅	4
24	13	乙卯	3
25	14	丙辰	2
26	15	丁巳	1
27	16	戊午	9
28	17	己未	8
29	18	庚申	7
30	19	辛酉	6
31	20	壬戌	5

8月(壬申) 二黑土

陽曆	陰曆	日辰	紫白
1	21	癸亥	4
2	22	甲子	3
3	23	乙丑	2
4	24	丙寅	1
5	25	丁卯	9
6	26	戊辰	8
7	27	己巳	7
8	28	庚午	6
9	29	辛未	5
10	❼	壬申	4
11	2	癸酉	3
12	3	甲戌	2
13	4	乙亥	1
14	5	丙子	9
15	6	丁丑	8
16	7	戊寅	7
17	8	己卯	6
18	9	庚辰	5
19	10	辛巳	4
20	11	壬午	3
21	12	癸未	2
22	13	甲申	1
23	14	乙酉	9
24	15	丙戌	8
25	16	丁亥	7
26	17	戊子	6
27	18	己丑	5
28	19	庚寅	4
29	20	辛卯	3
30	21	壬辰	2
31	22	癸巳	1

9月(癸酉) 一白水

陽曆	陰曆	日辰	紫白
1	23	甲午	9
2	24	乙未	8
3	25	丙申	7
4	26	丁酉	6
5	27	戊戌	5
6	28	己亥	4
7	29	庚子	3
8	❽	辛丑	2
9	2	壬寅	1
10	3	癸卯	9
11	4	甲辰	8
12	5	乙巳	7
13	6	丙午	6
14	7	丁未	5
15	8	戊申	4
16	9	己酉	3
17	10	庚戌	2
18	11	辛亥	1
19	12	壬子	9
20	13	癸丑	8
21	14	甲寅	7
22	15	乙卯	6
23	16	丙辰	5
24	17	丁巳	4
25	18	戊午	3
26	19	己未	2
27	20	庚申	1
28	21	辛酉	9
29	22	壬戌	8
30	23	癸亥	7

西紀 2029年 [己酉] 七赤金

10月(甲戌) 九紫火

陽曆	陰曆	日辰	紫白
1	24	甲子	6
2	25	乙丑	5
3	26	丙寅	4
4	27	丁卯	3
5	28	戊辰	2
6	29	己巳	1
7	30	庚午	9
8	❾	辛未	8
9	2	壬申	7
10	3	癸酉	6
11	4	甲戌	5
12	5	乙亥	4
13	6	丙子	3
14	7	丁丑	2
15	8	戊寅	1
16	9	己卯	9
17	10	庚辰	8
18	11	辛巳	7
19	12	壬午	6
20	13	癸未	5
21	14	甲申	4
22	15	乙酉	3
23	16	丙戌	2
24	17	丁亥	1
25	18	戊子	9
26	19	己丑	8
27	20	庚寅	7
28	21	辛卯	6
29	22	壬辰	5
30	23	癸巳	4
31	24	甲午	3

11月(乙亥) 八白土

陽曆	陰曆	日辰	紫白
1	25	乙未	2
2	26	丙申	1
3	27	丁酉	9
4	28	戊戌	8
5	29	己亥	7
6	❿	庚子	6
7	2	辛丑	5
8	3	壬寅	4
9	4	癸卯	3
10	5	甲辰	2
11	6	乙巳	1
12	7	丙午	9
13	8	丁未	8
14	9	戊申	7
15	10	己酉	6
16	11	庚戌	5
17	12	辛亥	4
18	13	壬子	3
19	14	癸丑	2
20	15	甲寅	1
21	16	乙卯	9
22	17	丙辰	8
23	18	丁巳	7
24	19	戊午	6
25	20	己未	5
26	21	庚申	4
27	22	辛酉	3
28	23	壬戌	2
29	24	癸亥	1
30	25	甲子	1

12月(丙子) 七赤金

陽曆	陰曆	日辰	紫白
1	26	乙丑	2
2	27	丙寅	3
3	28	丁卯	4
4	29	戊辰	5
5	⓫	己巳	6
6	2	庚午	7
7	3	辛未	8
8	4	壬申	9
9	5	癸酉	1
10	6	甲戌	2
11	7	乙亥	3
12	8	丙子	4
13	9	丁丑	5
14	10	戊寅	6
15	11	己卯	7
16	12	庚辰	8
17	13	辛巳	9
18	14	壬午	1
19	15	癸未	2
20	16	甲申	3
21	17	乙酉	4
22	18	丙戌	5
23	19	丁亥	6
24	20	戊子	7
25	21	己丑	8
26	22	庚寅	9
27	23	辛卯	1
28	24	壬辰	2
29	25	癸巳	3
30	26	甲午	4
31	27	乙未	5

西紀 2030年 [庚戌] 六白金

1月(丁丑) 六白金

陽曆	陰曆	日辰	紫白
1	28	丙申	6
2	29	丁酉	7
3	30	戊戌	8
4	⓬	己亥	9
5	2	庚子	1
6	3	辛丑	2
7	4	壬寅	3
8	5	癸卯	4
9	6	甲辰	5
10	7	乙巳	6
11	8	丙午	7
12	9	丁未	8
13	10	戊申	9
14	11	己酉	1
15	12	庚戌	2
16	13	辛亥	3
17	14	壬子	4
18	15	癸丑	5
19	16	甲寅	6
20	17	乙卯	7
21	18	丙辰	8
22	19	丁巳	9
23	20	戊午	1
24	21	己未	2
25	22	庚申	3
26	23	辛酉	4
27	24	壬戌	5
28	25	癸亥	6
29	26	甲子	7
30	27	乙丑	8
31	28	丙寅	9

2月(戊寅) 五黃土

陽曆	陰曆	日辰	紫白
1	29	丁卯	1
2	30	戊辰	2
3	❶	己巳	3
4	2	庚午	4
5	3	辛未	5
6	4	壬申	6
7	5	癸酉	7
8	6	甲戌	8
9	7	乙亥	9
10	8	丙子	1
11	9	丁丑	2
12	10	戊寅	3
13	11	己卯	4
14	12	庚辰	5
15	13	辛巳	6
16	14	壬午	7
17	15	癸未	8
18	16	甲申	9
19	17	乙酉	1
20	18	丙戌	2
21	19	丁亥	3
22	20	戊子	4
23	21	己丑	5
24	22	庚寅	6
25	23	辛卯	7
26	24	壬辰	8
27	25	癸巳	9
28	26	甲午	1

3月(己卯) 四綠木

陽曆	陰曆	日辰	紫白
1	27	乙未	2
2	28	丙申	3
3	29	丁酉	4
4	❷	戊戌	5
5	2	己亥	6
6	3	庚子	7
7	4	辛丑	8
8	5	壬寅	9
9	6	癸卯	1
10	7	甲辰	2
11	8	乙巳	3
12	9	丙午	4
13	10	丁未	5
14	11	戊申	6
15	12	己酉	7
16	13	庚戌	8
17	14	辛亥	9
18	15	壬子	1
19	16	癸丑	2
20	17	甲寅	3
21	18	乙卯	4
22	19	丙辰	5
23	20	丁巳	6
24	21	戊午	7
25	22	己未	8
26	23	庚申	9
27	24	辛酉	1
28	25	壬戌	2
29	26	癸亥	3
30	27	甲子	4
31	28	乙丑	5

西紀 2030年［庚戌］六白金

4月(庚辰) 三碧木			
陽曆	陰曆	日辰	紫白
1	29	丙寅	6
2	30	丁卯	7
3	❸	戊辰	8
4	2	己巳	9
5	3	庚午	1
6	4	辛未	2
7	5	壬申	3
8	6	癸酉	4
9	7	甲戌	5
10	8	乙亥	6
11	9	丙子	7
12	10	丁丑	8
13	11	戊寅	9
14	12	己卯	1
15	13	庚辰	2
16	14	辛巳	3
17	15	壬午	4
18	16	癸未	5
19	17	甲申	6
20	18	乙酉	7
21	19	丙戌	8
22	20	丁亥	9
23	21	戊子	1
24	22	己丑	2
25	23	庚寅	3
26	24	辛卯	4
27	25	壬辰	5
28	26	癸巳	6
29	27	甲午	7
30	28	乙未	8

5月(辛巳) 二黑土			
陽曆	陰曆	日辰	紫白
1	29	丙申	9
2	❹	丁酉	1
3	2	戊戌	2
4	3	己亥	3
5	4	庚子	4
6	5	辛丑	5
7	6	壬寅	6
8	7	癸卯	7
9	8	甲辰	8
10	9	乙巳	9
11	10	丙午	1
12	11	丁未	2
13	12	戊申	3
14	13	己酉	4
15	14	庚戌	5
16	15	辛亥	6
17	16	壬子	7
18	17	癸丑	8
19	18	甲寅	9
20	19	乙卯	1
21	20	丙辰	2
22	21	丁巳	3
23	22	戊午	4
24	23	己未	5
25	24	庚申	6
26	25	辛酉	7
27	26	壬戌	8
28	27	癸亥	9
29	28	甲子	9
30	29	乙丑	8
31	30	丙寅	7

6月(壬午) 一白水			
陽曆	陰曆	日辰	紫白
1	❺	丁卯	6
2	2	戊辰	5
3	3	己巳	4
4	4	庚午	3
5	5	辛未	2
6	6	壬申	1
7	7	癸酉	9
8	8	甲戌	8
9	9	乙亥	7
10	10	丙子	6
11	11	丁丑	5
12	12	戊寅	4
13	13	己卯	3
14	14	庚辰	2
15	15	辛巳	1
16	16	壬午	9
17	17	癸未	8
18	18	甲申	7
19	19	乙酉	6
20	20	丙戌	5
21	21	丁亥	4
22	22	戊子	3
23	23	己丑	2
24	24	庚寅	1
25	25	辛卯	9
26	26	壬辰	8
27	27	癸巳	7
28	28	甲午	6
29	29	乙未	5
30	30	丙申	4

西紀 2030年 [庚戌] 六白金

7月(癸未) 九紫火

陽曆	陰曆	日辰	紫白
1	❻	丁酉	3
2	2	戊戌	2
3	3	己亥	1
4	4	庚子	9
5	5	辛丑	8
6	6	壬寅	7
7	7	癸卯	6
8	8	甲辰	5
9	9	乙巳	4
10	10	丙午	3
11	11	丁未	2
12	12	戊申	1
13	13	己酉	9
14	14	庚戌	8
15	15	辛亥	7
16	16	壬子	6
17	17	癸丑	5
18	18	甲寅	4
19	19	乙卯	3
20	20	丙辰	2
21	21	丁巳	1
22	22	戊午	9
23	23	己未	8
24	24	庚申	7
25	25	辛酉	6
26	26	壬戌	5
27	27	癸亥	4
28	28	甲子	3
29	29	乙丑	2
30	❼	丙寅	1
31	2	丁卯	9

8月(甲申) 八白土

陽曆	陰曆	日辰	紫白
1	3	戊辰	8
2	4	己巳	7
3	5	庚午	6
4	6	辛未	5
5	7	壬申	4
6	8	癸酉	3
7	9	甲戌	2
8	10	乙亥	1
9	11	丙子	9
10	12	丁丑	8
11	13	戊寅	7
12	14	己卯	6
13	15	庚辰	5
14	16	辛巳	4
15	17	壬午	3
16	18	癸未	2
17	19	甲申	1
18	20	乙酉	9
19	21	丙戌	8
20	22	丁亥	7
21	23	戊子	6
22	24	己丑	5
23	25	庚寅	4
24	26	辛卯	3
25	27	壬辰	2
26	28	癸巳	1
27	29	甲午	9
28	30	乙未	8
29	❽	丙申	7
30	2	丁酉	6
31	3	戊戌	5

9月(乙酉) 七赤金

陽曆	陰曆	日辰	紫白
1	4	己亥	4
2	5	庚子	3
3	6	辛丑	2
4	7	壬寅	1
5	8	癸卯	9
6	9	甲辰	8
7	10	乙巳	7
8	11	丙午	6
9	12	丁未	5
10	13	戊申	4
11	14	己酉	3
12	15	庚戌	2
13	16	辛亥	1
14	17	壬子	9
15	18	癸丑	8
16	19	甲寅	7
17	20	乙卯	6
18	21	丙辰	5
19	22	丁巳	4
20	23	戊午	3
21	24	己未	2
22	25	庚申	1
23	26	辛酉	9
24	27	壬戌	8
25	28	癸亥	7
26	29	甲子	6
27	❾	乙丑	5
28	2	丙寅	4
29	3	丁卯	3
30	4	戊辰	2

西紀 2030年［庚戌］六白金

10月(丙戌) 六白金

陽曆	陰曆	日辰	紫白
1	5	己巳	1
2	6	庚午	9
3	7	辛未	8
4	8	壬申	7
5	9	癸酉	6
6	10	甲戌	5
7	11	乙亥	4
8	12	丙子	3
9	13	丁丑	2
10	14	戊寅	1
11	15	己卯	9
12	16	庚辰	8
13	17	辛巳	7
14	18	壬午	6
15	19	癸未	5
16	20	甲申	4
17	21	乙酉	3
18	22	丙戌	2
19	23	丁亥	1
20	24	戊子	9
21	25	己丑	8
22	26	庚寅	7
23	27	辛卯	6
24	28	壬辰	5
25	29	癸巳	4
26	30	甲午	3
27	❿	乙未	2
28	2	丙申	1
29	3	丁酉	9
30	4	戊戌	8
31	5	己亥	7

11月(丁亥) 五黃土

陽曆	陰曆	日辰	紫白
1	6	庚子	6
2	7	辛丑	5
3	8	壬寅	4
4	9	癸卯	3
5	10	甲辰	2
6	11	乙巳	1
7	12	丙午	9
8	13	丁未	8
9	14	戊申	7
10	15	己酉	6
11	16	庚戌	5
12	17	辛亥	4
13	18	壬子	3
14	19	癸丑	2
15	20	甲寅	1
16	21	乙卯	9
17	22	丙辰	8
18	23	丁巳	7
19	24	戊午	6
20	25	己未	5
21	26	庚申	4
22	27	辛酉	3
23	28	壬戌	2
24	29	癸亥	1
25	⓫	甲子	1
26	2	乙丑	2
27	3	丙寅	3
28	4	丁卯	4
29	5	戊辰	5
30	6	己巳	6

12月(戊子) 四綠木

陽曆	陰曆	日辰	紫白
1	7	庚午	7
2	8	辛未	8
3	9	壬申	9
4	10	癸酉	1
5	11	甲戌	2
6	12	乙亥	3
7	13	丙子	4
8	14	丁丑	5
9	15	戊寅	6
10	16	己卯	7
11	17	庚辰	8
12	18	辛巳	9
13	19	壬午	1
14	20	癸未	2
15	21	甲申	3
16	22	乙酉	4
17	23	丙戌	5
18	24	丁亥	6
19	25	戊子	7
20	26	己丑	8
21	27	庚寅	9
22	28	辛卯	1
23	29	壬辰	2
24	30	癸巳	3
25	⓬	甲午	4
26	2	乙未	5
27	3	丙申	6
28	4	丁酉	7
29	5	戊戌	8
30	6	己亥	9
31	7	庚子	1

西紀 2031年 [辛亥] 五黃土

1月(己丑) 三碧木

陽曆	陰曆	日辰	紫白
1	8	辛丑	2
2	9	壬寅	3
3	10	癸卯	4
4	11	甲辰	5
5	12	乙巳	6
6	13	丙午	7
7	14	丁未	8
8	15	戊申	9
9	16	己酉	1
10	17	庚戌	2
11	18	辛亥	3
12	19	壬子	4
13	20	癸丑	5
14	21	甲寅	6
15	22	乙卯	7
16	23	丙辰	8
17	24	丁巳	9
18	25	戊午	1
19	26	己未	2
20	27	庚申	3
21	28	辛酉	4
22	29	壬戌	5
23	❶	癸亥	6
24	2	甲子	7
25	3	乙丑	8
26	4	丙寅	9
27	5	丁卯	1
28	6	戊辰	2
29	7	己巳	3
30	8	庚午	4
31	9	辛未	5

2月(庚寅) 二黑土

陽曆	陰曆	日辰	紫白
1	10	壬申	6
2	11	癸酉	7
3	12	甲戌	8
4	13	乙亥	9
5	14	丙子	1
6	15	丁丑	2
7	16	戊寅	3
8	17	己卯	4
9	18	庚辰	5
10	19	辛巳	6
11	20	壬午	7
12	21	癸未	8
13	22	甲申	9
14	23	乙酉	1
15	24	丙戌	2
16	25	丁亥	3
17	26	戊子	4
18	27	己丑	5
19	28	庚寅	6
20	29	辛卯	7
21	30	壬辰	8
22	❷	癸巳	9
23	2	甲午	1
24	3	乙未	2
25	4	丙申	3
26	5	丁酉	4
27	6	戊戌	5
28	7	己亥	6

3月(辛卯) 一白水

陽曆	陰曆	日辰	紫白
1	8	庚子	7
2	9	辛丑	8
3	10	壬寅	9
4	11	癸卯	1
5	12	甲辰	2
6	13	乙巳	3
7	14	丙午	4
8	15	丁未	5
9	16	戊申	6
10	17	己酉	7
11	18	庚戌	8
12	19	辛亥	9
13	20	壬子	1
14	21	癸丑	2
15	22	甲寅	3
16	23	乙卯	4
17	24	丙辰	5
18	25	丁巳	6
19	26	戊午	7
20	27	己未	8
21	28	庚申	9
22	29	辛酉	1
23	❸	壬戌	2
24	2	癸亥	3
25	3	甲子	4
26	4	乙丑	5
27	5	丙寅	6
28	6	丁卯	7
29	7	戊辰	8
30	8	己巳	9
31	9	庚午	1

西紀 2031年 [辛亥] 五黃土

4月(壬辰) 九紫火			
陽曆	陰曆	日辰	紫白
1	10	辛未	2
2	11	壬申	3
3	12	癸酉	4
4	13	甲戌	5
5	14	乙亥	6
6	15	丙子	7
7	16	丁丑	8
8	17	戊寅	9
9	18	己卯	1
10	19	庚辰	2
11	20	辛巳	3
12	21	壬午	4
13	22	癸未	5
14	23	甲申	6
15	24	乙酉	7
16	25	丙戌	8
17	26	丁亥	9
18	27	戊子	1
19	28	己丑	2
20	29	庚寅	3
21	30	辛卯	4
22	(윤)3	壬辰	5
23	2	癸巳	6
24	3	甲午	7
25	4	乙未	8
26	5	丙申	9
27	6	丁酉	1
28	7	戊戌	2
29	8	己亥	3
30	9	庚子	4

5月(癸巳) 八白土			
陽曆	陰曆	日辰	紫白
1	10	辛丑	5
2	11	壬寅	6
3	12	癸卯	7
4	13	甲辰	8
5	14	乙巳	9
6	15	丙午	1
7	16	丁未	2
8	17	戊申	3
9	18	己酉	4
10	19	庚戌	5
11	20	辛亥	6
12	21	壬子	7
13	22	癸丑	8
14	23	甲寅	9
15	24	乙卯	1
16	25	丙辰	2
17	26	丁巳	3
18	27	戊午	4
19	28	己未	5
20	29	庚申	6
21	❹	辛酉	7
22	2	壬戌	8
23	3	癸亥	9
24	4	甲子	9
25	5	乙丑	8
26	6	丙寅	7
27	7	丁卯	6
28	8	戊辰	5
29	9	己巳	4
30	10	庚午	3
31	11	辛未	2

6月(甲午) 七赤金			
陽曆	陰曆	日辰	紫白
1	12	壬申	1
2	13	癸酉	9
3	14	甲戌	8
4	15	乙亥	7
5	16	丙子	6
6	17	丁丑	5
7	18	戊寅	4
8	19	己卯	3
9	20	庚辰	2
10	21	辛巳	1
11	22	壬午	9
12	23	癸未	8
13	24	甲申	7
14	25	乙酉	6
15	26	丙戌	5
16	27	丁亥	4
17	28	戊子	3
18	29	己丑	2
19	30	庚寅	1
20	❺	辛卯	9
21	2	壬辰	8
22	3	癸巳	7
23	4	甲午	6
24	5	乙未	5
25	6	丙申	4
26	7	丁酉	3
27	8	戊戌	2
28	9	己亥	1
29	10	庚子	9
30	11	辛丑	8

西紀 2031年［辛亥］五黃土

7月(乙未) 六白金

陽曆	陰曆	日辰	紫白
1	12	壬寅	7
2	13	癸卯	6
3	14	甲辰	5
4	15	乙巳	4
5	16	丙午	3
6	17	丁未	2
7	18	戊申	1
8	19	己酉	9
9	20	庚戌	8
10	21	辛亥	7
11	22	壬子	6
12	23	癸丑	5
13	24	甲寅	4
14	25	乙卯	3
15	26	丙辰	2
16	27	丁巳	1
17	28	戊午	9
18	29	己未	8
19	❻	庚申	7
20	2	辛酉	6
21	3	壬戌	5
22	4	癸亥	4
23	5	甲子	3
24	6	乙丑	2
25	7	丙寅	1
26	8	丁卯	9
27	9	戊辰	8
28	10	己巳	7
29	11	庚午	6
30	12	辛未	5
31	13	壬申	4

8月(丙申) 五黃土

陽曆	陰曆	日辰	紫白
1	14	癸酉	3
2	15	甲戌	2
3	16	乙亥	1
4	17	丙子	9
5	18	丁丑	8
6	19	戊寅	7
7	20	己卯	6
8	21	庚辰	5
9	22	辛巳	4
10	23	壬午	3
11	24	癸未	2
12	25	甲申	1
13	26	乙酉	9
14	27	丙戌	8
15	28	丁亥	7
16	29	戊子	6
17	30	己丑	5
18	❼	庚寅	4
19	2	辛卯	3
20	3	壬辰	2
21	4	癸巳	1
22	5	甲午	9
23	6	乙未	8
24	7	丙申	7
25	8	丁酉	6
26	9	戊戌	5
27	10	己亥	4
28	11	庚子	3
29	12	辛丑	2
30	13	壬寅	1
31	14	癸卯	9

9月(丁酉) 四綠木

陽曆	陰曆	日辰	紫白
1	15	甲辰	8
2	16	乙巳	7
3	17	丙午	6
4	18	丁未	5
5	19	戊申	4
6	20	己酉	3
7	21	庚戌	2
8	22	辛亥	1
9	23	壬子	9
10	24	癸丑	8
11	25	甲寅	7
12	26	乙卯	6
13	27	丙辰	5
14	28	丁巳	4
15	29	戊午	3
16	30	己未	2
17	❽	庚申	1
18	2	辛酉	9
19	3	壬戌	8
20	4	癸亥	7
21	5	甲子	6
22	6	乙丑	5
23	7	丙寅	4
24	8	丁卯	3
25	9	戊辰	2
26	10	己巳	1
27	11	庚午	9
28	12	辛未	8
29	13	壬申	7
30	14	癸酉	6

西紀 2031年 [辛亥] 五黃土

10月(戊戌) 三碧木				11月(己亥) 二黑土				12月(庚子) 一白水			
陽曆	陰曆	日辰	紫白	陽曆	陰曆	日辰	紫白	陽曆	陰曆	日辰	紫白
1	15	甲戌	5	1	17	乙巳	1	1	17	乙亥	7
2	16	乙亥	4	2	18	丙午	9	2	18	丙子	6
3	17	丙子	3	3	19	丁未	8	3	19	丁丑	5
4	18	丁丑	2	4	20	戊申	7	4	20	戊寅	4
5	19	戊寅	1	5	21	己酉	6	5	21	己卯	3
6	20	己卯	9	6	22	庚戌	5	6	22	庚辰	2
7	21	庚辰	8	7	23	辛亥	4	7	23	辛巳	1
8	22	辛巳	7	8	24	壬子	3	8	24	壬午	9
9	23	壬午	6	9	25	癸丑	2	9	25	癸未	8
10	24	癸未	5	10	26	甲寅	1	10	26	甲申	7
11	25	甲申	4	11	27	乙卯	9	11	27	乙酉	6
12	26	乙酉	3	12	28	丙辰	8	12	28	丙戌	5
13	27	丙戌	2	13	29	丁巳	7	13	29	丁亥	4
14	28	丁亥	1	14	30	戊午	6	14	⑪	戊子	3
15	29	戊子	9	15	⑩	己未	5	15	2	己丑	2
16	⑨	己丑	8	16	2	庚申	4	16	3	庚寅	1
17	2	庚寅	7	17	3	辛酉	3	17	4	辛卯	9
18	3	辛卯	6	18	4	壬戌	2	18	5	壬辰	8
19	4	壬辰	5	19	5	癸亥	1	19	6	癸巳	7
20	5	癸巳	4	20	6	甲子	9	20	7	甲午	7
21	6	甲午	3	21	7	乙丑	8	21	8	乙未	8
22	7	乙未	2	22	8	丙寅	7	22	9	丙申	9
23	8	丙申	1	23	9	丁卯	6	23	10	丁酉	1
24	9	丁酉	9	24	10	戊辰	5	24	11	戊戌	2
25	10	戊戌	8	25	11	己巳	4	25	12	己亥	3
26	11	己亥	7	26	12	庚午	3	26	13	庚子	4
27	12	庚子	6	27	13	辛未	2	27	14	辛丑	5
28	13	辛丑	5	28	14	壬申	1	28	15	壬寅	6
29	14	壬寅	4	29	15	癸酉	9	29	16	癸卯	7
30	15	癸卯	3	30	16	甲戌	8	30	17	甲辰	8
31	16	甲辰	2					31	18	乙巳	9

西紀 2032年［壬子］四綠木

1月(辛丑) 九紫火			
陽曆	陰曆	日辰	紫白
1	19	丙午	1
2	20	丁未	2
3	21	戊申	3
4	22	己酉	4
5	23	庚戌	5
6	24	辛亥	6
7	25	壬子	7
8	26	癸丑	8
9	27	甲寅	9
10	28	乙卯	1
11	29	丙辰	2
12	30	丁巳	3
13	⓬	戊午	4
14	2	己未	5
15	3	庚申	6
16	4	辛酉	7
17	5	壬戌	8
18	6	癸亥	9
19	7	甲子	1
20	8	乙丑	2
21	9	丙寅	3
22	10	丁卯	4
23	11	戊辰	5
24	12	己巳	6
25	13	庚午	7
26	14	辛未	8
27	15	壬申	9
28	16	癸酉	1
29	17	甲戌	2
30	18	乙亥	3
31	19	丙子	4

2月(壬寅) 八白土			
陽曆	陰曆	日辰	紫白
1	20	丁丑	5
2	21	戊寅	6
3	22	己卯	7
4	23	庚辰	8
5	24	辛巳	9
6	25	壬午	1
7	26	癸未	2
8	27	甲申	3
9	28	乙酉	4
10	29	丙戌	5
11	❶	丁亥	6
12	2	戊子	7
13	3	己丑	8
14	4	庚寅	9
15	5	辛卯	1
16	6	壬辰	2
17	7	癸巳	3
18	8	甲午	4
19	9	乙未	5
20	10	丙申	6
21	11	丁酉	7
22	12	戊戌	8
23	13	己亥	9
24	14	庚子	1
25	15	辛丑	2
26	16	壬寅	3
27	17	癸卯	4
28	18	甲辰	5
29	19	乙巳	6

3月(癸卯) 七赤金			
陽曆	陰曆	日辰	紫白
1	20	丙午	7
2	21	丁未	8
3	22	戊申	9
4	23	己酉	1
5	24	庚戌	2
6	25	辛亥	3
7	26	壬子	4
8	27	癸丑	5
9	28	甲寅	6
10	29	乙卯	7
11	30	丙辰	8
12	❷	丁巳	9
13	2	戊午	1
14	3	己未	2
15	4	庚申	3
16	5	辛酉	4
17	6	壬戌	5
18	7	癸亥	6
19	8	甲子	7
20	9	乙丑	8
21	10	丙寅	9
22	11	丁卯	1
23	12	戊辰	2
24	13	己巳	3
25	14	庚午	4
26	15	辛未	5
27	16	壬申	6
28	17	癸酉	7
29	18	甲戌	8
30	19	乙亥	9
31	20	丙子	1

西紀 2032年 [壬子] 四綠木

4月(甲辰) 六白金

陽曆	陰曆	日辰	紫白
1	21	丁丑	2
2	22	戊寅	3
3	23	己卯	4
4	24	庚辰	5
5	25	辛巳	6
6	26	壬午	7
7	27	癸未	8
8	28	甲申	9
9	29	乙酉	1
10	❸	丙戌	2
11	2	丁亥	3
12	3	戊子	4
13	4	己丑	5
14	5	庚寅	6
15	6	辛卯	7
16	7	壬辰	8
17	8	癸巳	9
18	9	甲午	1
19	10	乙未	2
20	11	丙申	3
21	12	丁酉	4
22	13	戊戌	5
23	14	己亥	6
24	15	庚子	7
25	16	辛丑	8
26	17	壬寅	9
27	18	癸卯	1
28	19	甲辰	2
29	20	乙巳	3
30	21	丙午	4

5月(乙巳) 五黃土

陽曆	陰曆	日辰	紫白
1	22	丁未	5
2	23	戊申	6
3	24	己酉	7
4	25	庚戌	8
5	26	辛亥	9
6	27	壬子	1
7	28	癸丑	2
8	29	甲寅	3
9	❹	乙卯	4
10	2	丙辰	5
11	3	丁巳	6
12	4	戊午	7
13	5	己未	8
14	6	庚申	9
15	7	辛酉	1
16	8	壬戌	2
17	9	癸亥	3
18	10	甲子	4
19	11	乙丑	5
20	12	丙寅	6
21	13	丁卯	7
22	14	戊辰	8
23	15	己巳	9
24	16	庚午	1
25	17	辛未	2
26	18	壬申	3
27	19	癸酉	4
28	20	甲戌	5
29	21	乙亥	6
30	22	丙子	7
31	23	丁丑	8

6月(丙午) 四綠木

陽曆	陰曆	日辰	紫白
1	24	戊寅	9
2	25	己卯	1
3	26	庚辰	2
4	27	辛巳	3
5	28	壬午	4
6	29	癸未	5
7	30	甲申	6
8	❺	乙酉	7
9	2	丙戌	8
10	3	丁亥	9
11	4	戊子	1
12	5	己丑	2
13	6	庚寅	3
14	7	辛卯	4
15	8	壬辰	5
16	9	癸巳	6
17	10	甲午	7
18	11	乙未	8
19	12	丙申	9
20	13	丁酉	1
21	14	戊戌	2
22	15	己亥	3
23	16	庚子	4
24	17	辛丑	5
25	18	壬寅	6
26	19	癸卯	7
27	20	甲辰	8
28	21	乙巳	9
29	22	丙午	1
30	23	丁未	2

西紀 2032年［壬子］四緑木

7月(丁未) 三碧木			
陽曆	陰曆	日辰	紫白
1	24	戊申	3
2	25	己酉	4
3	26	庚戌	5
4	27	辛亥	6
5	28	壬子	7
6	29	癸丑	8
7	❻	甲寅	9
8	2	乙卯	1
9	3	丙辰	2
10	4	丁巳	3
11	5	戊午	4
12	6	己未	5
13	7	庚申	6
14	8	辛酉	7
15	9	壬戌	8
16	10	癸亥	9
17	11	甲子	9
18	12	乙丑	8
19	13	丙寅	7
20	14	丁卯	6
21	15	戊辰	5
22	16	己巳	4
23	17	庚午	3
24	18	辛未	2
25	19	壬申	1
26	20	癸酉	9
27	21	甲戌	8
28	22	乙亥	7
29	23	丙子	6
30	24	丁丑	5
31	25	戊寅	4

8月(戊申) 二黒土			
陽曆	陰曆	日辰	紫白
1	26	己卯	3
2	27	庚辰	2
3	28	辛巳	1
4	29	壬午	9
5	30	癸未	8
6	❼	甲申	7
7	2	乙酉	6
8	3	丙戌	5
9	4	丁亥	4
10	5	戊子	3
11	6	己丑	2
12	7	庚寅	1
13	8	辛卯	9
14	9	壬辰	8
15	10	癸巳	7
16	11	甲午	6
17	12	乙未	5
18	13	丙申	4
19	14	丁酉	3
20	15	戊戌	2
21	16	己亥	1
22	17	庚子	9
23	18	辛丑	8
24	19	壬寅	7
25	20	癸卯	6
26	21	甲辰	5
27	22	乙巳	4
28	23	丙午	3
29	24	丁未	2
30	25	戊申	1
31	26	己酉	9

9月(己酉) 一白水			
陽曆	陰曆	日辰	紫白
1	27	庚戌	8
2	28	辛亥	7
3	29	壬子	6
4	30	癸丑	5
5	❽	甲寅	4
6	2	乙卯	3
7	3	丙辰	2
8	4	丁巳	1
9	5	戊午	9
10	6	己未	8
11	7	庚申	7
12	8	辛酉	6
13	9	壬戌	5
14	10	癸亥	4
15	11	甲子	3
16	12	乙丑	2
17	13	丙寅	1
18	14	丁卯	9
19	15	戊辰	8
20	16	己巳	7
21	17	庚午	6
22	18	辛未	5
23	19	壬申	4
24	20	癸酉	3
25	21	甲戌	2
26	22	乙亥	1
27	23	丙子	9
28	24	丁丑	8
29	25	戊寅	7
30	26	己卯	6

西紀 2032年 [壬子] 四綠木

10月(庚戌) 九紫火

陽曆	陰曆	日辰	紫白
1	27	庚辰	5
2	28	辛巳	4
3	29	壬午	3
4	❾	癸未	2
5	2	甲申	1
6	3	乙酉	9
7	4	丙戌	8
8	5	丁亥	7
9	6	戊子	6
10	7	己丑	5
11	8	庚寅	4
12	9	辛卯	3
13	10	壬辰	2
14	11	癸巳	1
15	12	甲午	9
16	13	乙未	8
17	14	丙申	7
18	15	丁酉	6
19	16	戊戌	5
20	17	己亥	4
21	18	庚子	3
22	19	辛丑	2
23	20	壬寅	1
24	21	癸卯	9
25	22	甲辰	8
26	23	乙巳	7
27	24	丙午	6
28	25	丁未	5
29	26	戊申	4
30	27	己酉	3
31	28	庚戌	2

11月(辛亥) 八白土

陽曆	陰曆	日辰	紫白
1	29	辛亥	1
2	30	壬子	9
3	❿	癸丑	8
4	2	甲寅	7
5	3	乙卯	6
6	4	丙辰	5
7	5	丁巳	4
8	6	戊午	3
9	7	己未	2
10	8	庚申	1
11	9	辛酉	9
12	10	壬戌	8
13	11	癸亥	7
14	12	甲子	6
15	13	乙丑	5
16	14	丙寅	4
17	15	丁卯	3
18	16	戊辰	2
19	17	己巳	1
20	18	庚午	9
21	19	辛未	8
22	20	壬申	7
23	21	癸酉	6
24	22	甲戌	5
25	23	乙亥	4
26	24	丙子	3
27	25	丁丑	2
28	26	戊寅	1
29	27	己卯	9
30	28	庚辰	8

12月(壬子) 七赤金

陽曆	陰曆	日辰	紫白
1	29	辛巳	7
2	30	壬午	6
3	⓫	癸未	5
4	2	甲申	4
5	3	乙酉	3
6	4	丙戌	2
7	5	丁亥	1
8	6	戊子	9
9	7	己丑	8
10	8	庚寅	7
11	9	辛卯	6
12	10	壬辰	5
13	11	癸巳	4
14	12	甲午	3
15	13	乙未	2
16	14	丙申	1
17	15	丁酉	9
18	16	戊戌	8
19	17	己亥	7
20	18	庚子	6
21	19	辛丑	5
22	20	壬寅	4
23	21	癸卯	3
24	22	甲辰	2
25	23	乙巳	1
26	24	丙午	9
27	25	丁未	8
28	26	戊申	7
29	27	己酉	6
30	28	庚戌	5
31	29	辛亥	4

西紀 2033年 [癸丑] 三碧木

1月(癸丑) 六白金			
陽曆	陰曆	日辰	紫白
1	⓬	壬子	3
2	2	癸丑	2
3	3	甲寅	1
4	4	乙卯	9
5	5	丙辰	8
6	6	丁巳	7
7	7	戊午	6
8	8	己未	5
9	9	庚申	4
10	10	辛酉	3
11	11	壬戌	2
12	12	癸亥	1
13	13	甲子	1
14	14	乙丑	2
15	15	丙寅	3
16	16	丁卯	4
17	17	戊辰	5
18	18	己巳	6
19	19	庚午	7
20	20	辛未	8
21	21	壬申	9
22	22	癸酉	1
23	23	甲戌	2
24	24	乙亥	3
25	25	丙子	4
26	26	丁丑	5
27	27	戊寅	6
28	28	己卯	7
29	29	庚辰	8
30	30	辛巳	9
31	❶	壬午	1

2月(甲寅) 五黃土			
陽曆	陰曆	日辰	紫白
1	2	癸未	2
2	3	甲申	3
3	4	乙酉	4
4	5	丙戌	5
5	6	丁亥	6
6	7	戊子	7
7	8	己丑	8
8	9	庚寅	9
9	10	辛卯	1
10	11	壬辰	2
11	12	癸巳	3
12	13	甲午	4
13	14	乙未	5
14	15	丙申	6
15	16	丁酉	7
16	17	戊戌	8
17	18	己亥	9
18	19	庚子	1
19	20	辛丑	2
20	21	壬寅	3
21	22	癸卯	4
22	23	甲辰	5
23	24	乙巳	6
24	25	丙午	7
25	26	丁未	8
26	27	戊申	9
27	28	己酉	1
28	29	庚戌	2

3月(乙卯) 四綠木			
陽曆	陰曆	日辰	紫白
1	❷	辛亥	3
2	2	壬子	4
3	3	癸丑	5
4	4	甲寅	6
5	5	乙卯	7
6	6	丙辰	8
7	7	丁巳	9
8	8	戊午	1
9	9	己未	2
10	10	庚申	3
11	11	辛酉	4
12	12	壬戌	5
13	13	癸亥	6
14	14	甲子	7
15	15	乙丑	8
16	16	丙寅	9
17	17	丁卯	1
18	18	戊辰	2
19	19	己巳	3
20	20	庚午	4
21	21	辛未	5
22	22	壬申	6
23	23	癸酉	7
24	24	甲戌	8
25	25	乙亥	9
26	26	丙子	1
27	27	丁丑	2
28	28	戊寅	3
29	29	己卯	4
30	30	庚辰	5
31	❸	辛巳	6

西紀 2033年 [癸丑] 三碧木

4月(丙辰) 三碧木

陽曆	陰曆	日辰	紫白
1	2	壬午	7
2	3	癸未	8
3	4	甲申	9
4	5	乙酉	1
5	6	丙戌	2
6	7	丁亥	3
7	8	戊子	4
8	9	己丑	5
9	10	庚寅	6
10	11	辛卯	7
11	12	壬辰	8
12	13	癸巳	9
13	14	甲午	1
14	15	乙未	2
15	16	丙申	3
16	17	丁酉	4
17	18	戊戌	5
18	19	己亥	6
19	20	庚子	7
20	21	辛丑	8
21	22	壬寅	9
22	23	癸卯	1
23	24	甲辰	2
24	25	乙巳	3
25	26	丙午	4
26	27	丁未	5
27	28	戊申	6
28	29	己酉	7
29	❹	庚戌	8
30	2	辛亥	9

5月(丁巳) 二黑土

陽曆	陰曆	日辰	紫白
1	3	壬子	1
2	4	癸丑	2
3	5	甲寅	3
4	6	乙卯	4
5	7	丙辰	5
6	8	丁巳	6
7	9	戊午	7
8	10	己未	8
9	11	庚申	9
10	12	辛酉	1
11	13	壬戌	2
12	14	癸亥	3
13	15	甲子	4
14	16	乙丑	5
15	17	丙寅	6
16	18	丁卯	7
17	19	戊辰	8
18	20	己巳	9
19	21	庚午	1
20	22	辛未	2
21	23	壬申	3
22	24	癸酉	4
23	25	甲戌	5
24	26	乙亥	6
25	27	丙子	7
26	28	丁丑	8
27	29	戊寅	9
28	❺	己卯	1
29	2	庚辰	2
30	3	辛巳	3
31	4	壬午	4

6月(戊午) 一白水

陽曆	陰曆	日辰	紫白
1	5	癸未	5
2	6	甲申	6
3	7	乙酉	7
4	8	丙戌	8
5	9	丁亥	9
6	10	戊子	1
7	11	己丑	2
8	12	庚寅	3
9	13	辛卯	4
10	14	壬辰	5
11	15	癸巳	6
12	16	甲午	7
13	17	乙未	8
14	18	丙申	9
15	19	丁酉	1
16	20	戊戌	2
17	21	己亥	3
18	22	庚子	4
19	23	辛丑	5
20	24	壬寅	6
21	25	癸卯	7
22	26	甲辰	8
23	27	乙巳	9
24	28	丙午	1
25	29	丁未	2
26	30	戊申	3
27	❻	己酉	4
28	2	庚戌	5
29	3	辛亥	6
30	4	壬子	7

西紀 2033年 [癸丑] 三碧木

7月(己未) 九紫火			
陽曆	陰曆	日辰	紫白
1	5	癸丑	8
2	6	甲寅	9
3	7	乙卯	1
4	8	丙辰	2
5	9	丁巳	3
6	10	戊午	4
7	11	己未	5
8	12	庚申	6
9	13	辛酉	7
10	14	壬戌	8
11	15	癸亥	9
12	16	甲子	9
13	17	乙丑	8
14	18	丙寅	7
15	19	丁卯	6
16	20	戊辰	5
17	21	己巳	4
18	22	庚午	3
19	23	辛未	2
20	24	壬申	1
21	25	癸酉	9
22	26	甲戌	8
23	27	乙亥	7
24	28	丙子	6
25	29	丁丑	5
26	❼	戊寅	4
27	2	己卯	3
28	3	庚辰	2
29	4	辛巳	1
30	5	壬午	9
31	6	癸未	8

8月(庚申) 八白土			
陽曆	陰曆	日辰	紫白
1	7	甲申	7
2	8	乙酉	6
3	9	丙戌	5
4	10	丁亥	4
5	11	戊子	3
6	12	己丑	2
7	13	庚寅	1
8	14	辛卯	9
9	15	壬辰	8
10	16	癸巳	7
11	17	甲午	6
12	18	乙未	5
13	19	丙申	4
14	20	丁酉	3
15	21	戊戌	2
16	22	己亥	1
17	23	庚子	9
18	24	辛丑	8
19	25	壬寅	7
20	26	癸卯	6
21	27	甲辰	5
22	28	乙巳	4
23	29	丙午	3
24	30	丁未	2
25	閏7	戊申	1
26	2	己酉	9
27	3	庚戌	8
28	4	辛亥	7
29	5	壬子	6
30	6	癸丑	5
31	7	甲寅	4

9月(辛酉) 七赤金			
陽曆	陰曆	日辰	紫白
1	8	乙卯	3
2	9	丙辰	2
3	10	丁巳	1
4	11	戊午	9
5	12	己未	8
6	13	庚申	7
7	14	辛酉	6
8	15	壬戌	5
9	16	癸亥	4
10	17	甲子	3
11	18	乙丑	2
12	19	丙寅	1
13	20	丁卯	9
14	21	戊辰	8
15	22	己巳	7
16	23	庚午	6
17	24	辛未	5
18	25	壬申	4
19	26	癸酉	3
20	27	甲戌	2
21	28	乙亥	1
22	29	丙子	9
23	❽	丁丑	8
24	2	戊寅	7
25	3	己卯	6
26	4	庚辰	5
27	5	辛巳	4
28	6	壬午	3
29	7	癸未	2
30	8	甲申	1

西紀 2033年 [癸丑] 三碧木

10月(壬戌) 六白金

陽曆	陰曆	日辰	紫白
1	9	乙酉	9
2	10	丙戌	8
3	11	丁亥	7
4	12	戊子	6
5	13	己丑	5
6	14	庚寅	4
7	15	辛卯	3
8	16	壬辰	2
9	17	癸巳	1
10	18	甲午	9
11	19	乙未	8
12	20	丙申	7
13	21	丁酉	6
14	22	戊戌	5
15	23	己亥	4
16	24	庚子	3
17	25	辛丑	2
18	26	壬寅	1
19	27	癸卯	9
20	28	甲辰	8
21	29	乙巳	7
22	30	丙午	6
23	❾	丁未	5
24	2	戊申	4
25	3	己酉	3
26	4	庚戌	2
27	5	辛亥	1
28	6	壬子	9
29	7	癸丑	8
30	8	甲寅	7
31	9	乙卯	6

11月(癸亥) 五黃土

陽曆	陰曆	日辰	紫白
1	10	丙辰	5
2	11	丁巳	4
3	12	戊午	3
4	13	己未	2
5	14	庚申	1
6	15	辛酉	9
7	16	壬戌	8
8	17	癸亥	7
9	18	甲子	6
10	19	乙丑	5
11	20	丙寅	4
12	21	丁卯	3
13	22	戊辰	2
14	23	己巳	1
15	24	庚午	9
16	25	辛未	8
17	26	壬申	7
18	27	癸酉	6
19	28	甲戌	5
20	29	乙亥	4
21	30	丙子	3
22	❿	丁丑	2
23	2	戊寅	1
24	3	己卯	9
25	4	庚辰	8
26	5	辛巳	7
27	6	壬午	6
28	7	癸未	5
29	8	甲申	4
30	9	乙酉	3

12月(甲子) 四綠木

陽曆	陰曆	日辰	紫白
1	10	丙戌	2
2	11	丁亥	1
3	12	戊子	9
4	13	己丑	8
5	14	庚寅	7
6	15	辛卯	6
7	16	壬辰	5
8	17	癸巳	4
9	18	甲午	3
10	19	乙未	2
11	20	丙申	1
12	21	丁酉	9
13	22	戊戌	8
14	23	己亥	7
15	24	庚子	6
16	25	辛丑	5
17	26	壬寅	4
18	27	癸卯	3
19	28	甲辰	2
20	29	乙巳	1
21	30	丙午	9
22	⓫	丁未	8
23	2	戊申	7
24	3	己酉	6
25	4	庚戌	5
26	5	辛亥	4
27	6	壬子	3
28	7	癸丑	2
29	8	甲寅	1
30	9	乙卯	9
31	10	丙辰	8

西紀 2034年 [甲寅] 二黑土

1月(乙丑) 三碧木			
陽曆	陰曆	日辰	紫白
1	11	丁巳	7
2	12	戊午	6
3	13	己未	5
4	14	庚申	4
5	15	辛酉	3
6	16	壬戌	2
7	17	癸亥	1
8	18	甲子	1
9	19	乙丑	2
10	20	丙寅	3
11	21	丁卯	4
12	22	戊辰	5
13	23	己巳	6
14	24	庚午	7
15	25	辛未	8
16	26	壬申	9
17	27	癸酉	1
18	28	甲戌	2
19	29	乙亥	3
20	⓬	丙子	4
21	2	丁丑	5
22	3	戊寅	6
23	4	己卯	7
24	5	庚辰	8
25	6	辛巳	9
26	7	壬午	1
27	8	癸未	2
28	9	甲申	3
29	10	乙酉	4
30	11	丙戌	5
31	12	丁亥	6

2月(丙寅) 二黑土			
陽曆	陰曆	日辰	紫白
1	13	戊子	7
2	14	己丑	8
3	15	庚寅	9
4	16	辛卯	1
5	17	壬辰	2
6	18	癸巳	3
7	19	甲午	4
8	20	乙未	5
9	21	丙申	6
10	22	丁酉	7
11	23	戊戌	8
12	24	己亥	9
13	25	庚子	1
14	26	辛丑	2
15	27	壬寅	3
16	28	癸卯	4
17	29	甲辰	5
18	30	乙巳	6
19	❶	丙午	7
20	2	丁未	8
21	3	戊申	9
22	4	己酉	1
23	5	庚戌	2
24	6	辛亥	3
25	7	壬子	4
26	8	癸丑	5
27	9	甲寅	6
28	10	乙卯	7

3月(丁卯) 一白水			
陽曆	陰曆	日辰	紫白
1	11	丙辰	8
2	12	丁巳	9
3	13	戊午	1
4	14	己未	2
5	15	庚申	3
6	16	辛酉	4
7	17	壬戌	5
8	18	癸亥	6
9	19	甲子	7
10	20	乙丑	8
11	21	丙寅	9
12	22	丁卯	1
13	23	戊辰	2
14	24	己巳	3
15	25	庚午	4
16	26	辛未	5
17	27	壬申	6
18	28	癸酉	7
19	29	甲戌	8
20	❷	乙亥	9
21	2	丙子	1
22	3	丁丑	2
23	4	戊寅	3
24	5	己卯	4
25	6	庚辰	5
26	7	辛巳	6
27	8	壬午	7
28	9	癸未	8
29	10	甲申	9
30	11	乙酉	1
31	12	丙戌	2

西紀 2034年 [甲寅] 二黑土

4月(戊辰) 九紫火

陽曆	陰曆	日辰	紫白
1	13	丁亥	3
2	14	戊子	4
3	15	己丑	5
4	16	庚寅	6
5	17	辛卯	7
6	18	壬辰	8
7	19	癸巳	9
8	20	甲午	1
9	21	乙未	2
10	22	丙申	3
11	23	丁酉	4
12	24	戊戌	5
13	25	己亥	6
14	26	庚子	7
15	27	辛丑	8
16	28	壬寅	9
17	29	癸卯	1
18	30	甲辰	2
19	❸	乙巳	3
20	2	丙午	4
21	3	丁未	5
22	4	戊申	6
23	5	己酉	7
24	6	庚戌	8
25	7	辛亥	9
26	8	壬子	1
27	9	癸丑	2
28	10	甲寅	3
29	11	乙卯	4
30	12	丙辰	5

5月(己巳) 八白土

陽曆	陰曆	日辰	紫白
1	13	丁巳	6
2	14	戊午	7
3	15	己未	8
4	16	庚申	9
5	17	辛酉	1
6	18	壬戌	2
7	19	癸亥	3
8	20	甲子	4
9	21	乙丑	5
10	22	丙寅	6
11	23	丁卯	7
12	24	戊辰	8
13	25	己巳	9
14	26	庚午	1
15	27	辛未	2
16	28	壬申	3
17	29	癸酉	4
18	❹	甲戌	5
19	2	乙亥	6
20	3	丙子	7
21	4	丁丑	8
22	5	戊寅	9
23	6	己卯	1
24	7	庚辰	2
25	8	辛巳	3
26	9	壬午	4
27	10	癸未	5
28	11	甲申	6
29	12	乙酉	7
30	13	丙戌	8
31	14	丁亥	9

6月(庚午) 七赤金

陽曆	陰曆	日辰	紫白
1	15	戊子	1
2	16	己丑	2
3	17	庚寅	3
4	18	辛卯	4
5	19	壬辰	5
6	20	癸巳	6
7	21	甲午	7
8	22	乙未	8
9	23	丙申	9
10	24	丁酉	1
11	25	戊戌	2
12	26	己亥	3
13	27	庚子	4
14	28	辛丑	5
15	29	壬寅	6
16	❺	癸卯	7
17	2	甲辰	8
18	3	乙巳	9
19	4	丙午	1
20	5	丁未	2
21	6	戊申	3
22	7	己酉	4
23	8	庚戌	5
24	9	辛亥	6
25	10	壬子	7
26	11	癸丑	8
27	12	甲寅	9
28	13	乙卯	1
29	14	丙辰	2
30	15	丁巳	3

西紀 2034年 [甲寅] 二黑土

7月(辛未) 六白金

陽曆	陰曆	日辰	紫白
1	16	戊午	4
2	17	己未	5
3	18	庚申	6
4	19	辛酉	7
5	20	壬戌	8
6	21	癸亥	9
7	22	甲子	9
8	23	乙丑	8
9	24	丙寅	7
10	25	丁卯	6
11	26	戊辰	5
12	27	己巳	4
13	28	庚午	3
14	29	辛未	2
15	30	壬申	1
16	❻	癸酉	9
17	2	甲戌	8
18	3	乙亥	7
19	4	丙子	6
20	5	丁丑	5
21	6	戊寅	4
22	7	己卯	3
23	8	庚辰	2
24	9	辛巳	1
25	10	壬午	9
26	11	癸未	8
27	12	甲申	7
28	13	乙酉	6
29	14	丙戌	5
30	15	丁亥	4
31	16	戊子	3

8月(壬申) 五黃土

陽曆	陰曆	日辰	紫白
1	17	己丑	2
2	18	庚寅	1
3	19	辛卯	9
4	20	壬辰	8
5	21	癸巳	7
6	22	甲午	6
7	23	乙未	5
8	24	丙申	4
9	25	丁酉	3
10	26	戊戌	2
11	27	己亥	1
12	28	庚子	9
13	29	辛丑	8
14	❼	壬寅	7
15	2	癸卯	6
16	3	甲辰	5
17	4	乙巳	4
18	5	丙午	3
19	6	丁未	2
20	7	戊申	1
21	8	己酉	9
22	9	庚戌	8
23	10	辛亥	7
24	11	壬子	6
25	12	癸丑	5
26	13	甲寅	4
27	14	乙卯	3
28	15	丙辰	2
29	16	丁巳	1
30	17	戊午	9
31	18	己未	8

9月(癸酉) 四綠木

陽曆	陰曆	日辰	紫白
1	19	庚申	7
2	20	辛酉	6
3	21	壬戌	5
4	22	癸亥	4
5	23	甲子	3
6	24	乙丑	2
7	25	丙寅	1
8	26	丁卯	9
9	27	戊辰	8
10	28	己巳	7
11	29	庚午	6
12	30	辛未	5
13	❽	壬申	4
14	2	癸酉	3
15	3	甲戌	2
16	4	乙亥	1
17	5	丙子	9
18	6	丁丑	8
19	7	戊寅	7
20	8	己卯	6
21	9	庚辰	5
22	10	辛巳	4
23	11	壬午	3
24	12	癸未	2
25	13	甲申	1
26	14	乙酉	9
27	15	丙戌	8
28	16	丁亥	7
29	17	戊子	6
30	18	己丑	5

西紀 2034年 [甲寅] 二黑土

10月(甲戌) 三碧木

陽曆	陰曆	日辰	紫白
1	19	庚寅	4
2	20	辛卯	3
3	21	壬辰	2
4	22	癸巳	1
5	23	甲午	9
6	24	乙未	8
7	25	丙申	7
8	26	丁酉	6
9	27	戊戌	5
10	28	己亥	4
11	29	庚子	3
12	❾	辛丑	2
13	2	壬寅	1
14	3	癸卯	9
15	4	甲辰	8
16	5	乙巳	7
17	6	丙午	6
18	7	丁未	5
19	8	戊申	4
20	9	己酉	3
21	10	庚戌	2
22	11	辛亥	1
23	12	壬子	9
24	13	癸丑	8
25	14	甲寅	7
26	15	乙卯	6
27	16	丙辰	5
28	17	丁巳	4
29	18	戊午	3
30	19	己未	2
31	20	庚申	1

11月(乙亥) 二黑土

陽曆	陰曆	日辰	紫白
1	21	辛酉	9
2	22	壬戌	8
3	23	癸亥	7
4	24	甲子	6
5	25	乙丑	5
6	26	丙寅	4
7	27	丁卯	3
8	28	戊辰	2
9	29	己巳	1
10	30	庚午	9
11	❿	辛未	8
12	2	壬申	7
13	3	癸酉	6
14	4	甲戌	5
15	5	乙亥	4
16	6	丙子	3
17	7	丁丑	2
18	8	戊寅	1
19	9	己卯	9
20	10	庚辰	8
21	11	辛巳	7
22	12	壬午	6
23	13	癸未	5
24	14	甲申	4
25	15	乙酉	3
26	16	丙戌	2
27	17	丁亥	1
28	18	戊子	9
29	19	己丑	8
30	20	庚寅	7

12月(丙子) 一白水

陽曆	陰曆	日辰	紫白
1	21	辛卯	6
2	22	壬辰	5
3	23	癸巳	4
4	24	甲午	3
5	25	乙未	2
6	26	丙申	1
7	27	丁酉	9
8	28	戊戌	8
9	29	己亥	7
10	30	庚子	6
11	⓫	辛丑	5
12	2	壬寅	4
13	3	癸卯	3
14	4	甲辰	2
15	5	乙巳	1
16	6	丙午	9
17	7	丁未	8
18	8	戊申	7
19	9	己酉	6
20	10	庚戌	5
21	11	辛亥	4
22	12	壬子	3
23	13	癸丑	2
24	14	甲寅	1
25	15	乙卯	9
26	16	丙辰	8
27	17	丁巳	7
28	18	戊午	6
29	19	己未	5
30	20	庚申	4
31	21	辛酉	3

西紀 2035年 [乙卯] 一白水

1月(丁丑) 九紫火			
陽曆	陰曆	日辰	紫白
1	22	壬戌	2
2	23	癸亥	1
3	24	甲子	1
4	25	乙丑	2
5	26	丙寅	3
6	27	丁卯	4
7	28	戊辰	5
8	29	己巳	6
9	30	庚午	7
10	⓬	辛未	8
11	2	壬申	9
12	3	癸酉	1
13	4	甲戌	2
14	5	乙亥	3
15	6	丙子	4
16	7	丁丑	5
17	8	戊寅	6
18	9	己卯	7
19	10	庚辰	8
20	11	辛巳	9
21	12	壬午	1
22	13	癸未	2
23	14	甲申	3
24	15	乙酉	4
25	16	丙戌	5
26	17	丁亥	6
27	18	戊子	7
28	19	己丑	8
29	20	庚寅	9
30	21	辛卯	1
31	22	壬辰	2

2月(戊寅) 八白土			
陽曆	陰曆	日辰	紫白
1	23	癸巳	3
2	24	甲午	4
3	25	乙未	5
4	26	丙申	6
5	27	丁酉	7
6	28	戊戌	8
7	29	己亥	9
8	❶	庚子	1
9	2	辛丑	2
10	3	壬寅	3
11	4	癸卯	4
12	5	甲辰	5
13	6	乙巳	6
14	7	丙午	7
15	8	丁未	8
16	9	戊申	9
17	10	己酉	1
18	11	庚戌	2
19	12	辛亥	3
20	13	壬子	4
21	14	癸丑	5
22	15	甲寅	6
23	16	乙卯	7
24	17	丙辰	8
25	18	丁巳	9
26	19	戊午	1
27	20	己未	2
28	21	庚申	3

3月(己卯) 七赤金			
陽曆	陰曆	日辰	紫白
1	22	辛酉	4
2	23	壬戌	5
3	24	癸亥	6
4	25	甲子	7
5	26	乙丑	8
6	27	丙寅	9
7	28	丁卯	1
8	29	戊辰	2
9	30	己巳	3
10	❷	庚午	4
11	2	辛未	5
12	3	壬申	6
13	4	癸酉	7
14	5	甲戌	8
15	6	乙亥	9
16	7	丙子	1
17	8	丁丑	2
18	9	戊寅	3
19	10	己卯	4
20	11	庚辰	5
21	12	辛巳	6
22	13	壬午	7
23	14	癸未	8
24	15	甲申	9
25	16	乙酉	1
26	17	丙戌	2
27	18	丁亥	3
28	19	戊子	4
29	20	己丑	5
30	21	庚寅	6
31	22	辛卯	7

西紀 2035年 [乙卯] 一白水

4月(庚辰) 六白金

陽曆	陰曆	日辰	紫白
1	23	壬辰	8
2	24	癸巳	9
3	25	甲午	1
4	26	乙未	2
5	27	丙申	3
6	28	丁酉	4
7	29	戊戌	5
8	❸	己亥	6
9	2	庚子	7
10	3	辛丑	8
11	4	壬寅	9
12	5	癸卯	1
13	6	甲辰	2
14	7	乙巳	3
15	8	丙午	4
16	9	丁未	5
17	10	戊申	6
18	11	己酉	7
19	12	庚戌	8
20	13	辛亥	9
21	14	壬子	1
22	15	癸丑	2
23	16	甲寅	3
24	17	乙卯	4
25	18	丙辰	5
26	19	丁巳	6
27	20	戊午	7
28	21	己未	8
29	22	庚申	9
30	23	辛酉	1

5月(辛巳) 五黃土

陽曆	陰曆	日辰	紫白
1	24	壬戌	2
2	25	癸亥	3
3	26	甲子	4
4	27	乙丑	5
5	28	丙寅	6
6	29	丁卯	7
7	30	戊辰	8
8	❹	己巳	9
9	2	庚午	1
10	3	辛未	2
11	4	壬申	3
12	5	癸酉	4
13	6	甲戌	5
14	7	乙亥	6
15	8	丙子	7
16	9	丁丑	8
17	10	戊寅	9
18	11	己卯	1
19	12	庚辰	2
20	13	辛巳	3
21	14	壬午	4
22	15	癸未	5
23	16	甲申	6
24	17	乙酉	7
25	18	丙戌	8
26	19	丁亥	9
27	20	戊子	1
28	21	己丑	2
29	22	庚寅	3
30	23	辛卯	4
31	24	壬辰	5

6月(壬午) 四綠木

陽曆	陰曆	日辰	紫白
1	25	癸巳	6
2	26	甲午	7
3	27	乙未	8
4	28	丙申	9
5	29	丁酉	1
6	❺	戊戌	2
7	2	己亥	3
8	3	庚子	4
9	4	辛丑	5
10	5	壬寅	6
11	6	癸卯	7
12	7	甲辰	8
13	8	乙巳	9
14	9	丙午	1
15	10	丁未	2
16	11	戊申	3
17	12	己酉	4
18	13	庚戌	5
19	14	辛亥	6
20	15	壬子	7
21	16	癸丑	8
22	17	甲寅	9
23	18	乙卯	1
24	19	丙辰	2
25	20	丁巳	3
26	21	戊午	4
27	22	己未	5
28	23	庚申	6
29	24	辛酉	7
30	25	壬戌	8

西紀 2035年［乙卯］一白水

7月(癸未) 三碧木			
陽曆	陰曆	日辰	紫白
1	26	癸亥	9
2	27	甲子	9
3	28	乙丑	8
4	29	丙寅	7
5	❻	丁卯	6
6	2	戊辰	5
7	3	己巳	4
8	4	庚午	3
9	5	辛未	2
10	6	壬申	1
11	7	癸酉	9
12	8	甲戌	8
13	9	乙亥	7
14	10	丙子	6
15	11	丁丑	5
16	12	戊寅	4
17	13	己卯	3
18	14	庚辰	2
19	15	辛巳	1
20	16	壬午	9
21	17	癸未	8
22	18	甲申	7
23	19	乙酉	6
24	20	丙戌	5
25	21	丁亥	4
26	22	戊子	3
27	23	己丑	2
28	24	庚寅	1
29	25	辛卯	9
30	26	壬辰	8
31	27	癸巳	7

8月(甲申) 二黑土			
陽曆	陰曆	日辰	紫白
1	28	甲午	6
2	29	乙未	5
3	30	丙申	4
4	❼	丁酉	3
5	2	戊戌	2
6	3	己亥	1
7	4	庚子	9
8	5	辛丑	8
9	6	壬寅	7
10	7	癸卯	6
11	8	甲辰	5
12	9	乙巳	4
13	10	丙午	3
14	11	丁未	2
15	12	戊申	1
16	13	己酉	9
17	14	庚戌	8
18	15	辛亥	7
19	16	壬子	6
20	17	癸丑	5
21	18	甲寅	4
22	19	乙卯	3
23	20	丙辰	2
24	21	丁巳	1
25	22	戊午	9
26	23	己未	8
27	24	庚申	7
28	25	辛酉	6
29	26	壬戌	5
30	27	癸亥	4
31	28	甲子	3

9月(乙酉) 一白水			
陽曆	陰曆	日辰	紫白
1	29	乙丑	2
2	❽	丙寅	1
3	2	丁卯	9
4	3	戊辰	8
5	4	己巳	7
6	5	庚午	6
7	6	辛未	5
8	7	壬申	4
9	8	癸酉	3
10	9	甲戌	2
11	10	乙亥	1
12	11	丙子	9
13	12	丁丑	8
14	13	戊寅	7
15	14	己卯	6
16	15	庚辰	5
17	16	辛巳	4
18	17	壬午	3
19	18	癸未	2
20	19	甲申	1
21	20	乙酉	9
22	21	丙戌	8
23	22	丁亥	7
24	23	戊子	6
25	24	己丑	5
26	25	庚寅	4
27	26	辛卯	3
28	27	壬辰	2
29	28	癸巳	1
30	29	甲午	9

西紀 2035年 [乙卯] 一白水

10月(丙戌) 九紫火

陽曆	陰曆	日辰	紫白
1	❾	乙未	8
2	2	丙申	7
3	3	丁酉	6
4	4	戊戌	5
5	5	己亥	4
6	6	庚子	3
7	7	辛丑	2
8	8	壬寅	1
9	9	癸卯	9
10	10	甲辰	8
11	11	乙巳	7
12	12	丙午	6
13	13	丁未	5
14	14	戊申	4
15	15	己酉	3
16	16	庚戌	2
17	17	辛亥	1
18	18	壬子	9
19	19	癸丑	8
20	20	甲寅	7
21	21	乙卯	6
22	22	丙辰	5
23	23	丁巳	4
24	24	戊午	3
25	25	己未	2
26	26	庚申	1
27	27	辛酉	9
28	28	壬戌	8
29	29	癸亥	7
30	30	甲子	6
31	❿	乙丑	5

11月(丁亥) 八白土

陽曆	陰曆	日辰	紫白
1	2	丙寅	4
2	3	丁卯	3
3	4	戊辰	2
4	5	己巳	1
5	6	庚午	9
6	7	辛未	8
7	8	壬申	7
8	9	癸酉	6
9	10	甲戌	5
10	11	乙亥	4
11	12	丙子	3
12	13	丁丑	2
13	14	戊寅	1
14	15	己卯	9
15	16	庚辰	8
16	17	辛巳	7
17	18	壬午	6
18	19	癸未	5
19	20	甲申	4
20	21	乙酉	3
21	22	丙戌	2
22	23	丁亥	1
23	24	戊子	9
24	25	己丑	8
25	26	庚寅	7
26	27	辛卯	6
27	28	壬辰	5
28	29	癸巳	4
29	30	甲午	3
30	⓫	乙未	2

12月(戊子) 七赤金

陽曆	陰曆	日辰	紫白
1	2	丙申	1
2	3	丁酉	9
3	4	戊戌	8
4	5	己亥	7
5	6	庚子	6
6	7	辛丑	5
7	8	壬寅	4
8	9	癸卯	3
9	10	甲辰	2
10	11	乙巳	1
11	12	丙午	9
12	13	丁未	8
13	14	戊申	7
14	15	己酉	6
15	16	庚戌	5
16	17	辛亥	4
17	18	壬子	3
18	19	癸丑	2
19	20	甲寅	1
20	21	乙卯	9
21	22	丙辰	8
22	23	丁巳	7
23	24	戊午	6
24	25	己未	5
25	26	庚申	4
26	27	辛酉	3
27	28	壬戌	2
28	29	癸亥	1
29	⓬	甲子	1
30	2	乙丑	2
31	3	丙寅	3

西紀 2036年 [丙辰] 九紫火

1月(己丑) 六白金

陽曆	陰曆	日辰	紫白
1	4	丁卯	4
2	5	戊辰	5
3	6	己巳	6
4	7	庚午	7
5	8	辛未	8
6	9	壬申	9
7	10	癸酉	1
8	11	甲戌	2
9	12	乙亥	3
10	13	丙子	4
11	14	丁丑	5
12	15	戊寅	6
13	16	己卯	7
14	17	庚辰	8
15	18	辛巳	9
16	19	壬午	1
17	20	癸未	2
18	21	甲申	3
19	22	乙酉	4
20	23	丙戌	5
21	24	丁亥	6
22	25	戊子	7
23	26	己丑	8
24	27	庚寅	9
25	28	辛卯	1
26	29	壬辰	2
27	30	癸巳	3
28	❶	甲午	4
29	2	乙未	5
30	3	丙申	6
31	4	丁酉	7

2月(庚寅) 五黃土

陽曆	陰曆	日辰	紫白
1	5	戊戌	8
2	6	己亥	9
3	7	庚子	1
4	8	辛丑	2
5	9	壬寅	3
6	10	癸卯	4
7	11	甲辰	5
8	12	乙巳	6
9	13	丙午	7
10	14	丁未	8
11	15	戊申	9
12	16	己酉	1
13	17	庚戌	2
14	18	辛亥	3
15	19	壬子	4
16	20	癸丑	5
17	21	甲寅	6
18	22	乙卯	7
19	23	丙辰	8
20	24	丁巳	9
21	25	戊午	1
22	26	己未	2
23	27	庚申	3
24	28	辛酉	4
25	29	壬戌	5
26	30	癸亥	6
27	❷	甲子	7
28	2	乙丑	8
29	3	丙寅	9

3月(辛卯) 四綠木

陽曆	陰曆	日辰	紫白
1	4	丁卯	1
2	5	戊辰	2
3	6	己巳	3
4	7	庚午	4
5	8	辛未	5
6	9	壬申	6
7	10	癸酉	7
8	11	甲戌	8
9	12	乙亥	9
10	13	丙子	1
11	14	丁丑	2
12	15	戊寅	3
13	16	己卯	4
14	17	庚辰	5
15	18	辛巳	6
16	19	壬午	7
17	20	癸未	8
18	21	甲申	9
19	22	乙酉	1
20	23	丙戌	2
21	24	丁亥	3
22	25	戊子	4
23	26	己丑	5
24	27	庚寅	6
25	28	辛卯	7
26	29	壬辰	8
27	30	癸巳	9
28	❸	甲午	1
29	2	乙未	2
30	3	丙申	3
31	4	丁酉	4

西紀 2036年 [丙辰] 九紫火

4月(壬辰) 三碧木

陽曆	陰曆	日辰	紫白
1	5	戊戌	5
2	6	己亥	6
3	7	庚子	7
4	8	辛丑	8
5	9	壬寅	9
6	10	癸卯	1
7	11	甲辰	2
8	12	乙巳	3
9	13	丙午	4
10	14	丁未	5
11	15	戊申	6
12	16	己酉	7
13	17	庚戌	8
14	18	辛亥	9
15	19	壬子	1
16	20	癸丑	2
17	21	甲寅	3
18	22	乙卯	4
19	23	丙辰	5
20	24	丁巳	6
21	25	戊午	7
22	26	己未	8
23	27	庚申	9
24	28	辛酉	1
25	29	壬戌	2
26	❹	癸亥	3
27	2	甲子	4
28	3	乙丑	5
29	4	丙寅	6
30	5	丁卯	7

5月(癸巳) 二黑土

陽曆	陰曆	日辰	紫白
1	6	戊辰	8
2	7	己巳	9
3	8	庚午	1
4	9	辛未	2
5	10	壬申	3
6	11	癸酉	4
7	12	甲戌	5
8	13	乙亥	6
9	14	丙子	7
10	15	丁丑	8
11	16	戊寅	9
12	17	己卯	1
13	18	庚辰	2
14	19	辛巳	3
15	20	壬午	4
16	21	癸未	5
17	22	甲申	6
18	23	乙酉	7
19	24	丙戌	8
20	25	丁亥	9
21	26	戊子	1
22	27	己丑	2
23	28	庚寅	3
24	29	辛卯	4
25	30	壬辰	5
26	❺	癸巳	6
27	2	甲午	7
28	3	乙未	8
29	4	丙申	9
30	5	丁酉	1
31	6	戊戌	2

6月(甲午) 一白水

陽曆	陰曆	日辰	紫白
1	7	己亥	3
2	8	庚子	4
3	9	辛丑	5
4	10	壬寅	6
5	11	癸卯	7
6	12	甲辰	8
7	13	乙巳	9
8	14	丙午	1
9	15	丁未	2
10	16	戊申	3
11	17	己酉	4
12	18	庚戌	5
13	19	辛亥	6
14	20	壬子	7
15	21	癸丑	8
16	22	甲寅	9
17	23	乙卯	1
18	24	丙辰	2
19	25	丁巳	3
20	26	戊午	4
21	27	己未	5
22	28	庚申	6
23	29	辛酉	7
24	❻	壬戌	8
25	2	癸亥	9
26	3	甲子	9
27	4	乙丑	8
28	5	丙寅	7
29	6	丁卯	6
30	7	戊辰	5

西紀 2036年［丙辰］九紫火

7月(乙未) 九紫火

陽曆	陰曆	日辰	紫白
1	8	己巳	4
2	9	庚午	3
3	10	辛未	2
4	11	壬申	1
5	12	癸酉	9
6	13	甲戌	8
7	14	乙亥	7
8	15	丙子	6
9	16	丁丑	5
10	17	戊寅	4
11	18	己卯	3
12	19	庚辰	2
13	20	辛巳	1
14	21	壬午	9
15	22	癸未	8
16	23	甲申	7
17	24	乙酉	6
18	25	丙戌	5
19	26	丁亥	4
20	27	戊子	3
21	28	己丑	2
22	29	庚寅	1
23	㉲6	辛卯	9
24	2	壬辰	8
25	3	癸巳	7
26	4	甲午	6
27	5	乙未	5
28	6	丙申	4
29	7	丁酉	3
30	8	戊戌	2
31	9	己亥	1

8月(丙申) 八白土

陽曆	陰曆	日辰	紫白
1	10	庚子	9
2	11	辛丑	8
3	12	壬寅	7
4	13	癸卯	6
5	14	甲辰	5
6	15	乙巳	4
7	16	丙午	3
8	17	丁未	2
9	18	戊申	1
10	19	己酉	9
11	20	庚戌	8
12	21	辛亥	7
13	22	壬子	6
14	23	癸丑	5
15	24	甲寅	4
16	25	乙卯	3
17	26	丙辰	2
18	27	丁巳	1
19	28	戊午	9
20	29	己未	8
21	30	庚申	7
22	❼	辛酉	6
23	2	壬戌	5
24	3	癸亥	4
25	4	甲子	3
26	5	乙丑	2
27	6	丙寅	1
28	7	丁卯	9
29	8	戊辰	8
30	9	己巳	7
31	10	庚午	6

9月(丁酉) 七赤金

陽曆	陰曆	日辰	紫白
1	11	辛未	5
2	12	壬申	4
3	13	癸酉	3
4	14	甲戌	2
5	15	乙亥	1
6	16	丙子	9
7	17	丁丑	8
8	18	戊寅	7
9	19	己卯	6
10	20	庚辰	5
11	21	辛巳	4
12	22	壬午	3
13	23	癸未	2
14	24	甲申	1
15	25	乙酉	9
16	26	丙戌	8
17	27	丁亥	7
18	28	戊子	6
19	29	己丑	5
20	❽	庚寅	4
21	2	辛卯	3
22	3	壬辰	2
23	4	癸巳	1
24	5	甲午	9
25	6	乙未	8
26	7	丙申	7
27	8	丁酉	6
28	9	戊戌	5
29	10	己亥	4
30	11	庚子	3

西紀 2036年 [丙辰] 九紫火

10月(戊戌) 六白金				11月(己亥) 五黃土				12月(庚子) 四綠木			
陽曆	陰曆	日辰	紫白	陽曆	陰曆	日辰	紫白	陽曆	陰曆	日辰	紫白
1	12	辛丑	2	1	14	壬申	7	1	14	壬寅	4
2	13	壬寅	1	2	15	癸酉	6	2	15	癸卯	3
3	14	癸卯	9	3	16	甲戌	5	3	16	甲辰	2
4	15	甲辰	8	4	17	乙亥	4	4	17	乙巳	1
5	16	乙巳	7	5	18	丙子	3	5	18	丙午	9
6	17	丙午	6	6	19	丁丑	2	6	19	丁未	8
7	18	丁未	5	7	20	戊寅	1	7	20	戊申	7
8	19	戊申	4	8	21	己卯	9	8	21	己酉	6
9	20	己酉	3	9	22	庚辰	8	9	22	庚戌	5
10	21	庚戌	2	10	23	辛巳	7	10	23	辛亥	4
11	22	辛亥	1	11	24	壬午	6	11	24	壬子	3
12	23	壬子	9	12	25	癸未	5	12	25	癸丑	2
13	24	癸丑	8	13	26	甲申	4	13	26	甲寅	1
14	25	甲寅	7	14	27	乙酉	3	14	27	乙卯	9
15	26	乙卯	6	15	28	丙戌	2	15	28	丙辰	8
16	27	丙辰	5	16	29	丁亥	1	16	29	丁巳	7
17	28	丁巳	4	17	30	戊子	9	17	30	戊午	6
18	29	戊午	3	18	❿	己丑	8	18	⓫	己未	5
19	❾	己未	2	19	2	庚寅	7	19	2	庚申	4
20	2	庚申	1	20	3	辛卯	6	20	3	辛酉	3
21	3	辛酉	9	21	4	壬辰	5	21	4	壬戌	2
22	4	壬戌	8	22	5	癸巳	4	22	5	癸亥	1
23	5	癸亥	7	23	6	甲午	3	23	6	甲子	1
24	6	甲子	6	24	7	乙未	2	24	7	乙丑	2
25	7	乙丑	5	25	8	丙申	1	25	8	丙寅	3
26	8	丙寅	4	26	9	丁酉	9	26	9	丁卯	4
27	9	丁卯	3	27	10	戊戌	8	27	10	戊辰	5
28	10	戊辰	2	28	11	己亥	7	28	11	己巳	6
29	11	己巳	1	29	12	庚子	6	29	12	庚午	7
30	12	庚午	9	30	13	辛丑	5	30	13	辛未	8
31	13	辛未	8					31	14	壬申	9

西紀 2037年 [丁巳] 八白土

1月(辛丑) 三碧木

陽曆	陰曆	日辰	紫白
1	15	癸酉	1
2	16	甲戌	2
3	17	乙亥	3
4	18	丙子	4
5	19	丁丑	5
6	20	戊寅	6
7	21	己卯	7
8	22	庚辰	8
9	23	辛巳	9
10	24	壬午	1
11	25	癸未	2
12	26	甲申	3
13	27	乙酉	4
14	28	丙戌	5
15	29	丁亥	6
16	⓬	戊子	7
17	2	己丑	8
18	3	庚寅	9
19	4	辛卯	1
20	5	壬辰	2
21	6	癸巳	3
22	7	甲午	4
23	8	乙未	5
24	9	丙申	6
25	10	丁酉	7
26	11	戊戌	8
27	12	己亥	9
28	13	庚子	1
29	14	辛丑	2
30	15	壬寅	3
31	16	癸卯	4

2月(壬寅) 二黑土

陽曆	陰曆	日辰	紫白
1	17	甲辰	5
2	18	乙巳	6
3	19	丙午	7
4	20	丁未	8
5	21	戊申	9
6	22	己酉	1
7	23	庚戌	2
8	24	辛亥	3
9	25	壬子	4
10	26	癸丑	5
11	27	甲寅	6
12	28	乙卯	7
13	29	丙辰	8
14	30	丁巳	9
15	❶	戊午	1
16	2	己未	2
17	3	庚申	3
18	4	辛酉	4
19	5	壬戌	5
20	6	癸亥	6
21	7	甲子	7
22	8	乙丑	8
23	9	丙寅	9
24	10	丁卯	1
25	11	戊辰	2
26	12	己巳	3
27	13	庚午	4
28	14	辛未	5

3月(癸卯) 一白水

陽曆	陰曆	日辰	紫白
1	15	壬申	6
2	16	癸酉	7
3	17	甲戌	8
4	18	乙亥	9
5	19	丙子	1
6	20	丁丑	2
7	21	戊寅	3
8	22	己卯	4
9	23	庚辰	5
10	24	辛巳	6
11	25	壬午	7
12	26	癸未	8
13	27	甲申	9
14	28	乙酉	1
15	29	丙戌	2
16	30	丁亥	3
17	❷	戊子	4
18	2	己丑	5
19	3	庚寅	6
20	4	辛卯	7
21	5	壬辰	8
22	6	癸巳	9
23	7	甲午	1
24	8	乙未	2
25	9	丙申	3
26	10	丁酉	4
27	11	戊戌	5
28	12	己亥	6
29	13	庚子	7
30	14	辛丑	8
31	15	壬寅	9

西紀 2037年 [丁巳] 八白土

4月(甲辰) 九紫火

陽曆	陰曆	日辰	紫白
1	16	癸卯	1
2	17	甲辰	2
3	18	乙巳	3
4	19	丙午	4
5	20	丁未	5
6	21	戊申	6
7	22	己酉	7
8	23	庚戌	8
9	24	辛亥	9
10	25	壬子	1
11	26	癸丑	2
12	27	甲寅	3
13	28	乙卯	4
14	29	丙辰	5
15	30	丁巳	6
16	❸	戊午	7
17	2	己未	8
18	3	庚申	9
19	4	辛酉	1
20	5	壬戌	2
21	6	癸亥	3
22	7	甲子	4
23	8	乙丑	5
24	9	丙寅	6
25	10	丁卯	7
26	11	戊辰	8
27	12	己巳	9
28	13	庚午	1
29	14	辛未	2
30	15	壬申	3

5月(乙巳) 八白土

陽曆	陰曆	日辰	紫白
1	16	癸酉	4
2	17	甲戌	5
3	18	乙亥	6
4	19	丙子	7
5	20	丁丑	8
6	21	戊寅	9
7	22	己卯	1
8	23	庚辰	2
9	24	辛巳	3
10	25	壬午	4
11	26	癸未	5
12	27	甲申	6
13	28	乙酉	7
14	29	丙戌	8
15	❹	丁亥	9
16	2	戊子	1
17	3	己丑	2
18	4	庚寅	3
19	5	辛卯	4
20	6	壬辰	5
21	7	癸巳	6
22	8	甲午	7
23	9	乙未	8
24	10	丙申	9
25	11	丁酉	1
26	12	戊戌	2
27	13	己亥	3
28	14	庚子	4
29	15	辛丑	5
30	16	壬寅	6
31	17	癸卯	7

6月(丙午) 七赤金

陽曆	陰曆	日辰	紫白
1	18	甲辰	8
2	19	乙巳	9
3	20	丙午	1
4	21	丁未	2
5	22	戊申	3
6	23	己酉	4
7	24	庚戌	5
8	25	辛亥	6
9	26	壬子	7
10	27	癸丑	8
11	28	甲寅	9
12	29	乙卯	1
13	30	丙辰	2
14	❺	丁巳	3
15	2	戊午	4
16	3	己未	5
17	4	庚申	6
18	5	辛酉	7
19	6	壬戌	8
20	7	癸亥	9
21	8	甲子	9
22	9	乙丑	8
23	10	丙寅	7
24	11	丁卯	6
25	12	戊辰	5
26	13	己巳	4
27	14	庚午	3
28	15	辛未	2
29	16	壬申	1
30	17	癸酉	9

西紀 2037年 [丁巳] 八白土

7月(丁未) 六白金			
陽曆	陰曆	日辰	紫白
1	18	甲戌	8
2	19	乙亥	7
3	20	丙子	6
4	21	丁丑	5
5	22	戊寅	4
6	23	己卯	3
7	24	庚辰	2
8	25	辛巳	1
9	26	壬午	9
10	27	癸未	8
11	28	甲申	7
12	29	乙酉	6
13	❻	丙戌	5
14	2	丁亥	4
15	3	戊子	3
16	4	己丑	2
17	5	庚寅	1
18	6	辛卯	9
19	7	壬辰	8
20	8	癸巳	7
21	9	甲午	6
22	10	乙未	5
23	11	丙申	4
24	12	丁酉	3
25	13	戊戌	2
26	14	己亥	1
27	15	庚子	9
28	16	辛丑	8
29	17	壬寅	7
30	18	癸卯	6
31	19	甲辰	5

8月(戊申) 五黃土			
陽曆	陰曆	日辰	紫白
1	20	乙巳	4
2	21	丙午	3
3	22	丁未	2
4	23	戊申	1
5	24	己酉	9
6	25	庚戌	8
7	26	辛亥	7
8	27	壬子	6
9	28	癸丑	5
10	29	甲寅	4
11	❼	乙卯	3
12	2	丙辰	2
13	3	丁巳	1
14	4	戊午	9
15	5	己未	8
16	6	庚申	7
17	7	辛酉	6
18	8	壬戌	5
19	9	癸亥	4
20	10	甲子	3
21	11	乙丑	2
22	12	丙寅	1
23	13	丁卯	9
24	14	戊辰	8
25	15	己巳	7
26	16	庚午	6
27	17	辛未	5
28	18	壬申	4
29	19	癸酉	3
30	20	甲戌	2
31	21	乙亥	1

9月(己酉) 四綠木			
陽曆	陰曆	日辰	紫白
1	22	丙子	9
2	23	丁丑	8
3	24	戊寅	7
4	25	己卯	6
5	26	庚辰	5
6	27	辛巳	4
7	28	壬午	3
8	29	癸未	2
9	30	甲申	1
10	❽	乙酉	9
11	2	丙戌	8
12	3	丁亥	7
13	4	戊子	6
14	5	己丑	5
15	6	庚寅	4
16	7	辛卯	3
17	8	壬辰	2
18	9	癸巳	1
19	10	甲午	9
20	11	乙未	8
21	12	丙申	7
22	13	丁酉	6
23	14	戊戌	5
24	15	己亥	4
25	16	庚子	3
26	17	辛丑	2
27	18	壬寅	1
28	19	癸卯	9
29	20	甲辰	8
30	21	乙巳	7

西紀 2037年 [丁巳] 八白土

10月(庚戌) 三碧木

陽曆	陰曆	日辰	紫白
1	22	丙午	6
2	23	丁未	5
3	24	戊申	4
4	25	己酉	3
5	26	庚戌	2
6	27	辛亥	1
7	28	壬子	9
8	29	癸丑	8
9	❾	甲寅	7
10	2	乙卯	6
11	3	丙辰	5
12	4	丁巳	4
13	5	戊午	3
14	6	己未	2
15	7	庚申	1
16	8	辛酉	9
17	9	壬戌	8
18	10	癸亥	7
19	11	甲子	6
20	12	乙丑	5
21	13	丙寅	4
22	14	丁卯	3
23	15	戊辰	2
24	16	己巳	1
25	17	庚午	9
26	18	辛未	8
27	19	壬申	7
28	20	癸酉	6
29	21	甲戌	5
30	22	乙亥	4
31	23	丙子	3

11月(辛亥) 二黑土

陽曆	陰曆	日辰	紫白
1	24	丁丑	2
2	25	戊寅	1
3	26	己卯	9
4	27	庚辰	8
5	28	辛巳	7
6	29	壬午	6
7	❿	癸未	5
8	2	甲申	4
9	3	乙酉	3
10	4	丙戌	2
11	5	丁亥	1
12	6	戊子	9
13	7	己丑	8
14	8	庚寅	7
15	9	辛卯	6
16	10	壬辰	5
17	11	癸巳	4
18	12	甲午	3
19	13	乙未	2
20	14	丙申	1
21	15	丁酉	9
22	16	戊戌	8
23	17	己亥	7
24	18	庚子	6
25	19	辛丑	5
26	20	壬寅	4
27	21	癸卯	3
28	22	甲辰	2
29	23	乙巳	1
30	24	丙午	9

12月(壬子) 一白水

陽曆	陰曆	日辰	紫白
1	25	丁未	8
2	26	戊申	7
3	27	己酉	6
4	28	庚戌	5
5	29	辛亥	4
6	30	壬子	3
7	⓫	癸丑	2
8	2	甲寅	1
9	3	乙卯	9
10	4	丙辰	8
11	5	丁巳	7
12	6	戊午	6
13	7	己未	5
14	8	庚申	4
15	9	辛酉	3
16	10	壬戌	2
17	11	癸亥	1
18	12	甲子	1
19	13	乙丑	2
20	14	丙寅	3
21	15	丁卯	4
22	16	戊辰	5
23	17	己巳	6
24	18	庚午	7
25	19	辛未	8
26	20	壬申	9
27	21	癸酉	1
28	22	甲戌	2
29	23	乙亥	3
30	24	丙子	4
31	25	丁丑	5

西紀 2038年 [戊午] 七赤金

1月(癸丑) 九紫火			
陽曆	陰曆	日辰	紫白
1	26	戊寅	6
2	27	己卯	7
3	28	庚辰	8
4	29	辛巳	9
5	⓬	壬午	1
6	2	癸未	2
7	3	甲申	3
8	4	乙酉	4
9	5	丙戌	5
10	6	丁亥	6
11	7	戊子	7
12	8	己丑	8
13	9	庚寅	9
14	10	辛卯	1
15	11	壬辰	2
16	12	癸巳	3
17	13	甲午	4
18	14	乙未	5
19	15	丙申	6
20	16	丁酉	7
21	17	戊戌	8
22	18	己亥	9
23	19	庚子	1
24	20	辛丑	2
25	21	壬寅	3
26	22	癸卯	4
27	23	甲辰	5
28	24	乙巳	6
29	25	丙午	7
30	26	丁未	8
31	27	戊申	9

2月(甲寅) 八白土			
陽曆	陰曆	日辰	紫白
1	28	己酉	1
2	29	庚戌	2
3	30	辛亥	3
4	❶	壬子	4
5	2	癸丑	5
6	3	甲寅	6
7	4	乙卯	7
8	5	丙辰	8
9	6	丁巳	9
10	7	戊午	1
11	8	己未	2
12	9	庚申	3
13	10	辛酉	4
14	11	壬戌	5
15	12	癸亥	6
16	13	甲子	7
17	14	乙丑	8
18	15	丙寅	9
19	16	丁卯	1
20	17	戊辰	2
21	18	己巳	3
22	19	庚午	4
23	20	辛未	5
24	21	壬申	6
25	22	癸酉	7
26	23	甲戌	8
27	24	乙亥	9
28	25	丙子	1

3月(乙卯) 七赤金			
陽曆	陰曆	日辰	紫白
1	26	丁丑	2
2	27	戊寅	3
3	28	己卯	4
4	29	庚辰	5
5	30	辛巳	6
6	❷	壬午	7
7	2	癸未	8
8	3	甲申	9
9	4	乙酉	1
10	5	丙戌	2
11	6	丁亥	3
12	7	戊子	4
13	8	己丑	5
14	9	庚寅	6
15	10	辛卯	7
16	11	壬辰	8
17	12	癸巳	9
18	13	甲午	1
19	14	乙未	2
20	15	丙申	3
21	16	丁酉	4
22	17	戊戌	5
23	18	己亥	6
24	19	庚子	7
25	20	辛丑	8
26	21	壬寅	9
27	22	癸卯	1
28	23	甲辰	2
29	24	乙巳	3
30	25	丙午	4
31	26	丁未	5

西紀 2038年 [戊午] 七赤金

4月(丙辰) 六白金

陽曆	陰曆	日辰	紫白
1	27	戊申	6
2	28	己酉	7
3	29	庚戌	8
4	30	辛亥	9
5	❸	壬子	1
6	2	癸丑	2
7	3	甲寅	3
8	4	乙卯	4
9	5	丙辰	5
10	6	丁巳	6
11	7	戊午	7
12	8	己未	8
13	9	庚申	9
14	10	辛酉	1
15	11	壬戌	2
16	12	癸亥	3
17	13	甲子	4
18	14	乙丑	5
19	15	丙寅	6
20	16	丁卯	7
21	17	戊辰	8
22	18	己巳	9
23	19	庚午	1
24	20	辛未	2
25	21	壬申	3
26	22	癸酉	4
27	23	甲戌	5
28	24	乙亥	6
29	25	丙子	7
30	26	丁丑	8

5月(丁巳) 五黃土

陽曆	陰曆	日辰	紫白
1	27	戊寅	9
2	28	己卯	1
3	29	庚辰	2
4	❹	辛巳	3
5	2	壬午	4
6	3	癸未	5
7	4	甲申	6
8	5	乙酉	7
9	6	丙戌	8
10	7	丁亥	9
11	8	戊子	1
12	9	己丑	2
13	10	庚寅	3
14	11	辛卯	4
15	12	壬辰	5
16	13	癸巳	6
17	14	甲午	7
18	15	乙未	8
19	16	丙申	9
20	17	丁酉	1
21	18	戊戌	2
22	19	己亥	3
23	20	庚子	4
24	21	辛丑	5
25	22	壬寅	6
26	23	癸卯	7
27	24	甲辰	8
28	25	乙巳	9
29	26	丙午	1
30	27	丁未	2
31	28	戊申	3

6月(戊午) 四綠木

陽曆	陰曆	日辰	紫白
1	29	己酉	4
2	30	庚戌	5
3	❺	辛亥	6
4	2	壬子	7
5	3	癸丑	8
6	4	甲寅	9
7	5	乙卯	1
8	6	丙辰	2
9	7	丁巳	3
10	8	戊午	4
11	9	己未	5
12	10	庚申	6
13	11	辛酉	7
14	12	壬戌	8
15	13	癸亥	9
16	14	甲子	9
17	15	乙丑	8
18	16	丙寅	7
19	17	丁卯	6
20	18	戊辰	5
21	19	己巳	4
22	20	庚午	3
23	21	辛未	2
24	22	壬申	1
25	23	癸酉	9
26	24	甲戌	8
27	25	乙亥	7
28	26	丙子	6
29	27	丁丑	5
30	28	戊寅	4

西紀 2038年［戊午］七赤金

7月(己未) 三碧木			
陽曆	陰曆	日辰	紫白
1	29	己卯	3
2	❻	庚辰	2
3	2	辛巳	1
4	3	壬午	9
5	4	癸未	8
6	5	甲申	7
7	6	乙酉	6
8	7	丙戌	5
9	8	丁亥	4
10	9	戊子	3
11	10	己丑	2
12	11	庚寅	1
13	12	辛卯	9
14	13	壬辰	8
15	14	癸巳	7
16	15	甲午	6
17	16	乙未	5
18	17	丙申	4
19	18	丁酉	3
20	19	戊戌	2
21	20	己亥	1
22	21	庚子	9
23	22	辛丑	8
24	23	壬寅	7
25	24	癸卯	6
26	25	甲辰	5
27	26	乙巳	4
28	27	丙午	3
29	28	丁未	2
30	29	戊申	1
31	30	己酉	9

8月(庚申) 二黑土			
陽曆	陰曆	日辰	紫白
1	❼	庚戌	8
2	2	辛亥	7
3	3	壬子	6
4	4	癸丑	5
5	5	甲寅	4
6	6	乙卯	3
7	7	丙辰	2
8	8	丁巳	1
9	9	戊午	9
10	10	己未	8
11	11	庚申	7
12	12	辛酉	6
13	13	壬戌	5
14	14	癸亥	4
15	15	甲子	3
16	16	乙丑	2
17	17	丙寅	1
18	18	丁卯	9
19	19	戊辰	8
20	20	己巳	7
21	21	庚午	6
22	22	辛未	5
23	23	壬申	4
24	24	癸酉	3
25	25	甲戌	2
26	26	乙亥	1
27	27	丙子	9
28	28	丁丑	8
29	29	戊寅	7
30	❽	己卯	6
31	2	庚辰	5

9月(辛酉) 一白水			
陽曆	陰曆	日辰	紫白
1	3	辛巳	4
2	4	壬午	3
3	5	癸未	2
4	6	甲申	1
5	7	乙酉	9
6	8	丙戌	8
7	9	丁亥	7
8	10	戊子	6
9	11	己丑	5
10	12	庚寅	4
11	13	辛卯	3
12	14	壬辰	2
13	15	癸巳	1
14	16	甲午	9
15	17	乙未	8
16	18	丙申	7
17	19	丁酉	6
18	20	戊戌	5
19	21	己亥	4
20	22	庚子	3
21	23	辛丑	2
22	24	壬寅	1
23	25	癸卯	9
24	26	甲辰	8
25	27	乙巳	7
26	28	丙午	6
27	29	丁未	5
28	30	戊申	4
29	❾	己酉	3
30	2	庚戌	2

西紀 2038年 [戊午] 七赤金

10月(壬戌) 九紫火

陽曆	陰曆	日辰	紫白
1	3	辛亥	1
2	4	壬子	9
3	5	癸丑	8
4	6	甲寅	7
5	7	乙卯	6
6	8	丙辰	5
7	9	丁巳	4
8	10	戊午	3
9	11	己未	2
10	12	庚申	1
11	13	辛酉	9
12	14	壬戌	8
13	15	癸亥	7
14	16	甲子	6
15	17	乙丑	5
16	18	丙寅	4
17	19	丁卯	3
18	20	戊辰	2
19	21	己巳	1
20	22	庚午	9
21	23	辛未	8
22	24	壬申	7
23	25	癸酉	6
24	26	甲戌	5
25	27	乙亥	4
26	28	丙子	3
27	29	丁丑	2
28	❿	戊寅	1
29	2	己卯	9
30	3	庚辰	8
31	4	辛巳	7

11月(癸亥) 八白土

陽曆	陰曆	日辰	紫白
1	5	壬午	6
2	6	癸未	5
3	7	甲申	4
4	8	乙酉	3
5	9	丙戌	2
6	10	丁亥	1
7	11	戊子	9
8	12	己丑	8
9	13	庚寅	7
10	14	辛卯	6
11	15	壬辰	5
12	16	癸巳	4
13	17	甲午	3
14	18	乙未	2
15	19	丙申	1
16	20	丁酉	9
17	21	戊戌	8
18	22	己亥	7
19	23	庚子	6
20	24	辛丑	5
21	25	壬寅	4
22	26	癸卯	3
23	27	甲辰	2
24	28	乙巳	1
25	29	丙午	9
26	⓫	丁未	8
27	2	戊申	7
28	3	己酉	6
29	4	庚戌	5
30	5	辛亥	4

12月(甲子) 七赤金

陽曆	陰曆	日辰	紫白
1	6	壬子	3
2	7	癸丑	2
3	8	甲寅	1
4	9	乙卯	9
5	10	丙辰	8
6	11	丁巳	7
7	12	戊午	6
8	13	己未	5
9	14	庚申	4
10	15	辛酉	3
11	16	壬戌	2
12	17	癸亥	1
13	18	甲子	1
14	19	乙丑	2
15	20	丙寅	3
16	21	丁卯	4
17	22	戊辰	5
18	23	己巳	6
19	24	庚午	7
20	25	辛未	8
21	26	壬申	9
22	27	癸酉	1
23	28	甲戌	2
24	29	乙亥	3
25	30	丙子	4
26	⓬	丁丑	5
27	2	戊寅	6
28	3	己卯	7
29	4	庚辰	8
30	5	辛巳	9
31	6	壬午	1

西紀 2039年 [己未] 六白金

1月(乙丑) 六白金

陽曆	陰曆	日辰	紫白
1	7	癸未	2
2	8	甲申	3
3	9	乙酉	4
4	10	丙戌	5
5	11	丁亥	6
6	12	戊子	7
7	13	己丑	8
8	14	庚寅	9
9	15	辛卯	1
10	16	壬辰	2
11	17	癸巳	3
12	18	甲午	4
13	19	乙未	5
14	20	丙申	6
15	21	丁酉	7
16	22	戊戌	8
17	23	己亥	9
18	24	庚子	1
19	25	辛丑	2
20	26	壬寅	3
21	27	癸卯	4
22	28	甲辰	5
23	29	乙巳	6
24	❶	丙午	7
25	2	丁未	8
26	3	戊申	9
27	4	己酉	1
28	5	庚戌	2
29	6	辛亥	3
30	7	壬子	4
31	8	癸丑	5

2月(丙寅) 五黃土

陽曆	陰曆	日辰	紫白
1	9	甲寅	6
2	10	乙卯	7
3	11	丙辰	8
4	12	丁巳	9
5	13	戊午	1
6	14	己未	2
7	15	庚申	3
8	16	辛酉	4
9	17	壬戌	5
10	18	癸亥	6
11	19	甲子	7
12	20	乙丑	8
13	21	丙寅	9
14	22	丁卯	1
15	23	戊辰	2
16	24	己巳	3
17	25	庚午	4
18	26	辛未	5
19	27	壬申	6
20	28	癸酉	7
21	29	甲戌	8
22	30	乙亥	9
23	❷	丙子	1
24	2	丁丑	2
25	3	戊寅	3
26	4	己卯	4
27	5	庚辰	5
28	6	辛巳	6

3月(丁卯) 四綠木

陽曆	陰曆	日辰	紫白
1	7	壬午	7
2	8	癸未	8
3	9	甲申	9
4	10	乙酉	1
5	11	丙戌	2
6	12	丁亥	3
7	13	戊子	4
8	14	己丑	5
9	15	庚寅	6
10	16	辛卯	7
11	17	壬辰	8
12	18	癸巳	9
13	19	甲午	1
14	20	乙未	2
15	21	丙申	3
16	22	丁酉	4
17	23	戊戌	5
18	24	己亥	6
19	25	庚子	7
20	26	辛丑	8
21	27	壬寅	9
22	28	癸卯	1
23	29	甲辰	2
24	30	乙巳	3
25	❸	丙午	4
26	2	丁未	5
27	3	戊申	6
28	4	己酉	7
29	5	庚戌	8
30	6	辛亥	9
31	7	壬子	1

西紀 2039年 [己未] 六白金

4月(戊辰) 三碧木			
陽曆	陰曆	日辰	紫白
1	8	癸丑	2
2	9	甲寅	3
3	10	乙卯	4
4	11	丙辰	5
5	12	丁巳	6
6	13	戊午	7
7	14	己未	8
8	15	庚申	9
9	16	辛酉	1
10	17	壬戌	2
11	18	癸亥	3
12	19	甲子	4
13	20	乙丑	5
14	21	丙寅	6
15	22	丁卯	7
16	23	戊辰	8
17	24	己巳	9
18	25	庚午	1
19	26	辛未	2
20	27	壬申	3
21	28	癸酉	4
22	29	甲戌	5
23	❹	乙亥	6
24	2	丙子	7
25	3	丁丑	8
26	4	戊寅	9
27	5	己卯	1
28	6	庚辰	2
29	7	辛巳	3
30	8	壬午	4

5月(己巳) 二黑土			
陽曆	陰曆	日辰	紫白
1	9	癸未	5
2	10	甲申	6
3	11	乙酉	7
4	12	丙戌	8
5	13	丁亥	9
6	14	戊子	1
7	15	己丑	2
8	16	庚寅	3
9	17	辛卯	4
10	18	壬辰	5
11	19	癸巳	6
12	20	甲午	7
13	21	乙未	8
14	22	丙申	9
15	23	丁酉	1
16	24	戊戌	2
17	25	己亥	3
18	26	庚子	4
19	27	辛丑	5
20	28	壬寅	6
21	29	癸卯	7
22	30	甲辰	8
23	❺	乙巳	9
24	2	丙午	1
25	3	丁未	2
26	4	戊申	3
27	5	己酉	4
28	6	庚戌	5
29	7	辛亥	6
30	8	壬子	7
31	9	癸丑	8

6月(庚午) 一白水			
陽曆	陰曆	日辰	紫白
1	10	甲寅	9
2	11	乙卯	1
3	12	丙辰	2
4	13	丁巳	3
5	14	戊午	4
6	15	己未	5
7	16	庚申	6
8	17	辛酉	7
9	18	壬戌	8
10	19	癸亥	9
11	20	甲子	9
12	21	乙丑	8
13	22	丙寅	7
14	23	丁卯	6
15	24	戊辰	5
16	25	己巳	4
17	26	庚午	3
18	27	辛未	2
19	28	壬申	1
20	29	癸酉	9
21	30	甲戌	8
22	閏5	乙亥	7
23	2	丙子	6
24	3	丁丑	5
25	4	戊寅	4
26	5	己卯	3
27	6	庚辰	2
28	7	辛巳	1
29	8	壬午	9
30	9	癸未	8

西紀 2039年 [己未] 六白金

7月(辛未) 九紫火				8月(壬申) 八白土				9月(癸酉) 七赤金			
陽曆	陰曆	日辰	紫白	陽曆	陰曆	日辰	紫白	陽曆	陰曆	日辰	紫白
1	10	甲申	7	1	12	乙卯	3	1	13	丙戌	8
2	11	乙酉	6	2	13	丙辰	2	2	14	丁亥	7
3	12	丙戌	5	3	14	丁巳	1	3	15	戊子	6
4	13	丁亥	4	4	15	戊午	9	4	16	己丑	5
5	14	戊子	3	5	16	己未	8	5	17	庚寅	4
6	15	己丑	2	6	17	庚申	7	6	18	辛卯	3
7	16	庚寅	1	7	18	辛酉	6	7	19	壬辰	2
8	17	辛卯	9	8	19	壬戌	5	8	20	癸巳	1
9	18	壬辰	8	9	20	癸亥	4	9	21	甲午	9
10	19	癸巳	7	10	21	甲子	3	10	22	乙未	8
11	20	甲午	6	11	22	乙丑	2	11	23	丙申	7
12	21	乙未	5	12	23	丙寅	1	12	24	丁酉	6
13	22	丙申	4	13	24	丁卯	9	13	25	戊戌	5
14	23	丁酉	3	14	25	戊辰	8	14	26	己亥	4
15	24	戊戌	2	15	26	己巳	7	15	27	庚子	3
16	25	己亥	1	16	27	庚午	6	16	28	辛丑	2
17	26	庚子	9	17	28	辛未	5	17	29	壬寅	1
18	27	辛丑	8	18	29	壬申	4	18	❽	癸卯	9
19	28	壬寅	7	19	30	癸酉	3	19	2	甲辰	8
20	29	癸卯	6	20	❼	甲戌	2	20	3	乙巳	7
21	❻	甲辰	5	21	2	乙亥	1	21	4	丙午	6
22	2	乙巳	4	22	3	丙子	9	22	5	丁未	5
23	3	丙午	3	23	4	丁丑	8	23	6	戊申	4
24	4	丁未	2	24	5	戊寅	7	24	7	己酉	3
25	5	戊申	1	25	6	己卯	6	25	8	庚戌	2
26	6	己酉	9	26	7	庚辰	5	26	9	辛亥	1
27	7	庚戌	8	27	8	辛巳	4	27	10	壬子	9
28	8	辛亥	7	28	9	壬午	3	28	11	癸丑	8
29	9	壬子	6	29	10	癸未	2	29	12	甲寅	7
30	10	癸丑	5	30	11	甲申	1	30	13	乙卯	6
31	11	甲寅	4	31	12	乙酉	9				

西紀 2039年 [己未] 六白金

10月(甲戌) 六白金				11月(乙亥) 五黃土				12月(丙子) 四綠木			
陽曆	陰曆	日辰	紫白	陽曆	陰曆	日辰	紫白	陽曆	陰曆	日辰	紫白
1	14	丙辰	5	1	15	丁亥	1	1	16	丁巳	7
2	15	丁巳	4	2	16	戊子	9	2	17	戊午	6
3	16	戊午	3	3	17	己丑	8	3	18	己未	5
4	17	己未	2	4	18	庚寅	7	4	19	庚申	4
5	18	庚申	1	5	19	辛卯	6	5	20	辛酉	3
6	19	辛酉	9	6	20	壬辰	5	6	21	壬戌	2
7	20	壬戌	8	7	21	癸巳	4	7	22	癸亥	1
8	21	癸亥	7	8	22	甲午	3	8	23	甲子	1
9	22	甲子	6	9	23	乙未	2	9	24	乙丑	2
10	23	乙丑	5	10	24	丙申	1	10	25	丙寅	3
11	24	丙寅	4	11	25	丁酉	9	11	26	丁卯	4
12	25	丁卯	3	12	26	戊戌	8	12	27	戊辰	5
13	26	戊辰	2	13	27	己亥	7	13	28	己巳	6
14	27	己巳	1	14	28	庚子	6	14	29	庚午	7
15	28	庚午	9	15	29	辛丑	5	15	30	辛未	8
16	29	辛未	8	16	❿	壬寅	4	16	⓫	壬申	9
17	30	壬申	7	17	2	癸卯	3	17	2	癸酉	1
18	❾	癸酉	6	18	3	甲辰	2	18	3	甲戌	2
19	2	甲戌	5	19	4	乙巳	1	19	4	乙亥	3
20	3	乙亥	4	20	5	丙午	9	20	5	丙子	4
21	4	丙子	3	21	6	丁未	8	21	6	丁丑	5
22	5	丁丑	2	22	7	戊申	7	22	7	戊寅	6
23	6	戊寅	1	23	8	己酉	6	23	8	己卯	7
24	7	己卯	9	24	9	庚戌	5	24	9	庚辰	8
25	8	庚辰	8	25	10	辛亥	4	25	10	辛巳	9
26	9	辛巳	7	26	11	壬子	3	26	11	壬午	1
27	10	壬午	6	27	12	癸丑	2	27	12	癸未	2
28	11	癸未	5	28	13	甲寅	1	28	13	甲申	3
29	12	甲申	4	29	14	乙卯	9	29	14	乙酉	4
30	13	乙酉	3	30	15	丙辰	8	30	15	丙戌	5
31	14	丙戌	2					31	16	丁亥	6

西紀 2040年 [庚辛] 五黃土

1月(丁丑) 三碧木			
陽曆	陰曆	日辰	紫白
1	17	戊子	7
2	18	己丑	8
3	19	庚寅	9
4	20	辛卯	1
5	21	壬辰	2
6	22	癸巳	3
7	23	甲午	4
8	24	乙未	5
9	25	丙申	6
10	26	丁酉	7
11	27	戊戌	8
12	28	己亥	9
13	29	庚子	1
14	⓬	辛丑	2
15	2	壬寅	3
16	3	癸卯	4
17	4	甲辰	5
18	5	乙巳	6
19	6	丙午	7
20	7	丁未	8
21	8	戊申	9
22	9	己酉	1
23	10	庚戌	2
24	11	辛亥	3
25	12	壬子	4
26	13	癸丑	5
27	14	甲寅	6
28	15	乙卯	7
29	16	丙辰	8
30	17	丁巳	9
31	18	戊午	1

2月(戊寅) 二黑土			
陽曆	陰曆	日辰	紫白
1	19	己未	2
2	20	庚申	3
3	21	辛酉	4
4	22	壬戌	5
5	23	癸亥	6
6	24	甲子	7
7	25	乙丑	8
8	26	丙寅	9
9	27	丁卯	1
10	28	戊辰	2
11	29	己巳	3
12	❶	庚午	4
13	2	辛未	5
14	3	壬申	6
15	4	癸酉	7
16	5	甲戌	8
17	6	乙亥	9
18	7	丙子	1
19	8	丁丑	2
20	9	戊寅	3
21	10	己卯	4
22	11	庚辰	5
23	12	辛巳	6
24	13	壬午	7
25	14	癸未	8
26	15	甲申	9
27	16	乙酉	1
28	17	丙戌	2
29	18	丁亥	3

3月(己卯) 一白水			
陽曆	陰曆	日辰	紫白
1	19	戊子	4
2	20	己丑	5
3	21	庚寅	6
4	22	辛卯	7
5	23	壬辰	8
6	24	癸巳	9
7	25	甲午	1
8	26	乙未	2
9	27	丙申	3
10	28	丁酉	4
11	29	戊戌	5
12	30	己亥	6
13	❷	庚子	7
14	2	辛丑	8
15	3	壬寅	9
16	4	癸卯	1
17	5	甲辰	2
18	6	乙巳	3
19	7	丙午	4
20	8	丁未	5
21	9	戊申	6
22	10	己酉	7
23	11	庚戌	8
24	12	辛亥	9
25	13	壬子	1
26	14	癸丑	2
27	15	甲寅	3
28	16	乙卯	4
29	17	丙辰	5
30	18	丁巳	6
31	19	戊午	7

西紀 2040年［庚辛］五黃土

4月(庚辰) 九紫火			
陽曆	陰曆	日辰	紫白
1	20	己未	8
2	21	庚申	9
3	22	辛酉	1
4	23	壬戌	2
5	24	癸亥	3
6	25	甲子	4
7	26	乙丑	5
8	27	丙寅	6
9	28	丁卯	7
10	29	戊辰	8
11	❸	己巳	9
12	2	庚午	1
13	3	辛未	2
14	4	壬申	3
15	5	癸酉	4
16	6	甲戌	5
17	7	乙亥	6
18	8	丙子	7
19	9	丁丑	8
20	10	戊寅	9
21	11	己卯	1
22	12	庚辰	2
23	13	辛巳	3
24	14	壬午	4
25	15	癸未	5
26	16	甲申	6
27	17	乙酉	7
28	18	丙戌	8
29	19	丁亥	9
30	20	戊子	1

5月(辛巳) 八白土			
陽曆	陰曆	日辰	紫白
1	21	己丑	2
2	22	庚寅	3
3	23	辛卯	4
4	24	壬辰	5
5	25	癸巳	6
6	26	甲午	7
7	27	乙未	8
8	28	丙申	9
9	29	丁酉	1
10	30	戊戌	2
11	❹	己亥	3
12	2	庚子	4
13	3	辛丑	5
14	4	壬寅	6
15	5	癸卯	7
16	6	甲辰	8
17	7	乙巳	9
18	8	丙午	1
19	9	丁未	2
20	10	戊申	3
21	11	己酉	4
22	12	庚戌	5
23	13	辛亥	6
24	14	壬子	7
25	15	癸丑	8
26	16	甲寅	9
27	17	乙卯	1
28	18	丙辰	2
29	19	丁巳	3
30	20	戊午	4
31	21	己未	5

6月(壬午) 七赤金			
陽曆	陰曆	日辰	紫白
1	22	庚申	6
2	23	辛酉	7
3	24	壬戌	8
4	25	癸亥	9
5	26	甲子	9
6	27	乙丑	8
7	28	丙寅	7
8	29	丁卯	6
9	30	戊辰	5
10	❺	己巳	4
11	2	庚午	3
12	3	辛未	2
13	4	壬申	1
14	5	癸酉	9
15	6	甲戌	8
16	7	乙亥	7
17	8	丙子	6
18	9	丁丑	5
19	10	戊寅	4
20	11	己卯	3
21	12	庚辰	2
22	13	辛巳	1
23	14	壬午	9
24	15	癸未	8
25	16	甲申	7
26	17	乙酉	6
27	18	丙戌	5
28	19	丁亥	4
29	20	戊子	3
30	21	己丑	2

西紀 2040年 [庚辛] 五黃土

7月(癸未) 六白金			
陽曆	陰曆	日辰	紫白
1	22	庚寅	1
2	23	辛卯	9
3	24	壬辰	8
4	25	癸巳	7
5	26	甲午	6
6	27	乙未	5
7	28	丙申	4
8	29	丁酉	3
9	❻	戊戌	2
10	2	己亥	1
11	3	庚子	9
12	4	辛丑	8
13	5	壬寅	7
14	6	癸卯	6
15	7	甲辰	5
16	8	乙巳	4
17	9	丙午	3
18	10	丁未	2
19	11	戊申	1
20	12	己酉	9
21	13	庚戌	8
22	14	辛亥	7
23	15	壬子	6
24	16	癸丑	5
25	17	甲寅	4
26	18	乙卯	3
27	19	丙辰	2
28	20	丁巳	1
29	21	戊午	9
30	22	己未	8
31	23	庚申	7

8月(甲申) 五黃土			
陽曆	陰曆	日辰	紫白
1	24	辛酉	6
2	25	壬戌	5
3	26	癸亥	4
4	27	甲子	3
5	28	乙丑	2
6	29	丙寅	1
7	30	丁卯	9
8	❼	戊辰	8
9	2	己巳	7
10	3	庚午	6
11	4	辛未	5
12	5	壬申	4
13	6	癸酉	3
14	7	甲戌	2
15	8	乙亥	1
16	9	丙子	9
17	10	丁丑	8
18	11	戊寅	7
19	12	己卯	6
20	13	庚辰	5
21	14	辛巳	4
22	15	壬午	3
23	16	癸未	2
24	17	甲申	1
25	18	乙酉	9
26	19	丙戌	8
27	20	丁亥	7
28	21	戊子	6
29	22	己丑	5
30	23	庚寅	4
31	24	辛卯	3

9月(乙酉) 四綠木			
陽曆	陰曆	日辰	紫白
1	25	壬辰	2
2	26	癸巳	1
3	27	甲午	9
4	28	乙未	8
5	29	丙申	7
6	30	丁酉	6
7	❽	戊戌	5
8	2	己亥	4
9	3	庚子	3
10	4	辛丑	2
11	5	壬寅	1
12	6	癸卯	9
13	7	甲辰	8
14	8	乙巳	7
15	9	丙午	6
16	10	丁未	5
17	11	戊申	4
18	12	己酉	3
19	13	庚戌	2
20	14	辛亥	1
21	15	壬子	9
22	16	癸丑	8
23	17	甲寅	7
24	18	乙卯	6
25	19	丙辰	5
26	20	丁巳	4
27	21	戊午	3
28	22	己未	2
29	23	庚申	1
30	24	辛酉	9

西紀 2040年 [庚辛] 五黃土

10月(丙戌) 三碧木

陽曆	陰曆	日辰	紫白
1	25	壬戌	8
2	26	癸亥	7
3	27	甲子	6
4	28	乙丑	5
5	29	丙寅	4
6	❾	丁卯	3
7	2	戊辰	2
8	3	己巳	1
9	4	庚午	9
10	5	辛未	8
11	6	壬申	7
12	7	癸酉	6
13	8	甲戌	5
14	9	乙亥	4
15	10	丙子	3
16	11	丁丑	2
17	12	戊寅	1
18	13	己卯	9
19	14	庚辰	8
20	15	辛巳	7
21	16	壬午	6
22	17	癸未	5
23	18	甲申	4
24	19	乙酉	3
25	20	丙戌	2
26	21	丁亥	1
27	22	戊子	9
28	23	己丑	8
29	24	庚寅	7
30	25	辛卯	6
31	26	壬辰	5

11月(丁亥) 二黑土

陽曆	陰曆	日辰	紫白
1	27	癸巳	4
2	28	甲午	3
3	29	乙未	2
4	30	丙申	1
5	❿	丁酉	9
6	2	戊戌	8
7	3	己亥	7
8	4	庚子	6
9	5	辛丑	5
10	6	壬寅	4
11	7	癸卯	3
12	8	甲辰	2
13	9	乙巳	1
14	10	丙午	9
15	11	丁未	8
16	12	戊申	7
17	13	己酉	6
18	14	庚戌	5
19	15	辛亥	4
20	16	壬子	3
21	17	癸丑	2
22	18	甲寅	1
23	19	乙卯	9
24	20	丙辰	8
25	21	丁巳	7
26	22	戊午	6
27	23	己未	5
28	24	庚申	4
29	25	辛酉	3
30	26	壬戌	2

12月(戊子) 一白水

陽曆	陰曆	日辰	紫白
1	27	癸亥	1
2	28	甲子	1
3	29	乙丑	2
4	⓫	丙寅	3
5	2	丁卯	4
6	3	戊辰	5
7	4	己巳	6
8	5	庚午	7
9	6	辛未	8
10	7	壬申	9
11	8	癸酉	1
12	9	甲戌	2
13	10	乙亥	3
14	11	丙子	4
15	12	丁丑	5
16	13	戊寅	6
17	14	己卯	7
18	15	庚辰	8
19	16	辛巳	9
20	17	壬午	1
21	18	癸未	2
22	19	甲申	3
23	20	乙酉	4
24	21	丙戌	5
25	22	丁亥	6
26	23	戊子	7
27	24	己丑	8
28	25	庚寅	9
29	26	辛卯	1
30	27	壬辰	2
31	28	癸巳	3

方向에 따른 城門[正城門・副城門]을 찾는 法

	城門		各運別 城門의 方向								
向	正	副	1運	2運	3運	4運	5運	6運	7運	8運	9運
丙	**辰**	**未**		未	辰		辰未		辰未	未	辰未
午	**巽**	**坤**	巽坤		坤	巽坤		坤		巽	
丁	**巳**	**申**	巳申	巳	申	巳申		申	巳	巳	
未	**庚**	**丙**		庚丙		庚丙		庚	丙		庚丙
坤	**酉**	**午**	酉午		酉		酉午	午	酉	酉午	
申	**辛**	**丁**	辛丁		辛丁		辛丁	丁	辛	辛丁	
庚	**未**	**戌**	戌	未	戌	戌	未戌		未戌	未	未
酉	**坤**	**乾**	坤	乾	坤	坤		坤乾		乾	乾
辛	**申**	**亥**	申	亥	申	申		申亥		亥	亥
戌	**壬**	**庚**	壬	庚	壬	庚		壬庚		壬	庚
乾	**子**	**酉**	酉	子	酉	子	子酉		子酉	酉	子
亥	**癸**	**辛**	辛	癸	辛	癸	癸辛		癸辛	辛	癸
壬	**戌**	**丑**	戌丑	丑	戌丑	戌	戌丑		戌	丑	
子	**乾**	**艮**		乾		艮		乾艮	艮	乾	乾艮
癸	**亥**	**寅**		亥		寅		亥寅	寅	亥	亥寅

	城門		各運別 城門의 方向								
向	正	副	1運	2運	3運	4運	5運	6運	7運	8運	9運
丑	甲	壬	甲壬		壬	甲		甲壬		甲壬	
艮	卯	子		卯子	卯	子	卯子		卯子		卯子
寅	乙	癸		乙癸	乙	癸	乙癸		乙癸		乙癸
甲	丑	辰	丑	丑	丑辰		丑辰	辰	辰	丑	辰
卯	艮	巽	巽	巽		艮巽		艮	艮	巽	艮
乙	寅	巳	巳	巳		寅巳		寅	寅	巳	寅
辰	丙	甲	甲	丙		丙甲		甲	丙	甲	丙
巽	午	卯	午	卯	午卯		午卯	午	卯	午	卯
巳	丁	乙	丁	乙	丁乙		丁乙	丁	乙	丁	乙

※자세한 설명은 《놀라운 현공풍수》 참조.

零神法 早見表			
運別	5의 位置	零神水 方位	該當坐向
1運	離宮	午丁	子坐午向・癸坐丁向
2運	艮宮	丑	未坐丑向
3運	兌宮	酉辛	卯坐酉向・乙坐辛向
4運	乾宮	戌	辰坐戌向
5運	中宮	前半期 10年 동안: 未坐丑向 後半期 10年 동안: 丑坐未向	
6運	巽宮	辰	戌坐辰向
7運	震宮	乙卯	酉坐卯向・辛坐乙向
8運	坤宮	未	丑坐未向
9運	坎宮	子癸	午坐子向・丁坐癸向

※자세한 설명은 《놀라운 현공풍수》 참조.

참고문헌

책이름 / 지은이 · 엮은이 / 출판사

時間과 空間의 哲學 玄空風水/崔明宇/답게
沈氏玄空學/沈竹礽/대만 武陵出版社
玄空紫白訣精解/白鶴鳴/홍콩 聚賢館
玄空風水學講義/梁超/홍콩 中國哲學文化協進會
宅運新案/策群/대만 集文書局
二宅實驗/尤惜陰/대만 集文書局
風水選旺秘訣/羅量/聚賢館/홍콩 聚賢館
玄機賦飛星賦精解/白鶴鳴/홍콩 聚賢館
風水秘傳100訣/白鶴鳴/홍콩 聚賢館
玄空紫白訣精解/白鶴鳴/홍콩 聚賢館
買樓風水20訣/白鶴鳴/홍콩 聚賢館
家居風水20訣/白鶴鳴/홍콩 聚賢館
기타 인터넷에서 찾은 여러 자료들

책이름 | 玄空手冊
지은이 | 자명 편저 / 낭월 정리
편　집 | 화인 / 박금휘
일러스트 | 화인
펴낸이 | 홍순란
출판사 | 삼명

1판 1쇄 | 2009년 11월 20일
출판등록 | 2004년 12월 21일 제2004-1
주　소 | 충남 논산시 상월면 상도리 9-7
전　화 | 041-732-2583
팩　스 | 041-733-5583
출판사 홈페이지 | www.3myeong.com
관리자 이메일 | 3myeong@naver.com

© 자명・낭월 2009
이 책의 저작권은 저작자에게 있으며
무단 복제와 전재는 법으로 금지되어 있습니다.

ISBN 978-89-94107-00-4 03980

●저자와의 협의에 의해 인지첨부를 생략합니다.
●잘못된 책은 바꿔드립니다.

정가 32,000원

03980
9 788994 107004
ISBN 978-89-94107-00-4